한경MOOK 한경MOOK는 빠르게 변화하는 사회 흐름에 발맞춰 시시각각 현상을 분석하고 새로운 대안과 인사이트를 제시하기 위한 무크 형태 단행본을 발행하는 한국경제신문사의 새 브랜드입니다.

※한경MOOK 《CES 2024》의 표지는 AI 이미지 생성기인 Midjourney를 활용해 만들었습니다.

미래의 길을 잇는 반도체
SK하이닉스로부터

SK하이닉스는 첨단 반도체 기술로
ICT세상을 연결하고 있습니다

We Do Technology
첨단기술의 중심, 더 나은 세상을 만듭니다

SK hynix

PROLOGUE

'CES 2024'가 궁금하세요?
한경무크에 다 있습니다

지구촌 최대 전자·정보기술(IT) 박람회인 'CES 2024'가 1월 9일부터 12일까지 미국 라스베이거스에서 열렸습니다. **삼성전자와 현대자동차를 비롯해 세계 150개국에서 4300여개 기업이 참여했습니다. 관람객은 14만여명에 이른 것으로 추산됩니다. 역대 최대입니다.**

매년 연초에 열리는 CES는 지구촌의 이목을 집중시키고 있습니다. 그 해는 물론 중장기적 테크 트렌드를 한눈에 볼 수 있기 때문입니다. 올해도 그랬습니다. 올해 주제는 'All Together, All On' 이었습니다. '모든 기업과 산업이 다 함께, 인류의 문제를 혁신 기술로 해결한다'는 의미를 담고 있습니다.

이런 주제에 걸맞게 입이 딱 벌어지는 첨단기술이 선보였습니다. **모든 기술을 관통하는 생성형 AI(인공지능)를 비롯해 모빌리티, 로보틱스, 헬스·웰니스테크, 푸드·애그테크 등이 관람객들을 들뜨게 만들었습니다.** 현대자동차의 전기수직이착륙기(S-A2) 실물과 삼성전자와 LG전자의 '투명 디스플레이TV' 등을 보면서 실생활에 성큼 들어온 미래 기술을 체험할 수 있었다고 합니다.

한국경제신문은 2021년부터 매년 CES 무크를 발간하고 있습니다. **현장에서의 체험을 바탕으로 CES의 핵심 키워드와 트렌드를 족집게처럼 집어내 분석한다는 평가를 받으며 매년 1만권 이상 팔리고 있습니다.** 올해는 특히 실리콘밸리 혁신 미디어인 '더밀크(The Miilk)'와 협업을 통해 CES 무크를 만들었습니다. 실리콘밸리에 상주하면서 첨단 기술 흐름을 전해주는 더밀크 취재팀

*by*_하영춘 한국경제매거진 대표

과 테크 전문가들이 CES 현장을 발로 뛰면서 올해 트렌드와 주요 이슈 등을 현장감 있게 전달합니다.

첫 번째 챕터에서는 '**CES 2024의 10대 주요 시사점**'을 정리했습니다. 모두를 위한 AI와 혁신의 평탄화 추세 등을 분석했습니다. 두 번째 챕터에서는 '**기술별 주요 이슈 및 전망**'을 보여드립니다. AI와 모빌리티·헬스케어·로보틱스 등 기술별 전망을 한눈에 볼 수 있습니다. 세 번째 챕터에서는 삼성전자·현대자동차·LG전자·SK 등 **주요 참가기업이 선보인 새로운 기술**을 핵심만 정리했습니다. 현장에 있는 듯한 생동감을 느끼실 겁니다. 네 번째 챕터에서는 HD현대와 로레알·월마트 대표 등 **주요 기조연설**을 소개합니다.

2024년 CES를 찾은 사람들이 빼놓지 않고 방문했던 곳이 라스베이거스의 새로운 랜드마크로 등장한 스피어(Sphere)입니다. 매디슨스퀘어가든(MSG)이 23억달러(약 3조1000억원)를 들여 7년 동안 건설한 세계 최초, 세계 최대의 구형 공연장입니다. 높이 111.6m, 지름 157.3m의 둥그런 외관을 5만3000㎡ 규모의 스크린이 감싸고 있습니다. 약 **1만 8000석의 공연장은 1만5000㎡ 규모의 16K 초고해상도 스크린이 천장까지 가득 차 있어 관람객들이 딱 벌어진 입을 다물지 못했다고 합니다.** 스피어의 모든 것과 체험기도 소개합니다.

한경무크 'CES 2024'와 함께 새로운 테크의 시대로 한 발짝 먼저 가보시기 바랍니다.

Contents

CES 2024

04 PROLOGUE
'CES 2024'가 궁금하세요?
한경무크에 다 있습니다

12 SPHERE
Sphere in CES 2024
SCIENCE BECOMES ART

20 CES KEYWORD
키워드로 보는 CES 13년

22 TALK & TALK
CES 설왕설래

24 CTA INTERVIEW
CTA가 바라본 CES 2024

26 POINT
테크 트렌드, 이것만은 꼭!

28 SECTION 1
KEY INSIGHT 10

30
CES 2024 AI 대전환,
로봇 시대 예고

34
모든 산업이 AI와 연결되다

36
혁신의 평탄화와 반도체 전쟁

38
미·중 무역 갈등 속에서도
커지는 중국의 영향력

40
이제 관심의 중심은
단연 다양성과 포용성

42
스마트폰처럼 업데이트되는
소프트웨어 중심의
미래 모빌리티

44
지속가능성,
수익성 높은 비즈니스 모델

46
AI와 사물인터넷의 결합
'딥테크'로 진화하는
헬스케어

48
소프트웨어가 이끄는 미래

50
메타버스는
공간컴퓨팅으로 전환 중

52
가꾸고, 잘 먹고, 기르고
AI가 스며든 라이프 스타일

54 SECTION 2
TECH VIEW

56 AI
모두를 위한 기술의 중심 AI
인류 미래의 잠재력을 깨우다

62 MOBILITY
개인맞춤화·자율주행 가속화하는
미래 모빌리티, SDV

"먼훗날 네 여정은 지금보다 훨씬 즐겁고 더 안전할거야."

더 즐겁고 안전한 미래 모빌리티,
현대모비스의 전동화 기술이 만듭니다

HYUNDAI
MOBIS

CES 2024 Contents

70 HEALTH CARE
치료 아닌 예방과 웰니스,
헬스케어 기술 혁신 가속화

76 ROBOTICS
로봇이 알아서 조립한다고?
AI와 로봇의 동반 성장

82 SMART HOME/CITIES
웰빙의 시작, 스마트 홈
도시의 미래, 스마트 시티

88 METAVERSE & WEB3.0
온디바이스 AI가
XR 시장 혁신 이끈다

94 SUSTAINABILITY
인류 과제 해결 어벤저스
기술로 미래를 지킨다

100 INVESTMENT
CES 2024
투자 유망 기업 7

104 SECTION3 COMPANY

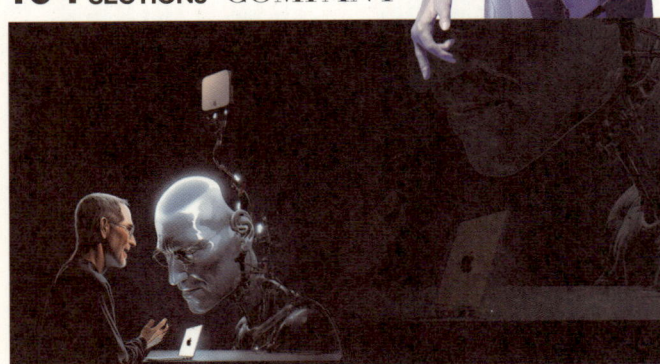

106
2024 STORY
상상력 어디까지?
모두가 AI 외친 CES,
뭐가 화제였나

110
삼성
삼성전자의
'모두를 위한 AI' 전략

116
현대자동차
현대자동차에게
차는 너무 좁다

122 기아
기아, 차세대 모빌리티
솔루션의 기준을 제시하다

126 LG
마음을 읽는 인공지능,
LG전자만의 공감지능

132 SK
탄소감축 기술 망라한
'테마파크' 선보인 SK

138 롯데
메타버스·전기차 등
신사업 가시적 성과

144 HD현대
바다에서 육지로 올라온
사이트트랜스포머 HD현대

150 두산
에너지, 로봇, 자율주행…
두산이 그리는 미래

CES 2024
Contents

156 HOT TOPIC
엔비디아, 온디바이스 핵심
'RTX 슈퍼' 시리즈 공개

158 GLOBAL COMPANY
CES가 주목한
글로벌 테크 기업&기술 20

172 INNOVATION AWARD
혁신상으로 보는 CES 3대 키워드…
AI · 지속가능성 · 인간안보

176 INNOVATION AWARD
눈에 띄는 CES 2024
최고 혁신상 수상 기업 24

182 BEST 7
더밀크 선정 CES 2024
베스트 이노베이션 어워드 7

186 EUREKA PARK
유레카 파크에서 확인한
글로벌 스타트업 트렌드 9

190 TAKE NOTICE
CES 2024에서 포착된
일상을 변화시킬 제품

192 SECTION 4 OPINION

194
전문가 칼럼①
정구민 국민대학교
전자공학부 교수
모빌리티 기업,
전기차 · 자율주행 ·
SDV · 인공지능 주요 화두로

198
전문가 칼럼②
주영섭 서울대학교
공학전문대학원 특임교수
'모두를 위한 인류 안보'가
미래 키워드인 이유

200
전문가 칼럼③
최형욱 퓨처디자이너스 대표
CES 2024 메타버스,
캐즘의 계곡을 넘어가고 있다

KEYNOTE

202
①정기선 HD현대 CEO
건설업계
흔들 key로 AI 낙점

204
②롤랜드 부시 지멘스그룹 회장 겸 CEO
몰입형 엔지니어링 · AI로
산업형 메타버스 혁신

206
③니콜라 이에로니무스 로레알 CEO
뷰티 산업의 경계 넘어선 로레알

208
④더그 맥밀런 월마트 CEO
AI로 간편해진 월마트의 쇼핑 서비스

210
⑤크리스티아누 아몬 퀄컴 CEO
자동차, 새로운 컴퓨팅 플랫폼되다

212 SUPPLEMENT
CES 2024 INNOVATION AWARD PRODUCT
Full Winners List 471

228
《CES 2024》를 만든 스페셜리스트

더밀크의 독보적 가치
ONE & ONLY

01 미국 창업 K미디어
혁신의 본고장 미국 실리콘밸리에서 창업한 유일한 K미디어

02 초국경 플랫폼
한국과 미국(글로벌)을 연결, 가치를 만들어 내는 플랫폼

03 한국의 경쟁력을 알리는 미디어
미국 VIP급 인사와 직접 커뮤니케이션

04 대안 비즈니스 모델
광고 의존도에서 탈피한 구독 모델로 시작, 다양한 비즈니스 확장 중인 성장 미디어

05 글로벌 혁신 현장
CES, MWC, SXSW 등 글로벌 경제 이벤트를 현장에서 취재, 전달하는 유일한 미디어

더밀크
1개월 무료 구독권($25)
과 함께
실리콘밸리 혁신 미디어를
경험해 보세요!

The Miilk analysis
GEN AI 네이티브
샘 알트만-마크 베니오프 다보스서 충돌… AI 학습 저작권 쟁점
샘 알트만 오픈AI(OpenAI) CEO와 마크 베니오프 세일즈포스 CEO가 스위스 다보스에서 열리는 세계경제포럼(WEF)에서 충돌했다. AI 모델 학습에 활용되는 콘텐츠의 저작권을 둘러싸고 양측이 이견을 표출한 것이다.
박원익 2024.01.16 14:48 PDT

Business Insight
AMAZON · AI · LAYOFF
빅테크 감원 작년엔 "경기 탓"... 올해는 "AI때문에..."
연초부터 미국의 빅테크 기업을 중심으로 불고 있는 감원 바람이 심상치 않다. 구글이 1000여 명을 쫓고한 데 이어, 동영상 플랫폼 유튜브에 대해서도 인력 감원에 나섰다. 18일(현지시간) 월스트리트저널(WSJ)에 따르면 구글의 모회사
권순우 2024.01.19 05:33 PDT

The Miilk analysis
CES2024
AI 대전환 시작됐다... CES2024의 의미
지난 1월 9일(현지시간) 아주 극적인 CES2024 기조연설 무대에 니콜라 이푸토니무스 클래망 최고경영자(CEO)가 무대에 나왔다. 화물 물류 기업으로서는 처음으로 기술 전시회인 CES 무대에 선 것이, 그는 무대에 오르자마자 IT 기업인 CES 기조연설을 한 것에 대해
손재권 2024.01.19 05:32 PDT

Business Insight
GEOPOLITICAL RISK · TRUMP RISK
"트럼프가 온다"...골드만삭스, "비싼 시장에 대응하는 세가지 전략"
연준의 소문난 매파인 크리스토퍼 월러 이사가 올해 6차례의 글리인 하를 꿈꾸는 시장에 '꿈 깨라'는 메시지를 보내면서 투자심리가
크리스 정 2024.01.16 14:15 PDT

CEO포커스 WARREN BUFFETT · CHALIE MUNGER
"왜 누구는 부자가 되고 누구는 평생 가난한가?"... 찰리 멍거의 5대 추천 도서
찰리 멍거는 워렌 버핏의 역만장자 사업 파트너이자 단짝 친구이며 세계 최대 기업 중 하나인 버크셔 해서웨이의 부회장이었다. 그는 버핏 회장과 함께 오랜 기간 가치투자 방식을 전파하며 투자자들의
한연선 2024.01.15 07:42 PDT

The Miilk analysis
GEN AI 네이티브
[신년기획] "AI발 대실직 시대 온다" 어떻게 대비해야 하나?
최근 생성인공지능(Generative AI) 열풍에 대한 논의가 팽팽해졌다. AI개발 속도를 늦추란 오픈AI 이사회와 샘 알트만 CEO간 공동창업자간 내부 갈등이 드러난 데다. 실제 AI가 비즈니스와 일상의 많은 부분을 바꾸
김세진 2024.01.07 01:14 PDT

Business Insight
CEO포커스 UNDERARMOUR · STEPHANIE LINNARTZ
위험을 감수하라... 언더아머 여성 CEO의 역발상 성장 공식
스테파니 린나츠(Stephanie Linnartz)는 세계 최고의 스포츠 웨어 브랜드 중 하나인 언더아머(Under Armour)의 사장 겸 CEO다. 언더아머는 100개 이상의 국가에서 사업을 하고 있으며, 전 세계 1800개 이상의 브랜드 매장을 보유하고 있다.
김기철 2024.01.16 07:10 PDT

The Miilk analysis
CEO포커스
팀 쿡 자리에 누가? 애플의 차기 CEO 후보 4
최근 두아 리파(Dua Lipa)의 팟캐스트 "At Your Service"에서 애플(Apple) CEO 팀 쿡은 일반적으로 언급되지 않는 주제 중 하나인 회사 리더십 및 승계 계획에 대해 이야기했다.
황재진 2024.01.15 18:36 PDT

1분 읽고 10년 앞서는

UPFRONT · Sphere

Sphere in CES 2024
Science Becomes art

올해 라스베이거스 최고의 화제는 단연코 매디슨스퀘어가든(MSG)의 스피어(Sphere)다. CES 2024 현장을 찾은 이들은 1시간 관람에 10만원이 훌쩍 넘는 가격에도 불구하고 스피어를 방문했다. 미국의 스포츠, 엔터테인먼트 회사인 MSG가 7년 전부터 기획해 약 3조원을 들여 완공한 구체의 공연장에 사람들의 환호는 멈추지 않았다.

높이 111.6m

너비 157.3m

UPFRONT Sphere

$$A = 4\pi r^2$$

구의 면적을 구하는 공식. 스피어는 파이(π)의 예술이다. 돔의 외벽인 엑소스피어의 면적은 약 5만3884㎡, 여기에 작은 크기의 LED 스크린 약 120만개를 설치했다. 삼각형 모양의 LED를 촘촘히 배열해 구의 형태를 만들고 하나의 완성된 영상을 송출하는 일은 하루아침에 이뤄지지 않았다. 스피어는 지금 가장 인기를 끄는 옥외 광고판이기도 해 하루 최소 6억원 가량의 광고료에도 삼성전자를 포함한 글로벌 기업들의 광고가 이어지고 있다.

UPFRONT ⏻ Sphere

1만 7385석

스피어는 자유의 여신상 전체를 넣을 수 있을 규모다. 내부에는 구를 따라 1만7385석 규모의 극장이 있다. 십자형 에스컬레이터와 8층 높이의 아트리움 설계도 돋보인다. 천장의 절반은 16K 해상도의 LED 스크린이 감싸고 16만8000개의 스피커가 공연의 몰입감을 높였다. 바람이나 냄새를 느끼고 좌석이 움직이는 등 햅틱 기능도 갖췄다.

$1억1000만

'U2·UV'라는 제목으로 열린 스피어의 공연은 올 3월까지 입장권 대부분이 매진된 상태다. 1인당 입장료만 최저 500달러에서 최고 1000달러를 넘는다. 17회의 공연 티켓 판매액으로만 1억1000만달러(약 1436억5000만원) 매출을 올렸다고 한다. 공연이 아닌 스피어 체험 표 값만도 99달러에서 249달러 선이다. 나탈리 포트만이 주연을 맡은 영화 '블랙 스완'의 감독 대런 아로노프스키의 다큐멘터리 '지구로부터 온 엽서(Postcard From Earth)'를 스피어에서 감상한 이들은 이제까지 경험해 보지 못한 신세계에 입을 다물지 못했다. 4월에는 그룹 피시(Phish)의 공연이 예정돼 있다. 이제 엔터테인먼트의 세계는 스피어 이전과 이후로 나뉘게 될 것이다.

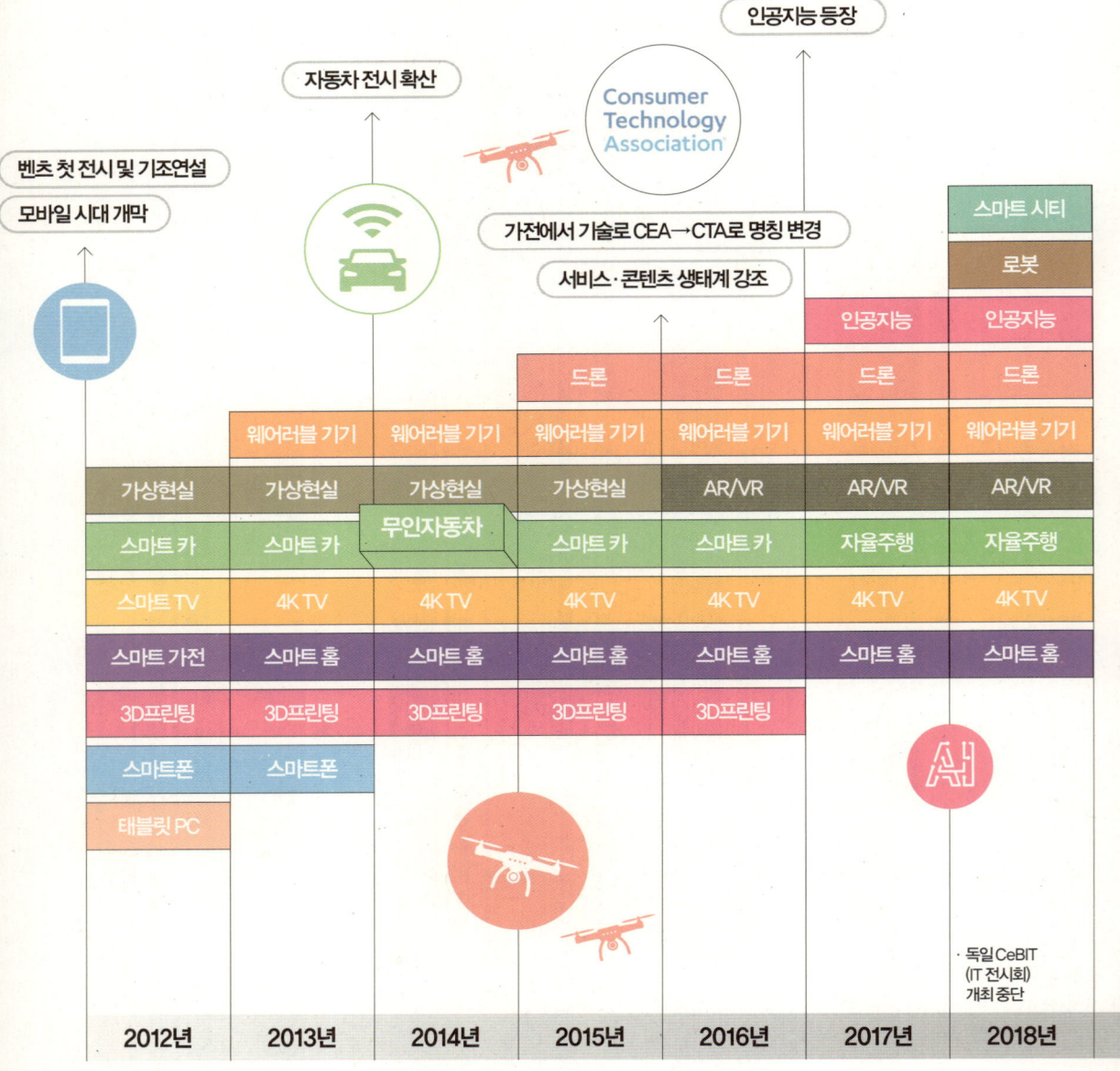

5G 본격 등장

코로나19 팬데믹 확산
온라인·비대면 기술 강조

온·오프라인 하이브리드
코로나19와 기술의 발전
챗GPT 3.5 시대 개막 (11월)

2019년	2020년	2021년	2022년	2023년	2024년
				인간안보	인간안보
5G	5G	5G	5G	5G	5G
스마트 시티	스마트 시티	스마트 시티	스마트 시티	스마트 시티	스마트 시티
로봇	로봇	로봇	로봇	로봇	로봇
인공지능	인공지능	인공지능	인공지능	인공지능	생성형 AI
드론	드론	드론	드론	드론	드론
웨어러블 기기	웨어러블 기기	웨어러블 기기	디지털 헬스	디지털 헬스	디지털 헬스
AR/VR/MR	XR	XR	메타버스	메타버스	메타버스
자율주행	차세대 교통	차세대 교통	차세대 교통	모빌리티	모빌리티
8K TV	8K TV	8K TV	디스플레이	디스플레이	디스플레이
스마트 홈	스마트 홈	스마트 홈	스마트 홈	스마트 홈	스마트 홈
지속가능성	지속가능성	ESG	지속가능성	지속가능성	지속가능성
	푸드테크	푸드테크	푸드테크	푸드테크	푸드테크
			NFT	웹 3.0	웹 3.0
			우주기술		우주기술
	· 디지털 기술, 치료까지 확장 · 델타항공, 비테크 기업 최초 기조연설		· ESG, 쇼의 전면에 최초 부각 · 하이브리드 진행	· 웹3.0과 메타버스 주제 신설 · 모빌리티의 진화 · 지속가능성 강조	· 인공지능이 쇼를 지배 · 에어 모빌리티 주요 테마로

CTA가 바라본 CES 2024

CES 글로벌 참가국 중 유일하게 한국을 방문한 게리 샤피로 CTA 회장 겸 최고경영자(CEO).
이번 CES 공식 미디어사 더밀크 손재권 대표가 그와
CES 2024의 핵심 및 기술을 바라보는 태도 등에 대해 이야기를 나눴다.

지난 1월 7일(현지시간) 'CES 언베일드' 행사에 참여한 게리 샤피로 CTA 회장 겸 최고경영자(CEO).

Q CES 2024의 핵심 테마는 무엇인가요?

A CES 2024의 핵심 테마는 인공지능(AI)입니다. 자동차, 인프라부터 의료 및 지속 가능성, 스마트 홈, 더 많은 교통 및 이동성에 이르기까지 AI 발전은 모든 주요 산업에 영향을 미치는 중심이 될 것입니다. AI는 전례 없는 방식으로 전 세계를 장악했습니다. 생성 AI로 단 1년 만에 무슨 일이 일어났는지 생각해 보면 놀랍습니다. AI에 대한 더 많은 토론과 더 많은 제품, 더 많은 초점이 맞춰졌습니다.

Q CES 2024의 주제인 '올 온(All on)'의 의미는 무엇인가요?

A 올 온(All on)은 CES에서 함께 모이는 모든 다양한 산업은 기술을 사용해 세계의 가장 큰 과제를 해결하기 위해 함께 해야 한다는 것을 나타냅니다. 그것을 표현하는 것이 중요했기 때문에 우리는 CES 2024를 위한 브랜드 캠페인으로 올 온을 생각해 냈습니다.

Q 핵심 주제 중 하나인 인간안보는 어떻게 해석해야 하나요?

A CES의 전반적인 주제는 지속가능성, 그리고 기술을 통해 세계 문제를 해결하는 것입니다. 한국에서 'Security(안보)'란 단어가 영어와 많이 다른 의미를 갖고 있는 것으로 알고 있습니다. Security는 미국에서도 누군가 나쁜 짓을 하는 것으로부터 자신을 보호한다는 것을 의미하기도 합니다. 하지만 UN에서는 기본적으로 '인권'을 의미하죠. 식량 안보(Food Security)를 생각해 보면 더 명확히 이해할 수 있습니다. 깨끗한 공기와 물을 확보하거나 의료 서비스를 받을 수 있는 것이 인간안보(Human Security)입니다. 2023년 10월 UN에서 열린 총회에서 우리는 새로운 인간안보를 발표했습니다. 우리에게는 기술과 혁신이 답입니다. 세상이 안고 있는 근본적 문제를 다양한 방식으로 해결하자는 것이죠. CES에서 우리가 목격한 혁신의 양은 매우 빠르고 강력하며 거대합니다.

Q 그동안 CES를 개최하며 느낀 것은 무엇인가요?

A 우리 CTA는 소비자기술협회입니다. 과거엔 소비자가전협회였습니다. CES란 이름이 혼란스럽다는 것을 이해합니다. 하지만 우리는 플랫폼 제공자입니다.

우리의 임무는 참관객들에게 새로운 아이디어와 신제품을 소개하고 핵심 이슈를 논의하게 하는 것입니다. 존 디어, 델타 항공, 크루즈 등이 기조연설을 한 이유죠. 우리가 업계를 어떻게 확장하고 있는지 보여주고 싶었습니다. 로레알은 또 다른 좋은 사례입니다. 로레알은 CES에 꾸준히 참가한 기업이었습니다. 그동안 CES를 개최하고 지난 15년간 기조연설을 섭외하고 3권의 책을 쓰면서 느낀 것이 있습니다. 오늘날 혁신을 하려면 자신의 영역 밖의 다른 회사와 함께 비즈니스를 해야 한다는 것입니다. 이것은 지금 모든 혁신 기업의 DNA가 되고 있습니다. 때문에 우리는 쇼 플로어를 전시 업체간 만남의 장으로 설정하려고 노력했습니다. 이에 더해 지금은 모든 기업이 기술 회사(Tech company)라는 점을 느꼈습니다.

Q 양날의 검과도 같은 AI 기술을 어떻게 바라보면 좋을까요?

A 모든 혁신은 사회, 정부 등 각 영역에서 새로운 도전을 수반합니다. 망치나 도끼, 자동차의 인쇄기, 전화, 컴퓨터 등 모든 혁신 기술은 처음엔 쉽게 받아들여지지 못했고 사용법도 몰랐습니다. 정부는 혁신을 환영함과 동시에 기업이 혁신할 수 있도록 가드레일을 쳐서 시민을 보호해야 합니다.

분명히 AI는 기존엔 치료할 수 없는 질병을 치료하고 더 다양한 솔루션과 다양한 제품을 제공할 수 있습니다. 더 나은 건강 관리를 제공하며 우리가 더 건강하고 행복한 삶을 살 수 있도록 만들 잠재력이 있습니다. 하지만 동시에 AI는 새로운 문제를 야기합니다. 우리는 인터넷이 도입되기 전에는 사이버 보안에 대해 얘기하지 않았고 그게 무엇인지도 몰랐죠. 우리는 혁신이 보호되길 원합니다. 혁신은 대기업에서 나오는 것이 아니라 기업가와 혁신가에게서 나옵니다. 때문에 우리는 작은 회사를 보호하고 각 분야에서 새로 회사를 시작하기 위해 많은 돈을 지불하지 않고도 혁신할 수 있도록 해야 합니다.

Q 한국에서 CES를 개최하는 것은 고려해보셨나요?

A 지난 며칠간 한국 기술 산업의 역동성과 성장, 그리고 힘을 직접 목격했습니다. 한국 기술 산업의 저력을 입증하는 많은 기업을 보고 있습니다. 그러나 현실은 라스베이거스의 CES가 기술의 글로벌 만남의 장소라는 것입니다. CES 참관객의 35%는 미국 외 외국인입니다. 우리는 1월 라스베이거스에서 열리는 CES가 신기술이 만나는 진정한 글로벌 장소라고 믿습니다.

고급 항공 모빌리티 테마 새롭게 추가된 CES 2024

CES 2024에서는 고급 항공 모빌리티(Advanced Air Mobility) 분야에서 활발한 활동을 하고 있는 기업들이 참여해 다양한 기술과 제품을 선보였다. 현대자동차는 도심 항공 모빌리티용 수직 이착륙기(eVTOL, electric Vertical Take-off and Landing) S-A2을 선보였다.

S-A2는 현대차그룹이 2028년 상용화를 목표로 개발 중인 기체로, 2020년 현대차그룹이 선보인 비전 콘셉트 S-A1 이후 4년 만에 새롭게 공개한 모델이다.

CES 2024에서 고급 항공 모빌리티 테마가 추가된 것은 이 분야가 향후 기술 발전과 시장 성장이 기대되는 분야라는 점을 반영한 것으로, 고급 항공 모빌리티는 교통, 물류, 관광 등 다양한 분야에 새로운 기회를 제공할 것으로 예상된다.

현대차그룹 슈퍼널이 공개한 차세대 AAM 기체 S-A2.

UPFRONT Point

테크 트렌드, 이것만은 꼭!

더밀크가 정리했다. 올해 CES의 트렌드 시사점 10가지.

20억명
GEN Z에 주목

CTA가 발표한 2024 트렌드 중 첫째는 Z세대였다. 현재 전세계 Z세대 인구는 전체 80억명 중 20억명에 달하고 2027년까지 10억명에 가까운 이들이 더 온라인에 접속할 것이다.

+

글로벌 연결성
Connectivity

Z세대를 주목해야 하는 이유는 성장하는 국가들에 청년층 증가세가 두드러지고 이들은 인터넷을 통해 하나로 연결되기 때문이다. CTA는 동남아시아, 서아프리카, 라틴 아메리카 지역을 눈여겨봤다. 특히 중국은 2023년 개인 인터넷 연결이 73%나 늘었다.

디지털 헬스케어 타깃은 여성
+ $ 1조2000억

2027년까지 여성을 위한 디지털 건강 및 웰니스 시장은 1조2000억 달러에 달할 것으로 예상했다. 여성들의 건강에 대한 개인화된 서비스, 데이터 기반 의사 결정, 건강 관리에 대한 혁신적인 솔루션에 대한 수요 증가를 반영한 것.

+

CTA PICK!
Abbott의 Neuromodulation Therapy
신경 기능을 조절해 통증 관리를 해준다.

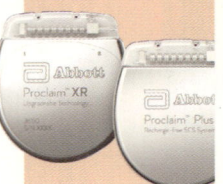

CES는 이제 최대 모빌리티 쇼

자율 주행 기술, 전기 자동차, 연결성, AI 등의 혁신적인 기술이 모빌리티 산업을 변화시키고 있다. 자동차 제조사뿐 아니라 관련 기술 기업과 스타트업이 모여 새로운 미래 모빌리티 비전을 제시하고 있다. 혼다는 전통 내연기관 차량에서 전기차로 전환 중이고 브런즈윅도 보트 및 수상 스포츠 장비를 위한 전기 모터를 선보였다. 샤오펑은 AeroHT로 전기 수직 이착륙 비행 차량인 eVTOL Flying Car를 개발 중이라고 했다.

+

샤오펑의 수직 이착륙 비행차량

TV는 인텔리전스 허브

TV는 더 이상 방송을 보기 위한 가전이 아니다. 여러가지 기능을 수행하면서 스마트기기 관리와 제어의 중심에 서고 있다. TV에 내장된 카메라 기능을 통해 화상 통화, 영상 감지, 안전 모니터링 등의 기능을 수행할 수 있고 원격으로 집 안 상황 확인도 가능하다. 방송을 보다 마음에 드는 제품이 나오면 음성 인식으로 유통 플랫폼에 들어가 구매하는 그런 상상 속의 일들이 현실로 나타나고 있다.

지속가능성과 포용성

2023년부터 AI, 지속가능성, 그리고 포용성이라는 세 가지 주요 트렌드가 빠르게 형성됐다. 더 많은 사람을 포용하고 더 나은 세상을 만든다는 기술 진화의 궁극적 목적에 부합하는 제품들이 그만큼 많아졌다는 의미이기도 하다.

+

BCI 뇌-컴퓨터 인터페이스

뇌와 컴퓨터를 연결하는 기술은 장애인들의 삶의 질 향상에 큰 역할을 한다. BCI 기술 선구자로 통하는 AAVAA의 뇌 신호를 디코딩하는 헤드 마우스와 청력을 향상시키는 스마트 안경 등만 있으면 신체 마비가 있는 사람도 휠체어 작동을 손쉽게 할 수 있고 청각 장애인도 불편 없이 대화가 가능해진다.

디지털 인프라 진화
소비자&기업 간
힘의 균형

5G, 6G와 같은 통신과 로봇, 클라우드 컴퓨팅, 사이버 보안과 같은 디지털 유틸리티가 안전하고 확장가능한 디지털 인프라를 구축하고 있다. 최근 15년 동안 디지털 혁신은 이런 기술을 선택적으로 업그레이드 중이고 서비스는 진화하고 있다.

+

볼리
나 좀 도와줘!

삼성전자의 로봇 집사 볼리
로봇 집사가 집집마다 있을 날이 곧 올지도 모른다. CTA는 AI, 빅데이터, 사물인터넷과 같은 기술이 전에 없던 비즈니스 모델을 창출하며 소비자와 기업 간 균형을 이뤄간다고 봤다.

헬스케어와
웰니스의 융합

아프지 않은 것은 물론이고 개인 맞춤형 치유를 위한 프로그램이 하나의 범주로 묶이기 시작했다. AI, 머신러닝, 데이터 분석 등의 기술을 활용해 사용자 건강 상태를 예측하고 예방적 건강케어, 정확한 진단, 효율적인 트리트먼트 등을 가능하게 하는 솔루션은 앞으로 더욱 많이 등장할 전망이다.

+

노와치
웰니스 웨어러블
클래식한 시계처럼 보이지만 피트니스 및 건강 관리 기능이 숨겨져 있는 혁신적인 프리미엄 스마트 워치다.

+

위로보틱스
웨어러블 로봇 윔
등산, 트레킹, 가벼운 조깅할 때 입으면 힘은 적게 들이고 오래 걸을 수 있다.

AI
ECOSYSTEM

올해 전시회는 생성 AI가 일상에 어떤 변화를 가져올지 보여주는 격전장이었다. AI 생태계는 지금 빠르게 변화 중이다.

+

30년

MS가 30년 만에 키보드를 바꾼다. 생성 AI 기능을 탑재한 PC에 코파일럿 단추를 넣어야 하기 때문. 표면적으로는 단추 하나 바꾸는 것이지만 그 단추를 누르는 순간 새로운 세상에 진입하게 될 것이다.

42%
AI는 혁신 기술!

미국 성인들의 AI 인식 조사 결과에 따르면 9~10명중 긍정적으로 보며, 그중 혁신적이라는 의견이 42%다.

42% 36% 35%
혁신 미래 유능한
적인 적인

콘텐츠
기업도 집결

다양한 미디어 서비스 기기가 나오면서 자연스럽게 콘텐츠도 주목받고 있다. 스트리밍 서비스, 가상 현실 콘텐츠, 오디오, 게임 콘텐츠 등이다. 가상현실 콘텐츠는 공간 콘텐츠로 불리며 메타버스의 부활도 예고했다.

Disney Advertising
FOX
NETFLIX
TikTok

+

게임,
부가 사업까지
확대 중

게임은 콘텐츠 시장에서 중요한 핵심 요소다. 캐릭터와 스토리, 그래픽 등이 모두 수익화 가능한 분야다. AI 덕분에 게임 산업이 탄력을 받으면서 레트로 게임도 부활하는 중이다.

인간안보는
주요 화두

바이오메트릭 기술, 안전 감시 시스템, 위기 상황 대응 기술 등의 분야에서 혁신 기술이 늘어나고 있다. 농업 및 푸드 테크, 스마트 도시, 핀테크, 블록체인 기술 등이 모두 인간안보와 관련된다.

+

CTA PICK!

Kubota
농업 및 건설 기계를 생산하는 일본 기업의 스마트 농업이 가능한 AI 전기 차량.

+

ColdSnap
음료 및 간식을 빠르게 얼리거나 녹일 수 있다. 급격한 온도 변화에 대응해 긴급한 상황에서 식품 안전을 유지하는 것이 가능하다.

NUMBERS BY CES 2024

올해 주요 인사이트를 10가지로 정리했다. 테마인 'All ON' 답게 산업 전반이 생성 AI로 유기적 관계를 맺은 현장은 150개국 4300여 개 기업이 내놓은 미래 기술로 그 어느 때보다 뜨거웠다.

471
혁신상을 받은 전 세계 기업의 수

approx. 140,000명
관람객 수

4300개
유레카 파크 스타트업 포함한 참관사

150개
올해 참가한 국가 수

222,967㎡
행사장 전체 면적. 축구장 26개를 모아놓은 것보다 넓은 공간

Key InSight

SECTION 1 What & Why

CES 2024 AI 대전환, 로봇 시대 예고

이제 산업을 구분하지 않고 모든 기업은 테크 기업이며,
앞으로 모든 기업은 '인공지능(AI) 기업'이 돼야 함이 CES 2024를 통해 증명됐다.

CES 2024의 공식 미디어 파트너사 더밀크 손재권 대표가 CES 2024의 의미와 주요 키워드를 정리했다.

모든 기업은 '인공지능(AI) 기업'이 돼야 한다

"우리가 왜 CES에서 아름다움을 말하고자 하는지 궁금할 것입니다."
지난 1월 9일(현지시간) 개막한 CES 2024 기조연설 무대에 니콜라 이에로니무스 로레알 최고경영자(CEO)가 무대에 나왔다. 화장품 기업으로서는 처음으로 기술 전시회인 CES 무대에 선 것이다. 그는 무대에 오르자마자 뷰티 기업이 CES 기조연설을 하는 것에 대해 "우리는 기술이 가능한 것의 경계를 허물고, 전세계 소비자들의 삶을 개선하고, 모든 개인의 무한하고 다양한 아름다움에 대한 요구와 열망을 충족시킬 수 있다고 믿기 때문이다"고 말했다.
이 같은 선언과 함께 로레알은 인공지능(AI) 기반 뷰티 앱 '뷰티 지니어스'를 공개하고 다이슨에 대적할 헤어 드라이어 '에어라이트 프로'도 공개해 많은 박수를 받았다. CES의 기조연설 무대에서 반도체 칩이나 TV, 냉장고, 세탁기, 자동차가 아닌 'AI 기반 립스틱'과 '헤어 드라이어'를 공개해 관심을 받은 것이다.

로레알 이에로니무스 대표의 이날 발표는 생성 AI가 비즈니스의 근간을 뒤흔든 이후 완전히 바뀐 산업 지형을 상징한다. 이제 뷰티뿐 아니라 중공업, 중장비 등 산업을 구분하지 않고 모든 기업은 테크 기업이며 앞으로 모든 기업은 '인공지능(AI) 기업'이 돼야 한다는 것이다.
실제로 이번 CES는 AI 기술과 지속가능성(Sustainability)을 중심으로 한 '산업 대전환(Great Transformation)'이 진행 중임을 그대로 드러낸 이벤트였다.

기업들의 미래 전략, 트랜스포메이션

'트랜스포메이션(Transformation)'은 '변형' 또는 '변화', '전환'을 의미한다. 각 기업과 조직이 디지털 기술을 통합하여 운영, 프로세스 및 문화를 근본적으로 변화시키는 프로세스를 말한다. 고객에게 더 큰 가치를 제공하고, 기술적 장벽을 낮추며, 새로운 기술 및 문화를 채택, 전체적인 성능과 효율성을 향상시키는 것이다.
CES 2024에서 삼성전자, LG전자, 소니, 에릭슨, 인텔, 퀄컴, 월마트, HD현대 등 대부분의 글로벌 기업들이 AI 트랜스포메이션, 모빌리티 트랜스포메이션, 그린(지속가능성) 트랜스포메이션을 외쳤다. 2024년 이후 기업 운영의 방향성과 미래 전략이 정해졌다고 해도 과언이 아니다.
첫째는 AI 대전환이다. 참석한 기업들이 업종을 가리지 않고 모두 AI에 초점을 맞췄다. 반도체, 가전, 모빌리티, 뷰티, 중공업 등 거의 모든 기업이 'AI 트랜스포메이션'을

손재권 더밀크 대표 (왼쪽에서 두번째)와 한국경제신문 이상은 기자(왼쪽에서 세번째)가 CES 2024에서 열린 '미디어 라운드테이블 패널 토크'에서 발언을 하고 있다. 손 대표는 이날 CES의 공식 스피커로 데뷔, CES에서 AI의 역사적 의미에 대해 말했다.

화두로 내세우고 관련 제품을 쏟아냈다.

AI를 통해 저화질 콘텐츠를 최고 화질(8K)로 바꿔주고 스포츠 종목을 자동으로 감지, 공의 움직임을 자연스럽게 보정해준다. 흐릿한 사물과 배경도 스스로 판단해 선명하게 보여준다. 자동차에도 AI 챗봇이 내장돼 운전자가 목적지 등을 지정하지 않아도 챗봇이 운전자와 대화를 나누면서 운전을 지원해 준다. 쇼핑에도 생성 AI 챗봇이 적용돼 소비자들이 특정 용도별로 상품을 검색할 수 있도록 한다. 월마트는 '축구 관람'에 필요한 제품을 검색해 줄 것을 요청하면 감자칩을 비롯, 치킨, 음료, 90인치 TV 등의 카테고리를 자동으로 제시했다. AI를 통해 칫솔질을 향상시킬 수 있는 칫솔도 나왔으며 AI를 통해 코골이를 줄여주는 베개는 '혁신상'을 받았다.

온디바이스 AI 시대가 온다

AI 기술이 고도화하고 전체 영역에 적용되면서 앞으로 '온디바이스 AI' 시대가 예고된 것도 CES 2024의 큰 특징이었다.

온디바이스 AI는 스마트폰, TV, 자동차 등 기기 자체에 AI가 장착된 것을 말한다. 지금까지 AI는 '챗GPT' 등의 사이트에 연결해서 사용할 수 있었지만 온디바이스 AI는 인터넷에 연결되지 않고도 기기에서 명령하고 실행할 수 있다. 팻 겔싱어 인텔 최고경영자(CEO)는 CES 2024 기조연설을 통해 "앞으로 클라우드를 이용하지 않고, AI PC를 통해 내 컴퓨터에서 모든 것을 할 수 있게 될 것이다"라며 앞으로 AI PC가 시중에 나올 것임을 예고했다.

퀄컴 크리스티아누 아몬 CEO도 기조연설에서 "AI가 기기를 사용하는 방식에도 변화를 가져오고 컴퓨팅 플랫폼도 바꾸고 있다"며 '온디바이스 AI' 시대를 예고했다. 삼성전자가 CES 2024 직후 출시한 '갤럭시S24'가 대표적 온디바이스 AI 사례다. 자체 개발한 갤럭시 AI를 탑재, 통화 중 실시간 통역, 카메라, 사진 편집 기능 등을 높였다. 클라우드를 거치지 않고 기기 자체 내에서 구동되는 '온디바이스 AI'를 기반으로 실시간 통역이 이뤄지며, 한국어-영어 등 13개 언어가 지원된다.

소비자 효용 가치를 높이는 제품만이 살아남는다

AI가 CES를 지배했다고 해도 과언이 아니었지만 AI가 CES의 중심으로 등장한 것은 2024년이 처음은 아니다. 구글 딥마인드가 개발한 '알파고'가 이세돌 9단을 이긴 바둑 대국 이후 CES 2017과 CES 2018년에 2년에 걸쳐 구글 어시스턴트와 아마존 알렉사 그리고 AI 기반 자율주행차가 쇼를 지배한 적이 있었다.

당시엔 TV, 가전, 자동차, 스마트홈 등 모든 기기가 구글 어시스턴트나 아마존 알렉사와 연결하는 것이 큰 유행이었다. 자동차 회사들은 너도 나도 "자율주행차를 출시하겠다"고 발표했다.

하지만 6~7년이 지난 지금 CES 어느 곳에서도 "헤이

SECTION 1 What & Why

구글"이나 "알렉사"를 발견할 수 없었다. 자율주행차 기술을 내세우는 자동차 기업도 급감했다. 이는 기술의 등장과 쇼케이스가 중요한 것이 아니라 소비자를 편리하게 하고 가치를 높여주는 제품(서비스)만이 살아남는다는 것을 증명하는 사례일 것이다. CES 2024에서 선보인 AI 제품도 실제 출시 이후 소비자의 효용 가치를 높여주는 제품만이 살아남을 것이다.

100년 만의 대전환을 맞은 자동차 산업

둘째는 '소프트웨어 중심 자동차'로의 트랜스포메이션이다.

"자동차 산업이 1913년 헨리 포드가 컨베이어벨트 시스템을 도입한 이후 100년 만의 대전환을 이루고 있다"고 하는 평가는 과언이 아니다. 자동차는 점차 '전자기기(디바이스)'가 되고 있으며 플랫폼화를 통해 소품종 대량생산 체제도 '맞춤형 생산' 체제로 바뀌고 있다.

특히 미 라스베이거스 컨벤션센터(LVCC)를 가득 메운 700여개 자동차 기업들은 한 목소리로 "소프트웨어 중심 자동차(SDV)로 전환해야 한다"고 입을 모았다. 지난 CES 2020 이후 트렌드가 된 '전기차 전환'은 이제 기본이 됐고 SDV가 트렌드가 됐다. 실제 현대자동차는 SDV를 미래 모빌리티의 핵심으로 보고 더 큰 범위로 확장되는 SDx라는 개념까지 제시했다. SDx는 자동차를 넘어 주변의 모든 환경까지 AI와 소프트웨어로 결합한다는 개념이다. 현대차는 오는 2025년까지 SDV 운영체제(OS) 개발을 완료하고, 2026년부터 모든 신차에 시스템을 적용한다고 발표했다. 현대차그룹의 글로벌 소프트웨어센터인 포티투닷(42dot)도 삼성전자와 SDV 플랫폼 개발을 위해 손을 잡는다고 발표하기도 했다. 삼성전자의 전장용 프로세서인 엑시노스 오토(Exynos Auto)를 활용해 SDV 플랫폼을 개발할 예정임을 밝혔다.

자동차 시장에도 '맞춤형' 트렌드가 나타날 조짐이 보인 것도 CES 2024의 특징이었다. 특히 기아차는 CES 2024에서 모빌리티 시장의 이 같은 개인화 실현을 위해

1

신개념 차량(목적 기반 차량, PBV)을 발표, 눈길을 끌었다. PBV는 개인의 라이프스타일에 맞춰 다양한 용도로 차량을 제공할 수 있다. 기아는 하나의 차량을 원하는 목적으로 사용할 수 있도록 모듈화 설계 방식을 적용했다. 운전석 등 차량이 달리는 데 필요한 '드라이버 모듈'만 두고, 다양한 용도로 사용할 수 있는 '비즈니스 모듈'은 계속 바꿀 수 있다. 차량 뒤 변동부만 갈아 끼우면 사무실이나 고급 리무진, 캠핑카 등으로 용도 변경이 가능하다.

지속가능한 미래를 위한 약속, 그린 트랜스포메이션

셋째는 '그린 트랜스포메이션'이다. 기업들이 지속가능한 미래를 위한 제품(서비스) 개발을 경쟁적으로 약속했다. '기술을 위한 기술'이 아니라 기술이 인류의 생존과 번영을 위해 존재해야 한다는 이유를 밝힌 것이다. CES 2024의 슬로건인 '올 투게더 올 온(All Together, All On)이 결국 '지속가능한 미래'가 기술의 존재 이유임을 밝힌 것이다. 이 같은 기조는 CES를 주최한 미국 기술협회(CTA)의 '최고혁신상' 선정에도 반영돼 있었다. 실제 한국 스타트업 미드바르의 '에어팜'은 이번 CES 2024에서 최고혁신상을 수상한 데 이어 전시에서도 많은 관심을 받았다. 에어팜은 영양제를 배합한 수증기로 식물을 재배해 기존 수경 재배 기반 스마트팜 대

비 물 사용량이 95% 적은 것이 특징이다. 성장 속도는 150% 빠르고 단위 면적당 설치 비용은 절반에 불과한 솔루션을 선보여 집중적인 관심을 받았다.

대전환의 선두에 선 중공업 기업, HD현대

CES 2024에서 지속가능한 미래를 위한 대전환에 선두에 선 것은 놀랍게도 한국의 1위 중공업 기업 HD현대였다. 정기선 HD현대 부회장은 기조연설 무대에 올라 "건설산업은 인류의 모든 기반을 마련해왔지만 기술과 혁신에서 가장 느린 행보를 보였다. 이를 혁신하지 않으면 미래를 바꿀 수 없다. '사이트(Xite) 혁신'을 통해 인류가 미래를 건설하는 근원적 방식을 변화시킬 것이다"며 HD 현대가 주창한 '사이트 트랜스포메이션(Xite Transformation)' 비전을 설명했다. 'Xite(사이트)'는 물리적 건설 현장을 뜻하는 'Site(사이트)'를 확장한 개념으로 건설현장에 미래 기술을 도입해 인류의 지속가능성 문제에 대한 해답을 찾겠다고 강조, 1800명에 달하는 참관객의 큰 박수를 받았다. 그는 "(건설 및 중공업) 사업의 본질이 하드웨어 기반 장비 제조업에서 소프트웨어 기반 솔루션 제공 업체로 진화했음을 의미한다. 개방형 혁신 생태계를 구축해 역사적인 변화에 앞장서겠다"고 강조했다.

기후 중립을 위한 핵심 '수소 에너지'

CES 2024에서 의외의 등장은 바로 '수소 에너지'였다. 독일의 보쉬는 전시의 중심을 '지속가능성'에 맞춰 잡으면서 지속가능한 에너지 사용을 위해 기술과 솔루션의 전기화를 추진하고 있다고 밝히고 앞으로 '수소'가 기후 중립적인 방식으로 전 세계 에너지 수요를 충족하는 데 핵심적인 역할을 할 것으로 봤다.

현대차도 이번 CES에서 수소 소비량을 2035년까지 약 300만t까지 늘리는 등의 내용을 담은 미래 청사진을 제시하기도 했다. 현대차의 미디어 콘퍼런스 주제가 '수소와 소프트웨어로의 대전환:Ease every way' 일 정도로 수소 에너지로의 전환에 힘을 줬다.

CES의 중심이 되어가고 있는, 로봇 트랜스포메이션

CES 2024에서 보여준 대전환의 마지막 트렌드로는 '로봇 트랜스포메이션'을 꼽을 수 있다.

영화 '트랜스프머(Transformer)'가 로봇으로 변신하는 자동차의 활약을 그린 영화인데 실제로 로봇 기업 보스턴 다이내믹스를 인수한 현대차 등이 로봇 '스팟'과 물류 로봇 '스트레치'를 전시하면서 로봇이 점차 CES의 중심이 되고 있는 양상을 볼 수 있었다.

이번 CES에는 전시하지 않았지만 전기차 기업 테슬라의 휴머노이드 로봇 '옵티머스'가 손으로 빨래를 개는 영상을 선보여 화제가 됐다. 자동차 기업은 엑추에이터 등 휴머노이드 로봇 제조의 요소 기술을 갖고 있기 때문에 자동차 기업이 '로봇' 제조사가 되는 것은 자연스러운 전환이라 평가된다.

전통적으로 CES의 주인공이라 볼 수 있는 삼성전자와 LG전자도 '로봇'을 중점적으로 전시했다. LG전자가 '스마트홈 AI 에이전트'를 공개한 데 이어 삼성전자도 AI 컴패니언 '볼리'를 공개했다. 양사 AI 로봇은 카메라를 탑재하고 있고 각각 LG씽큐, 삼성 스마트싱스와 연동된 기기를 자동으로 인식, 연결한다는 공통점이 있다. 한종희 삼성전자 부회장은 기자간담회에서 "매일 사용하는 핵심 기능을 중심으로 생성형 AI를 적용하기 시작해 새로운 디바이스 경험으로 혁신할 계획"이라고 말했다. AI 로봇이 가전을 아우를 수 있으며 자동차 기업도 '로봇' 제조에 뛰어든다는 점에서 로봇은 2024년 이후 개최될 모든 CES에서 주력 제품이 될 것으로 예상된다. '가전쇼'였던 CES가 2020년 이후 '모빌리티쇼'가 된 데 이어 2020년대 중후반부터는 '로봇쇼'가 될 것임을 예상해본다.

1.
지드래곤과 현장을 돌아보는 더밀크 손재권 대표(사진 맨 왼쪽).
2.
벤츠의 운영체제 MB.OS.

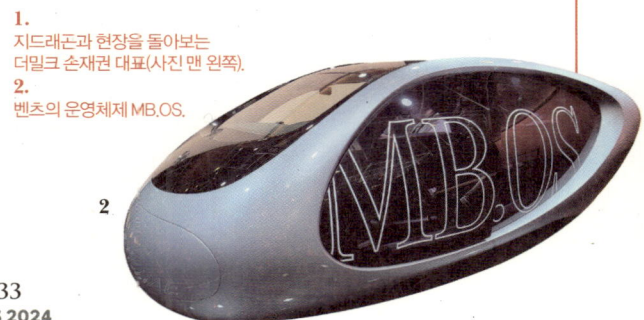

SECTION 1　Key Insight

모든 산업이 AI와 연결되다

이번 CES 2024에서 가장 두드러진 AI는 업의 경계를 가리지 않고 전 산업 분야에서 활약했다.
특히 반도체 등 첨단 산업뿐 아니라 농업, 제조업 등 기존 산업에서도
도입된다는 점이 특징이다.

POINT
- ☑ 메타, 챗GPT 뛰어 넘을 AI 개발 공표
- ☑ 플랫폼, 디지털 트윈, 로보틱스 등으로 AI 생태계 확장
- ☑ 전 산업 영역과 결합한 AI

"메타(페이스북 모회사)의 장기적인 비전은 범용인공지능(AGI)을 구축하는 것입니다." 마크 저커버그 메타 CEO는 1월 18일 자신의 인스타그램 계정에 올린 영상과 글을 통해 "현재 차세대 AI 모델인 라마3(Llama 3)를 훈련 중"이라며 이같이 밝혔다.

저커버그의 이 발언은 챗GPT 개발사인 오픈AI와 오픈AI에 투자한 마이크로소프트, 그리고 최근 GPT-4 수준의 AI 모델 '제미나이(Gemini)'를 발표한 구글에 대한 일종의 선전포고로 받아들여졌다. 선두 기업의 질주를 그냥 앉아서 보고만 있지 않겠다는 뉘앙스다.

AI 생태계 확장 3대 영역

이번 CES 2024에서 AI가 가장 중요한 화두로 다뤄진 이유도 여기에 있다. 특정 영역에 국한된 게 아니라 모든 영역에서 AI 기술이 활용되고 있으며 반도체, 로보틱스 같은 첨단 산업뿐 아니라 농업, 제조업 등 기존 산업에도 도입되는 추세를 확인할 수 있었다.

CES 주관사인 CTA(미국소비자기술협회)가 확장 가능성이 큰 대표 분야로 꼽은 세 가지는 플랫폼, 디지털 트윈, 로보틱스였다. 플랫폼은 LLM 등 생성형 AI 기술 자체를 제공, 사용자들이 텍스트 생성, 이미지 생성 등에 활용하도록 하는 접근법이라고 할 수 있다. 대표적인 사례가 한국 스타트업 '마음AI(Maum.AI)'다. 마음AI는 5개의 핵심 AI 엔진(시각, 청각, 목소리, 얼굴, 자

CES 2024 AI 참여 기업

마음AI　**Ai Human M3**

지멘스　**산업용 메타버스**　　위로보틱스　**WIM Exoskeleton**

연어)과 28개의 모듈로 구성한 생성형 AI 플랫폼 마음 AI를 통해 다양한 산업군에 속한 기업들에 맞춤형 AI 휴먼 서비스를 제공하고 있다.

디지털 트윈은 현실과 똑같은 가상 사물, 환경을 조성해 효율화 제고에 활용하는 기술을 말한다. 사물 인식, 물리 법칙 등이 적용된 환경을 시뮬레이션하고 분석, 연산하는 과정 등에서 AI 기술이 활용된다.

디지털 트윈 서비스를 제공하는 대표적 업체는 독일 기술업체 지멘스다. 예컨대 지멘스가 제공하는 디지털 트윈 플랫폼을 활용하는 기업은 공장에 설치된 라인 설계 변경의 영향, 최적화 사용 시나리오 등을 가상으로 시연, 제품 개선 및 공정 효율화를 달성할 수 있다. 독일 지멘스 암베르크 공장은 디지털 트윈 기반 스마트공장으로 생산량을 15배 끌어올린 것으로 유명하다.

로보틱스 역시 AI 기술이 널리 활용되며 빠르게 성장 중인 분야다. 생성형 AI 모델로 로봇의 작동을 제어하기 위한 프로그래밍을 자연어로 대체하거나 사용자에게 보다 효과적인 사용 환경을 제안하기 위한 분석 등에 AI를 활용하는 식이다.

이번 CES 2024에서 주목 받은 위로보틱스도 AI를 적극 활용하는 기업 중 하나였다. 위로보틱스는 삼성전자 종합기술원에서 로봇을 연구하던 엔지니어들이 2021년 8월에 창업한 스타트업이다.

대표 제품인 웨어러블 로봇 '윔(WIM)'은 고령으로 인해 근력이 저하된 시니어나 질병 이후 보행운동이 지속적으로 필요한 만성환자의 보행을 보조해 주는 로봇이다. 건강한 일반 사용자도 등산, 트레킹, 가벼운 조깅에서 개인용 모빌리티로 활용할 수 있다. 1.6kg의 무게로 타 보행보조로봇 대비 3~5배 가볍고, 누구나 쉽게 착용이 가능해 CES 2024에 마련한 체험형 부스에 많은 관람객이 몰리기도 했다. 윔은 AI 기술을 활용해 사용자의 보행 속도와 보폭, 균형도 등을 추정해 보행 능력을

시어그릴의 AI 기반 그릴 '퍼펙타(Perfecta)'

점수화하고, 점수에 따라 어떤 모드로 사용해야 할지 추천해 주는 기능을 제공하고 있다.

CES 2024에서 발견한 다른 AI 결합 사례

CES 2024에서 AI는 하나의 개별 카테고리가 아니었다. 많은 기업이 자사 제품에 AI가 적용됐다고 외치고 있었고, 프레스 콘퍼런스와 기조연설에서도 어김없이 기업의 미래 전략 중 하나로 AI란 단어가 등장했다.

예컨대 잔디깎이 회사 '그린웍스'는 주변 사물을 인식하는 비전 AI 기술을 활용한 자율주행 제품 'AI코닉(AiConic)'을 전시하며 AI 기술력을 강조했고, 아마존 웹서비스(AWS)와 BMW는 전시관에 'LLM 기반 자동차 전문가 챗봇(LLM-based car expert)'을 소개하는 배너를 세우기도 했다. 이 서비스를 이용하면 음성으로 자신의 BMW 차량에 관해 질문하고 답을 얻을 수 있다. 영국 푸드테크 업체 '시어그릴(Seergrills)'은 자체 개발한 기기의 'AI 셰프' 기능으로 2분 만에 최고 수준의 스테이크를 만들 수 있다고 강조하기도 했다. AI가 적당한 굽기를 위한 기기 작동 시간 등을 자동으로 제안한다는 게 회사 측 설명이다.

LG전자는 로봇, AI, 멀티모달(Multimodal, 다중모드) 기술을 통해 이동 및 학습과 이해, 대화 참여가 가능한 동반자 형태의 로봇 가사 도우미 스마트홈 AI 에이전트 'Q9'을 전시했고, 삼성전자 역시 AI 기반으로 작동하며 반려동물 도우미 역할을 할 수 있는 가정용 로봇 '볼리(Ballie)'를 공개했다.

음성명령만으로 음식 주문, 차량 호출 등 여러 작업을 실행할 수 있도록 해주는 AI 기기 'R1'을 공개한 스타트업 래빗(Rabbit)도 큰 화제가 됐다. 이 기기를 사용하면 사용자가 스마트폰을 꺼내지 않고, 말로 명령을 내릴 수 있다. R1은 공개 하루 만에 초도 물량 1만대가 매진됐다.

SECTION 1 Key Insight

NO.2
혁신의 평탄화

혁신의 평탄화와 반도체 전쟁

CES 2024에서 발견할 수 있었던 또 하나의 핵심 트렌드는 '혁신의 평탄화'다. 눈에 또렷이 보이는 기술 혁신, 사람들을 깜짝 놀라게 만드는 '와우 요소(wow factor)'가 줄었다는 평가가 나온다.

POINT
- ☑ 미래 항공 모빌리티 카테고리 '1개' 추가
- ☑ AI, 아직 시작이자 인프라 구축 단계
- ☑ 엔비디아, 인텔, AMD 등 자체 개발 AI 칩 공개

혁신의 평탄화는 기술업계 메가트렌드와 큰 관련이 있다. 혁신의 평탄화 현상을 보이는 지금이 바로 메가트렌드가 바뀌는 시기라는 게 업계 전문가들의 관측이다.

메가트렌드 바뀌는 시기…새로운 카테고리 1개만 추가

2007년 애플 아이폰이 출시되며 이른바 '아이폰 모멘트'가 시작됐으고, 전 세계는 모바일 디바이스 기반의 거대한 혁신 물결을 목격했다. 2004년 설립된 페이스북(현 메타), 2005년 설립된 유튜브가 스마트폰 기반으로 급성장했고, 스마트폰 기반의 차량 호출 기업 '우버'는 2009년 탄생했다.

모바일 혁명 이전에는 인터넷 혁명이 있었다. 비트 서프와 로버트 칸이 TCP/IP 프로토콜과 인터넷의 구조를 설계한 1975년에 마이크로소프트가 설립됐으며 1년 뒤 애플이 등장했다. 인터넷 사용자가 급증한 1990년대에는 아마존과 구글이 탄생했다.

CTA(미국소비자기술협회)가 이번 CES 2024에서 새롭게 추가한 산업 카테고리가 '미래 항공 모빌리티(Advanced Air Mobility)' 한 개뿐이었다는 점도 혁신의 평탄화 트렌드를 반영한 사례라고 할 수 있다. CES 2023년의 경우 암호화폐와 NFT, 웹3.0과 메타버스 두 가지 카테고리가 추가됐었다.

인터넷, 모바일 혁명의 뒤를 이을 메가트렌드로 지목되는 게 바로 AI다. 머신러닝, 인공신경망 등 기술로서의 AI를 살펴보면 그 역사가 더 길지만, 일반 대중이 인지할 정도의 티핑 포인트는 챗GPT의 등장 이후에 이뤄졌다고 할 수 있다.

빌 게이츠 마이크로소프트 설립자는 이런 변화를 가리켜 "윈도 후 가장 큰 컴퓨팅 혁명"이라고 평가하기도 했다. 사용자를 대신해 다양한 업무를 수행해 주는 생성형 AI 기반 'AI 에이전트' 시대가 열리고 5년 안에 모든 것이 완전히 바뀔 것이라는 게 그의 예측이다.

보이지 않지만 어디에나 있다… 인프라 구축 시기

기억해야 할 사실은 이런 AI 기술이 특정 산업에 국한, 편중되지 않는다는 점이다. 앰비언트(Ambient, 언제나 주위에 존재하는) 컴퓨팅, 캄테크(Calm+Tech, 조용한 기술) 성격을 띠

므로 크게 두드러지지 않을 순 있지만, 마치 소프트웨어처럼 모든 산업에 AI 관련 기술이 스며들어 가고 있다는 건 확인할 수 있었다.

삼성전자, LG전자, 현대기아차, 소니, 벤츠, 지멘스, 보쉬, HD현대, SK, 두산, 롯데, 존 디어 등 가전, 자동차, 에너지, 유통, 물류, 엔터테인먼트, 조선, 건설, 헬스케어, 농기계에 이르기까지 유수의 글로벌 기업들이 경쟁적으로 AI를 탑재한 TV, 자동차 등 다양한 제품을 선보였으며 수많은 스타트업이 AI 관련 제품을 전시했다. 메가트렌드로서의 AI가 아직 시작 단계에 있다는 점도 혁신 평탄화의 배경 중 하나다. 생성 AI 기반 혁신 서비스, 제품, 애플리케이션이 쏟아지려면 시간이 더 필요하며 지금은 인프라 구축 단계라는 해석이다. 기술 전문 매체 더버지는 이런 현상을 가리켜 "이번 CES 2024에서는 AI가 아니더라도 모든 것이 AI였다"며 "기업들이 마케팅 용어로 AI를 사용하는 과장광고가 있었다"고 지적하기도 했다.

AI 반도체 전쟁 시작됐다…
온디바이스 AI 구현

생성형 AI 서비스, 제품을 위한 인프라 구축은 AI 반도체 분야에서 가장 뜨겁게 전개되고 있다. 고성능 AI 칩이 뒷받침돼야 생성형 AI 서비스를 원활하게 사용할 수 있기 때문이다.

메타가 엔비디아의 AI 가속기 'H100'을 올해 말까지 35만 개 확보하겠다고 발표한 것도 같은 맥락이다. 많은 기업이 AI 서비스 개발 및 제공을 위한 인프라 확보에 나서고 있으며 이런 높은 수요에 힘입어 반도체 기업들은 CES 2024에서 일제히 AI 칩을 전면에 앞세웠다. 기조연설에 참여한 인텔은 새로운 코어

1.
엔비디아 AI 강화 칩
'RTX 40 시리즈'를 탑재한 PC들.

2.
AI 기능이 강화된
인텔 코어 14세대 칩.

AMBIENT COMPUTING
앰비언트 컴퓨팅

직접적인 명령이나 개입 없이도 사용자 주변에 있는 장치들이 사용자가 필요로 하는 서비스를 제공한다.

CALM + TECH
캄테크

조용함을 뜻하는 캄과 기술을 뜻하는 테크놀로지의 합성어로, 사람들이 인지하지 못한 상태에서 편안함을 주는 기술을 말한다.

14세대 'HX 시리즈' 프로세서를 공개했으며 엔비디아, AMD, 퀄컴, SK하이닉스 등 반도체 전문업체들도 일제히 관련 제품을 선보였다. 삼성전자, LG전자도 TV를 비롯한 가전에 탑재되는 새로운 자체 개발 AI 칩을 공개했다.

AI 칩을 탑재한 기기는 AI 스마트폰, AI PC라는 타이틀을 얻었고, '온디바이스 AI'가 새로운 키워드로 부상했다. 삼성전자가 선보인 '갤럭시S24 시리즈'가 온디바이스 AI의 대표적 사례다. 삼성전자는 CES 직후인 지난 1월 17일(현지시간) 미국 산호세에 위치한 SAP센터에서 '갤럭시 언팩 2024' 행사를 개최하고 AI 기능을 앞세운 갤럭시S24 시리즈를 선보였다.

갤럭시S24 사용자는 별도의 앱을 내려받을 필요 없이 스마트폰에 기본 탑재된 '전화' 앱만으로 실시간 통역 통화 기능을 이용할 수 있다. AI 칩과 구글의 대규모 언어 모델(LLM) '제미나이 나노(Gemini Nano)'가 내장돼 있기 때문에 가능한 기능이다. 생성 AI 핵심 기술로 평가되는 LLM이 탑재된 스마트폰은 '구글 픽셀8 프로'에 이어 두 번째다.

SECTION 1　Key Insight

NO.3 중국

미·중 무역 갈등 속에서도 커지는 중국의 영향력

CES 2024에서는 팬데믹 기간 참여가 부진했던 중국의 귀환이 도드라졌다. 중국 기업의 CES 참여 증가는 세계 기술 시장에서 중국의 영향력이 더욱 커지고 있음을 보여주는 중요한 지표다.

POINT
- ✅ 중국, CES 2024 참여 기업 두 배 상승
- ✅ 웨어러블 및 헬스케어 기기에 생성 AI 접목
- ✅ 자율주행 기능 탑재 로봇 시연으로 관심 집중

최근 몇 년간 미·중 갈등으로 인해 CES에 중국의 참여가 저조했다. 하지만 CES 2024에는 중국 기업 1115곳이 대거 참여해 물량 공세를 펼쳤다. 이는 주최국인 미국(1201곳) 다음으로 많은 숫자다. 미·중 정치적 갈등이 완전히 해소가 된 것이 아님에도 이런 변화는 가격 경쟁력과 기술 혁신에 따른 중국 업체의 세계적 위상 증대와 높은 존재감을 나타낸다.

AI 로봇 강국으로 급부상한 중국의 저력

중국은 단순히 물량만 쏟아내는 것이 아니다. 기술 분야의 최전선에서 누구보다 빠르게 움직이고 있다. 완벽하지는 않지만, 인공지능(AI), 로보틱스, 확장현실(XR) 등 이번 CES 2024를 통해 미래 기술 분야에서 세계 최고 수준의 실력을 확인시켜 주었다. CES 전시장 한 곳인 웨스트게이트는 중국 기업들로 가득 차 있었다. 가격은 저렴하지만 성능은 여타 기업들에 못지 않았다. 중국 기업들은 대규모 언어모델(LLM)을 적용한 번역기와 생성형 AI가 들어간 반지 형태의 헬스케어 기기, 몰입감 있는 혼합현실(MR) 공간을 만들어 주는 하드웨어 등 당장 사용할 수 있는 다양한 형태의 AI 제품들을 선보였다. 중국의 경우 한국과 달리 규제가 거의 없기 때문에 제품 개발과 동시에 시장에 투입할 수 있는 중국만의 강점을 엿볼 수 있는 부분이었다.

한국 소비자들에게 중국 제품의 인식은 여전히 '가성비가 좋은 제품'으로 여겨지고 있다. 중국은 오랫동안 저렴한 인건비와 대량 생산 시스템을 구축해 전 세계의 제조 공장 역할을 해왔다. 하지만 전 세계 제조 공장 역할을 하는 동안 중국은 그들만의 기술력을 쌓고, 전 세계 어떤 IT기업과 비교하더라도 뒤지지 않는 실력을 축적했다. 제조업에서 번 돈은 기술력에 투자를 했고, 현재는 AI, 로보틱스, 확장현실(XR) 등 최첨단 산업 영역에서도 세계 최강국 중 하나로 꼽힌다.

중국 스타트업인 로터스로보틱스(Lotus Robotics)는 라스베이거스컨벤션센터(LVCC) 노스홀에서 대규모 전시장을 꾸려 많은 관람객의 관심을

끌었다. 3년차 회사이지만, 중국의 지리자동차가 인수한 덕분에 모기업의 든든한 지원을 바탕으로 글로벌 시장의 문을 두드리고 있다. 지리는 스웨덴 자동차 기업 볼보를 인수해 화제가 된 적이 있다. 로터스로보틱스의 자율주행 4단계 수준의 청소로봇과 스택형 물류로봇 시연에 관람객들은 환호하기도 했다.

휴머노이드 로봇 개발로 업계에서 유명한 유니트리 로보틱스(Unitree Robotics)는 강아지 모양의 로봇을 일반 소비자를 대상으로 알리바바에서 2400달러에 판매하고 있다. 이외에도 잔디깎이 로봇, 수영장 청소 로봇 등 다양한 기능의 로봇을 선보인 업체들이 관람객들의 이목을 집중시켰다.

1.
세계 최초로 챗GPT를 적용한 베이징 키아이테크놀로지의 반려로봇 '루나'.

2.
미·중 간의 기술 경쟁이 심화되고 있는 가운데, CES 2024에서 중국 기업들은 다양한 형태의 AI 로봇 기술을 선보였다.

3.
CTA 게리 샤피로 CEO는 중국 기업들의 CES 참여를 환영한다고 전했다.

4.
유니트리 로보틱스는 강아지 모양의 로봇을 알리바바에서 2400달러에 판매하고 있다.

답변을 주거나 추가로 새로운 질문과 답변을 할 수 있는 기능들이 로봇에 탑재되고 있다. 제조업의 강국인 중국은 AI 발전의 최대 수혜국 중 한 곳으로 그동안 부족했던 로봇의 '뇌' 능력을 획기적으로 높일 수 있는 기회이다.

중국의 기업들은 가격 경쟁력과 기술 혁신에 힘입어 세계 시장에서 점차 더 큰 존재감을 발휘할 것으로 전망되는 가운데, 이번 CES 2024에서 중국은 AI 기술을 마음껏 뽐냈다.

중국 기업 타임케틀(Timekettle)은 애플의 에어팟 형태의 AI 번역기 'X1'으로 CES 혁신상을 수상했다. 별도의 앱 설치 없이 이어폰을 끼고 전원만 누르면 곧바로 통역이 된다. 제품은 아직 미완 단계. 통역에 5초 정도 지연되는 등 일부 부족한 모습을 보여주고 있지만, 69달러에 곧 판매를 시작한다. 실리콘 밸리 스타트업들이 추구하는 '선 출시 후 수정' 전략을 사용하는 것이다. 이외에도 전시장에서는 반지를 끼면 심박수, 수면 패턴, 혈중 산소 등 챗GPT를 통해 개인화된 건강관리를 받을 수 있는 비침습형 혈당 모니터링 웨어러블 기기도 관람객들의 관심을 받았다.

중국 기업들의 화려한 귀환 속 생성 AI의 다양한 진화

CES 2024에 그 어느 때보다 로봇들이 많이 선보인 것은 AI의 비약적인 발전과 대중화와 연관이 있다. 애플의 시리, 삼성의 빅스비, 아마존의 알렉사 등 그동안 음성인식 기능을 선보인 디바이스들은 시장에 많이 쏟아져나왔다. 하지만 처음의 기대와는 다르게 해당 기기들이 인간의 가장 가까운 친구가 되기에는 기기들의 '지능'이 따라오지 못했던 것이 사실이다. 사용자가 궁금해 하는 질문에 1차원적인 답변만 내어놓으며 '인터넷 검색은 할 수 있지만, 검색을 아주 잘하진 못하는 동반자' 정도로만 남아 있었다. 하지만 생성 AI 기술의 발전으로 로봇이 진화하고 있다. 인간의 질문과 니즈가 무엇인지 파악하고

생성 AI 로봇

전체 참가 업체의 25%를 차지한 중국 기업 역시 생성 AI 시장을 정조준하고 나섰다.

1100여개 중국 기업 참여

중국은 참여가 부진했던 지난해보다 두 배 늘어난 전시부스를 운영해 세계인들의 이목을 끌었다.

SECTION 1 Key Insight

NO.4 D&I

이제 관심의 중심은 단연 다양성과 포용성

최근 전 세계적인 화두는 바로 다양성 및 포용성(Diversity & Inclusion)이다. 여성과 노인, 아동 등 그간 관심의 전면에 서지 못했던 대상까지 아우르는 기술을 개발하고 업그레이드하는 과정에서 D&I라는 가치는 더욱 널리 퍼져나가고 있다.

POINT
- ✓ 펨테크 카테고리 돋보여
- ✓ 시니어 헬스테크 브랜드 다수 등장
- ✓ 장애 인구 위한 제품 출시에 관심

지난해 발생한 러시아-우크라이나 전쟁과 이스라엘-하마스 전쟁을 계기로 전 세계의 긴장 상태가 최고조에 이른 가운데, 다양성과 포용성(D&I)에 대한 관심이 증대하고 있다. 소외된 지역사회에 대한 새로운 관점 수용을 주요 주제로 꾸준히 제시해 온 CES가 더욱 주목받는 배경이다.

올해 CES 2024에서 D&I 콘퍼런스와 세션이 다수 열린 데는 이러한 트렌드가 작용했다. 특히 CTA는 트렌드 투 워치(Trends to Watch) 행사에서 여성건강에 대한 별도의 세션을 마련하기도 했다. 더욱 세분화한 헬스케어 영역 가운데 여성 관련 기술을 개발하는 기업 중심으로 소개하는 자리를 만든 것이다. 아울러 노인, 아동 등을 위한 기술 역시 폭넓게 소개하면서 더욱 개인화한 서비스의 등장과 진화에 힘을 실었다.

여성 중심 헬스케어로의 전환

헬스테크는 오랫동안 CES가 비중을 둔 주제였다. 혈당을 체크하는 센서, 소변 분석기 등 가정에서 간편하게 사용하는 헬스케어 기술이 널리 각광 받을 수 있었던 이유다. 다만 이전엔 남녀노소 구분이 없었다면 올해는 특히 여성에 집중하는 경향이 있었다.

일명 펨테크(Femetech)라고 불리는 이 카테고리는 단연 CES 2024에서 돋보이는 분야였다. 대표적으로 폐경기 증상 빈도와 심각한 정도를 추적하고, 안면홍조 발생 시 쿨링 효과까지 제공하는 웨어러블 센서를 개발 중인 스타트업 아이덴티파이허(IdentifyHer)를 비롯해 눈에 띄는 각종 제품과 브랜드가 자리를 빛냈다.

물론 관련 기술엔 뷰티 또한 포함돼 있다. 프랑스 코스메틱 브랜드인 로레알은 올해 CES 기조연설에서 뷰티 분야 AI 기술의 중요성이 나날이 커지고 있다고 언급했다. 더불어 장애인이 더욱 쉽게 화장할 수 있도록 도와주는 메이크업 애플리케이터 햅타(HAPTA)와 같이 포용적인 기술을 선보였다.

한편 CTA의 발표에 따르면 전 세계 인구의 약 50%를 차지하는 여성에 대한 디지털 헬스 케어 산업은 2027년까지 1조 2000억 달러 규모에 이를 것으로 예측된다.

시니어와 함께하는 따뜻한 기술에 '눈길'

CES 2024 개막 일주일 전 전 세계 미디어 대상으로 열린 언베일드 미디어 행사에서는 헬스테크 브랜드가 다수 등장해 화제를 모았다.

올해 행사에서 혁신상을 수상한 위딩스(Withings)는 올인원 진단 도구인 빔오(BeamO)를 공개했다. 또한, 멀티스코프라고 불리는 진단 도구는 체온이나 혈중 산

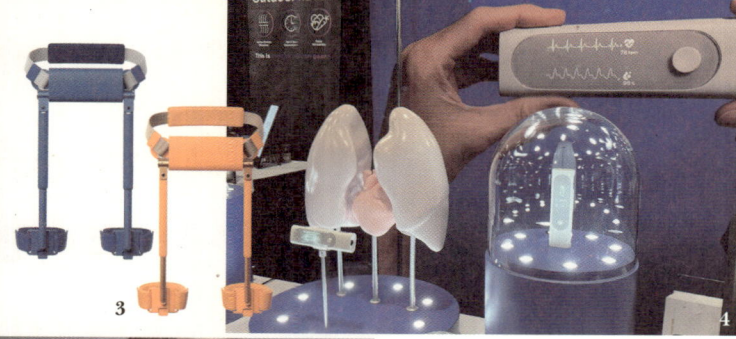

1.
세계 최대의 광학업체 에실로룩소티카는 난청인을 위해 스타일리시한 보청기 겸용 안경테를 선보였다.

2.
로레알은 장애인 여성이 쉽게 화장할 수 있는 메이크업 애플리케이터 햅타를 소개했다.

3.
위로보틱스가 신개념 웨어러블 모빌리티 '윔(WIM)'으로 2024 CES Innovation Awards(혁신상)를 수상했다.

4.
위딩스(Withings) 진단 도구.

5.
바바라 라베르노스 로레알 수석부사장은 CES 2024에서 여성을 위한 뷰티테크를 강조하며 뷰티앱을 선보였다.

소포화도, 심전도 등을 측정할 수 있으며, 디지털 청진기 역할까지 수행한다.

시니어 보행 보조나 운동을 뒷받침하는 위로보틱스의 윔(WIM)을 착용해 보는 방문자 역시 많았다. 근력이 저하된 시니어를 위한 장치인 윔은 1.6kg으로 가벼운 데다 합리적인 가격 덕분에 더욱 눈길을 끌었다.

올해 혁신상을 받은 휘스프(Whispp) 또한 시니어 헬스테크 기업이다. 이곳은 천식이나 식도암 등으로 인해 목소리를 내기 어려운 환자나 노인이 애플리케이션에 속삭이면 음성 AI가 또렷하게 전환하는 기술을 시연했다. 그 밖에 입 안을 문지른 면봉으로 비만이나 행동장애(ADHD) 같은 위험을 진단하는 기술의 DNA 코퍼레이션, 진단기기를 머리에 착용하면 뇌파를 감지해 사고 후 중증 환자가 눈으로 대화하거나 원활히 치료받게끔 지원하는 기술을 갖춘 프랑스 CEA 등이 존재감을 드러냈다.

포용적 기술의 진화

그런가 하면 언베일드 행사에선 장애인을 위해 개발한 각종 혁신 기술을 공개하며 포용적인 기술의 발전을 보여주기도 했다. 특히 프랑스 기업 아이브스(Ives)는 청각 장애인 커뮤니티를 위해 수화를 해석하고 생성하는 챗봇 서비스인 아이리스 사인봇(Iris Signbot)으로 박수 받았다.

또, 세계 최대의 광학업체 에실로룩소티카(Essilor-Luxottica)는 난청인을 위해 스타일리시한 보청기 겸용 안경테를 선보였다. 아울러 행사장엔 시각장애인이 세상을 더 쉽게 탐색할 수 있도록 사물 위치를 파악하고 사용자에게 실시간으로 주위 환경을 설명하는 AR 고글과 애플리케이션이 공개됐다. 포용성과 접근성이 기업 경영의 화두로 떠오른 만큼 많은 글로벌 기업은 세계적으로 13억 명이 넘는 장애 인구를 위한 제품 출시에 심혈을 기울이고 있다.

1조 2000억 달러
2027년까지 전 세계 여성 대상의 디지털 헬스케어 산업 규모

13억 명
D&I 신기술이 필요한 전 세계 장애 인구

SECTION 1 　Key Insight

스마트폰처럼 업데이트되는 소프트웨어 중심의 미래 모빌리티

PC나 스마트폰처럼 미래 모빌리티의 발전 방향은 소프트웨어가 주도할 것으로 전망되는 가운데 안전 제어, 인포테인먼트, 내비게이션, 크루즈 기능 등 다양한 분야의 소프트웨어가 도입되고 있다.

POINT
- 소프트웨어 정의 모빌리티 주목
- 보쉬, '오토 발레 파킹 시스템' 도입
- 기아, "차량을 넘어선 플랫폼" 비전 제시

최근 몇 년간 CES에서는 모빌리티가 '대세'였다. 아우디, 벤츠, BMW, 현대차기아 등 완성차들이 미래 자동차 기술을 선보이고, 구글 등 모빌리티 OS를 대대적으로 선보이기도 했다. CES 2024에서는 AI가 테크 산업의 화두가 되면서 미래의 모빌리티 분야는 더욱 세분화 되고, 소프트웨어적인 부분이 더욱 강조되는 흐름이었다.

고성능 컴퓨팅 플랫폼 파나소닉 '뉴런'

파나소닉은 자동차 및 모빌리티 분야에서 혁신적인 발전상을 선보였다. 핵심 발표는 소프트웨어-정의 이동성(Software-Defined Mobility)에 초점을 맞춘 새로운 고성능 컴퓨팅 플랫폼 '뉴런(Neuron)'이다. 파나소닉에 따르면 이 플랫폼은 차량의 기능과 성능을 향상시키는 동시에 운전자와 차량 간의 상호작용을 새로운 차원으로 끌어올린다. 뉴런은 더욱 진보된 자율주행 기능, 개선된 차량 내 인포테인먼트 시스템, 그리고 향상된 차량 안전성을 제공한다. 파나

소닉은 뉴런 플랫폼을 통해 차량의 안전성을 크게 높일 뿐만 아니라 운전자와 차량 간의 상호작용을 한층 더 직관적이고 편리하게 만들 수 있다고 전했다.

트랜스포머처럼 주차공간 스스로 찾고, 로봇 팔이 알아서 충전하는 미래

보쉬는 CES 2024 미디어 콘퍼런스에서 소프트웨어와 디지털화를 활용한 모빌리티 기술을 공개했다. SDV(Software-Defined Vehicle)는 기존 하드웨어 중심의 자동차 대신, 소프트웨어를 중심으로 '움직이는 컴퓨터', '바퀴 달린 스마트폰'으로 작동하는 미래형 모빌리티 기술을 의미한다. 소프트웨어가 중심이 되는 SDV는 모빌리티의 개인 맞춤화, 자율주행 가속화를 가능하게 만든다.

보쉬가 들고나온 '오토 발레 충전 시스템(Automated Valet Charging)'이 대표적인 사례다. 이 시스템을 탑재한 전기차는 충전기가 마련된 주차공간으로 스스로 찾아가서 주차하고, 로봇팔이 알아서 전기 충전을 수행하는 시스템이다. 스마트폰 버튼 하나만으로도 주차와 충전이 가능하며, 충전이 끝나면 사람의 도움 없이도 다른 주차공간으로 이동한다는 점이 특징이다. 이어 보쉬는 무선 전기차 충전기술도 개발 중이라고 밝혔다.

1. 현대모비스가 1월 9일 '모비온'을 CES 2024에서 최초 공개했다.
2. 기아는 2019년 이후 5년 만에 CES를 찾았다.
3. 스스로 주차공간을 찾고, 로봇팔이 충전하는 보쉬 '오토 발레 충전 시스템'.

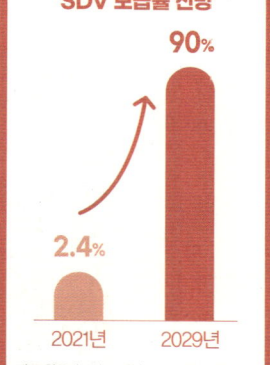

SDV 중심 모빌리티 기업으로
LG전자, 사업 확장 가속화

LG전자는 미디어데이에서 모빌리티 사업 발표가 참석자들의 주목을 끌었다. 은석현 LG전자 VS사업본부장은 진화하고 있는 자동차의 미래를 '바퀴 달린 생활공간'으로 소개했다.

최근 LG전자는 가전사업을 넘어 모빌리티로 비즈니스 영역을 확장하고 있다. 이날 콘퍼런스에서 LG는 SDV 솔루션 'LG 알파웨어(LG αWare)'를 공개했다. 'LG 알파웨어'는 기존 차량의 OS(운영체제) 성능을 강화하거나 소프트웨어 개발 프로세스 전반에서 개발자를 돕는 솔루션을 제공한다. LG전자 관계자는 "휠 위의 생활공간을 만들어내는 비전을 현실화하고 있다"며 "모빌리티 분야는 미래 LG전자의 핵심 먹거리 사업으로 성장할 것"이라고 기대감을 내비쳤다. 아울러 차량용 엔터테인먼트 솔루션, 증강현실·혼합현실과 AI 기술 등을 활용한 휴먼–머신 인터페이스 솔루션 등도 포함됐다.

마이클 코슬라 B2B 영업 부사장은 LG전자의 EV충전 솔루션을 강조했다. 코슬라 부사장에 따르면 연내 미국에서 세 가지 초고속 충전기를 선보일 계획이다. 실제 LG전자는 미국 텍사스주에 최초의 충전기 생산 공장을 설립할 계획을 발표한 바 있다.

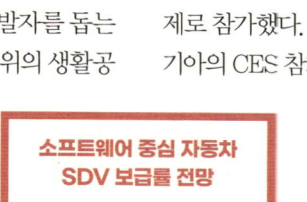

소프트웨어 중심 자동차 SDV 보급률 전망
2021년 2.4%
2029년 90%
자료: 한국딜로이트그룹 '모빌리티 혁명을 설계하는 소프트웨어 중심 자동차' 리포트(2023)

기아가 그린 모빌리티 비전
"차량을 넘어선 플랫폼"

기아는 미국 라스베이거스 만달레이베이 센터에서 열린 프레스 콘퍼런스에 '준비된 기아가 보여줄, 모두를 위한 모빌리티 (All Set for Every Inspiration)'라는 주제로 참가했다.

기아의 CES 참가는 2019년 이후 5년 만에 새로운 브랜드로 참가하는 첫 행사로, '플랫폼 비욘드 비히클(PBV)'의 비전과 미래 전략, 그리고 5대의 '목적 기반 차량(PBV)' 라인업을 최초로 선보였다. 미래 비전은 PBV가 모빌리티 산업을 혁신하는 동시에 로봇 공학, 항공 모빌리티(AAM), 자율주행 분야에서 현대자동차그룹의 비전을 앞당긴다는 목표 아래 단계별 계획과 함께 제시됐다. 송호성 기아차 CEO는 PBV가 "차량을 넘어선 플랫폼(Platform Beyond Vehicle)"이며, "새로운 비즈니스와 라이프스타일을 열어갈 것"이라고 전했다.

SECTION 1 Key Insight

NO.6
지속가능성

지속가능성, 수익성 높은 비즈니스 모델

지속가능성은 CES 2024에서 많은 혁신과 제품 카테고리에서 핵심 주제로 떠올랐다. 특히 폐기물 감소, 재활용 재료 개선에 중점이 되는 경향을 보였다.

POINT
- ☑ 새로운 지속가능성 솔루션의 등장
- ☑ 수익성 높은 비즈니스 모델로의 정착
- ☑ 넷제로(NetZero) 참여 국가의 확대

기본적으로 인간이 존속하기 위해 깨끗한 공기, 물, 식량, 의료 자원 등을 지속적으로 확보할 수 있어야 할 뿐만 아니라 인류를 위협하는 전쟁, 자연재해, 전염병 등에 기술로써 대처할 수 있어야 한다. 환경적 책임에 대한 관심이 높아지면서 소비자들은 친환경 기술 제품을 찾고, 특히 GenZ가 주력 소비 세대가 되면서 이제 지속가능성은 필요가 아닌 수익성 높은 비즈니스 모델로 정착되었음을 CES 2024에서 직접 확인 가능했다.

지속가능성을 달성하기 위한 전동화 및 친환경 기술

CES 2024에서 많은 기업들이 전기차, 전기 드론, 전기자전거 등 다양한 전기화 제품을 선보였고, 앞으로 전기화 혹은 전동화로의 전환은 지속될 것으로 예측된다. 전기차 등 전동화 제품과 서비스 외에 다양한 지속가능성을 강조한 솔루션이 이번 CES 행사에 출품되기도 했다. LG는 폐기물에서 만든 바이오 플라스틱을 사용하는 새로운 TV를 선보이기도 했다. 파나소닉은 자원재활용, 폐기물처리, 도시에너지 관리 솔루션 콘셉트를 제시했다. 삼성 또한 생산 공정에서 도입 가능한 친환경 생산 라인을 전시했다.

CES 2024에서는 지속가능성이 그린워싱, 즉, 단순 기업 이미지 개선 또는 마케팅 목적이 아니라 실제로 비즈니스 매출 및 수익화가 가능한 단계로 접어들었음을 보여주는 현장이었다. 파나소닉, 보쉬 등 글로벌 기업들이 친환경, 넷제로(Net zero), 에너지 효율화 등을 테마로 실제 출시했거나 계획 중인 제품과 서비스를 함께 전시해 둔 것을 확인할 수 있었다.

ESG 규제 불확실성과 넷제로 참여 국가의 확대

ESG 규제 및 정책의 불확실성은 글로벌 기업들에게 혼란을 초래하고 있기도 하다. 동시에 넷제로 참여 국가의 수가 계속해서 증가하며 기업들이 지속가능성에 대한 책임과 대응을 강조하고 있는 추세이다. 이러한 변화는

1

기업들에게 ESG 요소를 효과적으로 통합하는데 새로운 도전과 기회를 제공하고 있다.

바이든 대통령은 2021년 1월 20일 취임 직후 17개 행정명령 중 5개를 환경 및 인권 분야에 서명하여 주요 정책을 강조했다. 또한 미국 정부는 파리기후협약에 재가입하고, 2022년에는 인플레이션감축법(IRA)을 통과시켜 관련 산업에 미국 내 투자와 일자리 창출을 촉진하는 사업을 진행하고 있다. IRA는 청정에너지와 전기차 산업에 대한 보조금과 세제 혜택 등으로 역사상 가장 큰 투자로, 기후변화 대응을 강화하는 정책이다. 바이든 정부는 2035년까지 발전 부문의 탄소중립과 2050년 넷제로 달성을 목표로 하며, 세계적으로는 코로나 팬데믹 이후 기후변화, 인권, 거버넌스에 대한 관심이 증가하면서 ESG 투자를 확대할 계획이다. 하지만, 2024년 미국 대통령 대선을 앞두고, 공화당이 주도하는 Anti-ESG 법안이 발의되고 이에 대한 운동이 확산되며 ESG에 반대하는 움직임도 동시에 일어나고 있는 것은 ESG흐름에 리스크로 작용하고 있다.

$ 총275조 달러
2050년까지 전세계 '넷저로' 달성을 위한 예상 투입비용

3조5000억달러 (약 4200조원)
파리기후변화협정에 따라 기온상승 1.5℃로 제한하기 위해 2050년까지 해마다 추가 지출 필요

자료: 2022년 맥킨지글로벌연구소

ESG 공시 의무 확대와
글로벌 신용평가사의 ESG 등급 반영

미국 SEC는 2021년 3월부터 기후 공시 의무화를 도입하기 위한 준비를 시작했으며, 2022년 3월에 초안을 발표한 이후 최종안의 공개를 여러 차례 미루고 있는 상황이다. 최근에도 SEC는 작년 12월 6일에 최종안 발표를 2024년 봄 이후로 미룰 것을 공식 발표했으며, Scope 3 배출량 보고 의무에 대한 면제나 축소 가능성을 시사하고 있다. 유럽 연합과 ISSB의 Scope 3 배출량 공시 의무화 결정으로 인해 공급망 기업은 탄소배출량 측정과 관리를 통한 준비가 필요한 상황이다.

무디스는 기업의 지속가능성을 외부평가하여 SQS5부터 SQS1까지의 5단계로 분류하고 있다. 이 분류는 S1이 Excellent, S2는 Very Good, S3는 Good, S4는 Intermediate, S5는 Weak로 나눠져 있다. 뿐만 아니라, 국제 기준을 충족하는지를 평가하는 동시에, 기업의 경영 프로세스 전반에 대한 종합적인 평가도 진행되고 있는 상황이다. 이는 단순히 '그린'인지 여부뿐만 아니라, 얼마나 '그린' 한지에 대한 정도까지를 고려하는 접근방법이다. 또한, NZA(Net Zero Assessments) 분석에서는 프로젝트의 '그린' 정도 뿐만 아니라, 해당 기업이 얼마나 강력한 목표를 설정하고 그를 달성하기 위한 구체적인 전략 및 거버넌스를 갖추고 있는지에 대한 평가도 진행한다. 무디스는 기업의 지속가능성을 단순한 환경 친화성뿐만 아니라, 비즈니스 전략, 목표 달성 여부, 그리고 거버넌스 체계에 주목하여 평가하고 있다.

1.
CES 2024에서 SK그룹의 넷제로와 ICT 패밀리사들이 AI 기술을 선보였다. SK ICT 패밀리사 데모룸 조감도.

2.
CES 2024 보쉬 연료 전지 파워 모듈(FCPM).

3.
SK수소 전지 열차.

SECTION 1　Key Insight

AI와 사물인터넷의 결합
'딥테크'로 진화하는 헬스케어

기술 고도화에 따른 디지털 헬스케어 시장은 빠르게 성장하고 있으며, 관련 산업 규모와 수익성이 큰 진료 및 치료 분야의 헬스케어 시장은 향후 몇 년간 성장이 지속될 것으로 전망된다.

POINT
- ✓ 디지털 헬스케어 분야의 기술 고도화 및 정교화
- ✓ 인공지능과 사물인터넷 결합으로 환자 편의성 극대화
- ✓ 인구 고령화에 따른 향후 헬스테크 시장 전망 기대

최근 몇 년간 헬스테크는 CES의 주요 주제 중 하나였다. 인구의 고령화와 건강에 대한 문제를 기술로 해결하기 위해 전 세계 기업들의 움직임은 계속해서 이어져 오고 있다. 본격적인 헬스테크의 전성기는 웨어러블 디바이스의 등장으로 기기가 대중화됨에 따라 성장 기점을 맞이했다.

유산소 운동 측정 기능, 심박수 체크 등을 포함하고 있는 애플워치가 출시되고 삼성전자, LG전자 등 전 세계 IT기업들이 스마트워치 대열에 합류했다. 이어 대기업뿐만 아니라 신생 웨어러블 업체도 등장하고 샤오미, 핏빗 등 운동에 특화된 웨어러블 디바이스들이 쏟아져 나오며 관련 산업시장은 급성장기를 거치고 있다.

"거울아, 내 건강은 어떠니?"
우울증까지 진단하는 헬스테크
스마트폰과 연동해 수면량과 질을 체크

하고, 건강관리를 돕는 앱과 제품들이 매년 CES를 통해 등장하고 있다. 올해 CES 2024에서는 헬스테크가 더욱 정교해지는 것을 느낄 수 있었다. 특히 다양한 형태로 세분화 되어 건강 체크를 해주는 웨어러블 분야가 화제를 모았다.

미국 라스베이거스 컨벤션센터(LVCC) 내 노스홀의 캐나다 헬스케어 스타트업 누라로직스 전시관에는 21.5인치 태블릿PC 형태의 스마트미러가 전시돼 있었다. CES 2024 혁신상을 수상한 '매직미러(Magic Mirror)'라는 제품 앞에 한 중년 남성이 서니 30초간 얼굴을 인식해 스캔한 다음, 혈압, 심장 박동수, 얼굴 피부 나이 등 각종 건강정보를 알려줬다.

누라로직스에 따르면 매직미러는 센서와 인공지능(AI)을 결합해 질병 징후를 사전에 예측하는 신제품이다. 여기에는 특허를 받은 원격 광혈류측정, 경피(經皮)적 광이미징 기술이 적용됐다. 혈류 정보를 수집해 클라우드로 전송한 뒤 AI 머신러닝 알고리즘이 각종 헬스 파라미터를 계산해 정신건강 상태를 진단하고 우울증 위험까지 알아낼 수 있다.

3D 모의 수술 집도부터 보청기
안경까지 딥테크로 진화한 헬스케어
프랑스 기업 다쏘시스템에서는 AI를 활

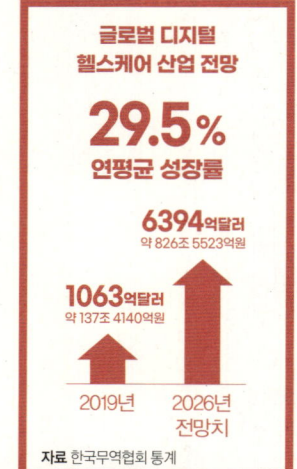

글로벌 디지털
헬스케어 산업 전망

29.5%
연평균 성장률

6394억달러
약 826조 5523억원

1063억달러
약 137조 4140억원

2019년　2026년 전망치

자료 한국무역협회 통계

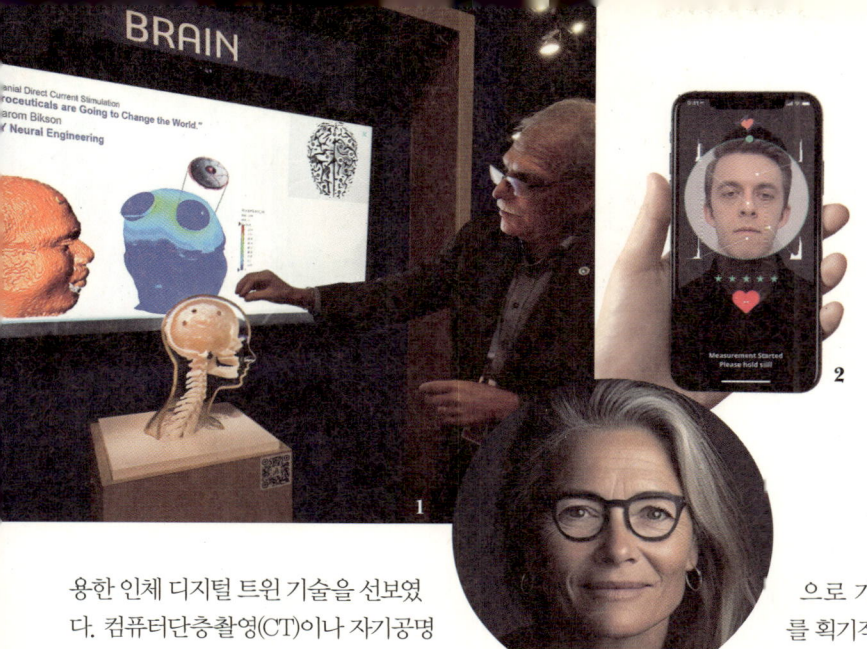

1. 지난 1월 11일 CES 2024에서 다쏘시스템이 리빙브레인 프로젝트를 공개했다.
2. 우울증 위험 진단이 가능한 캐나다 헬스케어 스타트업 누라로직스 '매직미러'
3. 세계 최대 안경회사 에실로룩소티카는 CES 2024에서 첫 청각 솔루션 안경 '뉘앙스 오디오'를 소개했다.
4. 지멘스가 선보인 '바이오닉 암'

용한 인체 디지털 트윈 기술을 선보였다. 컴퓨터단층촬영(CT)이나 자기공명영상(MRI) 등 진단자료를 다쏘시스템이 개발한 소프트웨어로 보내면 각 층을 세부적으로 구분해 3D 심장과 뇌를 만들 수 있다. 디지털 트윈의 3D 심장으로 시나리오별 모의 수술 집도가 가능하고, 수술 시나리오별 성공 확률을 소프트웨어가 예상해 최적의 방법을 찾아준다.

세계 최대 안경회사인 에실로룩소티카(Essilor Luxottica)는 CES 2024에서 첫 청각 솔루션 안경인 '뉘앙스 오디오'를 소개했다. 뉘앙스 오디오를 착용하면 눈앞에 있는 사람의 목소리가 증폭된다. 증폭의 정도는 연동된 스마트폰 앱으로 조절 가능하며, 발화하는 본인의 목소리도 들을 수 있다.

청각장애인들은 본인의 목소리 크기를 인지하지 못해 소리를 지르는 듯이 말해 곤란한 경험에 빠지기도 하는 것을 보완하기 위해 적용한 기술이다. 신호를 특정한 방향으로 세게, 다른 방향으로는 약하게 송수신되도록 조정하는 기술인 빔포밍 기술을 적용하고 있다.

미국 헬스케어 기업 애보트(Abbott)는 CES 2024 혁신상을 수상한 인공심장박동기 '어베어'를 선보였다. 건전지보다 얇은 이 제품은 부정맥이나 심장박동이 불규칙한 사람들을 위한 제품으로 기존 인공심장박동기보다 크기를 획기적으로 줄여 환자들의 편의성을 높였다.

헬스테크 시장의 성장과 한계

기술이 고도화되고 정교화되고 있었지만, 다수의 전문가들은 헬스테크 분야에서 새로운 혁신 기업의 참가가 저조한 것으로 평가하기도 했다. 글로벌 경기침체 및 투자 저조로 아이디어로 무장한 웰니스(Wellness) 분야의 신규 기업 참여가 저조했음을 보여주는 것이다.

이번 CES 2024에서는 시장과 수익성의 규모가 큰 진단 및 해석, 치료 분야 관련 헬스케어 대기업의 제품이 주를 이뤘으며, 특히 헬스케어와 딥테크의 결합을 활용한 헬스테크 제품이 돋보였다.

인공지능(AI) 및 의료 사물 인터넷(IoMT)과 같은 의료 정보 기술을 통해 환자를 지속적으로 실시간 원격 모니터링이 가능해짐에 따라 환자는 병원을 방문하지 않고도 자신의 건강 상태를 모니터링하며 원격진료(Telemedicine) 솔루션에 대한 다양한 서비스를 받을 수 있을 것으로 기대된다.

AI를 활용해 낮은 비용으로 상시 진단이 가능하고, 병원 방문이 어려운 환자가 의료 서비스를 받을 수 있는 접근성을 높여 인구 고령화, 의료비용 증가 등 여러 문제를 완화할 수 있어 향후 관련 산업시장의 전망은 밝을 것으로 보인다.

SECTION 1 Key Insight

NO.8
소프트웨어

소프트웨어가 이끄는 미래

모빌리티 산업에서 하드웨어는 기존 생태계의 중심 자리를
소프트웨어에 내줘야 하는 상황에 이르렀다.

POINT
- 생성 AI 등장으로 기기간 연결성 중요
- AI 탑재한 소프트웨어가 시장 주도
- 모빌리티 분야 소프트웨어 주목

최근 몇 년 동안 하드웨어 시장에서 소프트웨어 시장으로의 전환이 진행돼 왔다. 소프트웨어 시장이 성장하면서 하드웨어 비중은 상대적으로 감소하고 이는 현대 기술 발전에서 소프트웨어의 역할이 더욱 중요해지고 있는 것을 보여준다. 클라우드 컴퓨팅, 인공지능(AI), 빅데이터 분석 등과 같은 기술들은 주로 소프트웨어 기반으로 작동한다. 그리고 이를 통한 연결성이 소프트웨어 시장의 성장을 견인하는 추세다.

사물인터넷(IoT)과 연결성은 주로 소프트웨어 관련 기술이다. 다양한 기기들 간의 연결과 데이터 교환은 소프트웨어를 통해 구현되고 자연스럽게 하드웨어보다는 소프트웨어에 중점을 둔 제품과 서비스의 등장을 촉진하고 있다. 기업들도 제품 판매에서 서비스 중심의 비즈니스 모델로 산업 중심축을 이동하는 경향이 뚜렷하다. 소프트웨어를 통한 지속적인 프로그램 업데이트, 데이터 분석, 원격 지원 등을 통해 고객 경험을 향상시키는 것이다.

대전환: SDV 산업의 중심은 소프트웨어

CES에 참가한 기업들이 전한 메시지는 '개인화' 된 '초연결'로 수렴하는 트렌드에 있다. 기업은 개인의 필요와 취향에 맞춘 맞춤형 제품과 서비스를 제공하기 위해 노력한 흔적이 역력했다. 예를 들어 삼성은 AI를 사용해 사용자의 선호도와 행동을 분석하고, 그에 맞는 제품과 서비스를 추천한다.

LG 역시 자사 제품과 타사 제품이 연결되어 사용자의 일상을 보다 편리하게 지원하는 서비스를 선보였다. 스마트시티의 수용이 높아지면서 로봇의 하드웨어 성능은 높은 반면 소프트웨어가 따라가지 못하는 상황이었다면 지금은 AI의 발전으로 소프트웨어 관심도가 높아졌다. 도시의 인프라와 서비스가 디지털화돼 보다 효율적이고 지속 가능한 도시를 만들어 가는 것이다. AI는 스마트 시티의 핵심 기술 중 하나로 도시의 교통, 에너지, 환경 등을 관리하고 시민의 안전을 지키는 데 활용되기도 한다.

특히 눈여겨 볼 분야는 소프트웨어 중심 자동차(SDV - Software Defined

32%

미국의 2024년 소비자가전 전체 매출은 약 5120억 달러에 달하고 이 중 32%가 소프트웨어에서 발생할 전망이다.

자료 더밀크

1.
현대차의 퍼스널 모빌리티인 '다이스'. AI 기반으로 개인에게 최적화된 소프트웨어 기술을 통해 맞춤형 서비스를 제공한다.

2.
LG의 AI TV. AI 칩이 물체와 배경에 따라 영상 제작자의 의도를 가장 잘 전달할 수 있는 색상을 분석하고 조정한다.

3.
LG이노텍은 미래 모빌리티 산업에 맞는 SDV 솔루션을 선보여 전 세계인들의 관심을 끌었던 부스 중 하나다.

Vehicle)다. 기존의 하드웨어 중심의 자동차 대신 소프트웨어를 중심으로 '움직이는 컴퓨터', '바퀴 달린 스마트폰'으로 작동하는 미래형 모빌리티 등장은 이번 박람회의 큰 성과 중 하나다. 소프트웨어 중심의 SDV는 모빌리티의 개인맞춤화, 자율주행 가속화를 가능하게 하고 있다. PC나 스마트폰처럼 미래 모빌리티의 발전 방향은 소프트웨어가 주도할 것으로 점쳐진다. 커넥티드 모빌리티(차량 간 통신), 센싱(이동 중 객체 탐지), 원격 모니터링 등의 자율 주행을 위한 시스템이 발전되고 클라우드를 통한 에코시스템도 급격하게 진화 중이다.

하드웨어를 못 따라가던 소프트웨어

AI, 빅데이터, 클라우드 컴퓨팅과 같은 소프트웨어 중심의 기술은 다양한 산업 분야에서 혁신을 이끌고 있다. SDV로 모빌리티의 소프트웨어 중심화는 큰 관심사 중 하나였다. 그러나 반도체 공급 부족, AI 그래픽 카드 수요 폭증 등 하드웨어, 소프트웨어 발전 불균형이 혁신의 속도 저하 요인이라는 분석도 눈여겨 봐야 한다.

SDV 소프트웨어는 다방면에서 활발하게 개발이 진행 중이다. 기존에도 자동차 산업에서 안전제어, 인포테인먼트, 내비게이션, 크루즈 기능 등 다양한 분야에서 소프트웨어가 활용됐으나 전통적으로 자동차 분야는 하드웨어 중심 산업이라는 인식이 팽배했다. 산업 구조가 하드웨어 중심으로 형성된 것도 그런 이유에서다. 그러나 SDV 시대의 소프트웨어와 기존 자동차에 활용된 소프트웨어는 개념이 다르다.

기존 SDV의 소프트웨어와는 차원이 다르다

특정 목적을 위해 만들어진 소프트웨어는 산업의 새로운 생태계를 예고한다. 전에는 엔터테인먼트, GPS, 안전 목적 등 특정 기능에 따라 각각의 소프트웨어가 개별적으로 활용되고 유지보수도 이뤄졌다. 소프트웨어 생명 주기 역시 자동차 수명과 유사했다.
하지만 SDV시대의 소프트웨어는 모빌리티의 핵심(두뇌)으로 떠올랐다. 핸드폰 시절 산업이 제조업체 중심으로 편성되다 스마트폰 시대로 접어들면서 소프트웨어가 산업을 주도한 것과 마찬가지 상황이다.
생성 AI의 대중화에 따라 모빌리티 분야에서 소프트웨어의 영향력은 더욱 커지고 모빌리티 가치사슬 전체에 큰 변화를 가져오리라 예상된다.

SECTION 1 　Key Insight

메타버스는 공간컴퓨팅으로 전환 중

코로나19 팬데믹 시절 주목받았던 메타버스 관련 기업들은 사람들의 관심에서 멀어졌다가 최근 다시 '부활'할 조짐을 보이고 있다. 메타버스가 점점 더 광범위한 공간 컴퓨팅 영역으로 발전하면서 일반 소비자들이 즐길 수 있는 게임 수준에서 기업용, 업무용 도구로서의 활용 가능성을 보이고 있기 때문이다.

POINT
- ✓ AI 탑재 스마트 글래스와 혼합현실 헤드셋 등장
- ✓ 넷플릭스 XR 기기 활용 신규 콘텐츠 소개
- ✓ 국내 대기업들의 '초실감형 메타버스' 표방

이번 CES 2024는 게임, 교육, 엔터테인먼트, 비즈니스 등 다양한 분야에서 메타버스 시장의 잠재력을 인식한 기업들이 다양한 제품과 콘셉트를 전시했다. 특히 CES 기간 동안 애플의 새로운 혼합현실(MR) 장비인 '비전 프로'가 2024년 2월에 공식 출시되는 것으로 발표되면서, 2024년도는 메타버스의 새로운 이정표가 될 수도 있다는 전망이 나오고 있다.

스마트 XR 디바이스 '붐'

애플의 비전 프로 출시가 예고된 상황에서 향후 메타버스 플랫폼을 장악하기 위해 다양한 관련 기기 및 플랫폼이 CES 2024에 등장했다.

TCL의 스마트 글라스 '레이 네오 X2 라이트'는 마이크로LED 디스플레이를 적용했으며 무게는 60g으로 가볍다. 퀄컴이 지난해 10월 선보인 스냅드래곤 AR1 1세대 플랫폼을 탑재했으며, 자체 AI '레이네오 AI'를 통해 실시간으로 번역도 가능하다.

중국 스타트업인 Xreal은 Air 2 Ultra라는 새로운 증강 현실(AR) 안경을 선보였다. Xreal은 대형 TV를 시청하는 것과 같은 경험을 시뮬레이션할 수 있는 AR 안경을 만드는 것으로 이미 잘 알려져 있는 회사로, Xreal의 최신 안경에는 3D 환경 센서가 포함되어 있어 3D 앱을 실행하고 동작을 추적할 수 있다. 예를 들어, Xreal의 새로운 안경은 왼쪽에 음악 플레이어를 띄우고 오른쪽에 유튜브 동영상을 띄우는 등 방 안 곳곳에 가상 화면을 배치할 수 있다. 친구 및 가족과 소통할 수 있는 연락처 페이지에서는 상대방을 선택하면 그 사람의 3D 아바타가 나타나는데, 이는 휴대폰에서 연락처의 사진을 보는 것과는 완전히 다른 경험을 제공한다.

소니는 CES 2024에서 콘텐츠 크리에이터를 염두에 두고 설계된 혼합 현실 헤드셋을 발표했다. 이 헤드셋의 목표는 개발자와 크리에이터에게 3D 콘텐츠를 제작할 수 있는 도구를 제공하는 것이다. 소니의 새로운 헤드셋을 사용하여 제작된 콘텐츠가 휴대폰, 미래의 스마트 안경 또는 다른 곳에 저장될지는 아직 확실하지 않지만, 휴대폰에서 사용하는 평면적인 앱과는 모양과 느낌이 크게 달라질 것은 분명해 보인다.

콘텐츠 기업의 CES 2024 참여

이번 CES 2024에는 넷플릭스가 최초로 참여해, 자사의 신규 콘텐츠를 XR장비를 통해 즐길 수 있는 체험공간을 마련했다. 넷플릭스가 CES에서 일반 관람용 부스를 만든 것은 이번이 처음으로, 향후 메타버스 분야에 콘텐츠 기업의 관심을 확인해 볼 수 있는 좋은 기회

1. 롯데는 메타버스를 전면에 내세워 3년 연속 '칼리버스'라는 브랜드로 CES에 참여했다.
2. 메타에서 선보인 혼합현실(MR) 헤드셋 '메타 퀘스트3'
3. CES 2024 개막 첫 날인 1월 9일(현지시간) 미국 네바다주 라스베이거스 컨벤션센터에 마련된 TCL 전시장을 찾은 관람객들이 다양한 제품을 살펴보고 있다.

였다는 평이다. 현장 부스에서 넷플릭스는 오는 3월 공개 예정인 SF 드라마 시리즈 〈삼체〉(3 Body Problem)를 독특한 방식으로 소개했다. 〈삼체〉는 캐릭터가 게임 헤드셋을 이용해 미지의 세계로 이동하는 플롯이 세계관의 핵심 내러티브로, 넷플릭스는 현장 참석자들에게 은색으로 된 전용 VR 헤드셋을 끼고 〈삼체〉 콘텐츠 속으로 들어가는 몰입형 경험을 제공했다.

메타버스는 다시 부활할 것인가

메타버스 관련 업체들은 메타버스가 이제 단순 소비자 오락용이 아닌 산업적 활용도가 있는 플랫폼으로 포지셔닝 하기 위해 힘을 쏟고 있는 모양새다.

지멘스(Siemens)는 CES 2024에서 현실 세계와 디지털 세계를 결합해 현실을 재정의하는 새로운 기술을 공개하고, 산업용 메타버스를 구현하기 위한 새로운 파트너십과 AI, 몰입형 엔지니어링 분야의 혁신을 발표했다. 특히 지멘스는 소니와의 파트너십을 통해 지멘스 엑셀러레이터(Siemens Xcelerator) 산업용 소프트웨어 포트폴리오와 소니의 새로운 공간 콘텐츠 제작 시스템을 결합한 새로운 솔루션을 선보였다. 이 솔루션은 설계자와 엔지니어가 제약이 없는 몰입형 작업 공간에서 설계 콘셉트를 만들고 탐색할 수 있도록 지원하며, 산업용 메타버스를 위한 콘텐츠 제작을 촉진할 것으로 전망된다.

한국 대기업 중에서는 롯데가 메타버스를 전면에 내세워 3년 연속 '칼리버스'라는 브랜드로 CES에 참여하고 있는 것이 눈길을 끌었다. 롯데는 "다양한 사업이 가상 세계로 올라가고, 여기서 활동이 오프라인 보상으로 순환하는 초연결이 궁극적인 목표"라고 강조하며, 단순 커뮤니티나 게임 콘텐츠 중심이 아닌 가상 공간에서 현실 세계처럼 생활할 수 있는 '초실감형 메타버스'를 표방하는 등 그룹 전략 모델 차원에서 지속적으로 메타버스를 내세우고 있다.

삼성전자도 구글, 퀄컴과 손잡고 애플의 MR(혼합현실) 헤드셋 비전프로에 대항할 기기를 개발 중이라는 소식이 전해지는 등 현재 XR 생태계를 두고 글로벌 빅테크 간 경쟁이 점점 가속화되고 있지만, CES 2024에서 소개된 메타버스 관련 장비와 콘텐츠들도 여전히 초기 단계에 머물러 있다는 평가다. 하지만 구체적 상용화 사례가 하나둘씩 등장하면서 가능성이 점점 더 열리고 있다는 것은 분명해 보인다. 업계에서는 지속적인 기기 개발과 대중화를 통해 몰입감 문제를 개선하고 기기의 가격과 킬러 앱 부족 등 숙제를 해결해 나가겠다는 의지가 어느 때보다 강하다.

스마트 글래스 세계 시장의 2022-2030년 연평균 복합 성장률(CAGR)

86억 달러
2030년 전망

2022~2030년까지 주요 국가 스마트 글래스 시장 전망

🇺🇸 미국 **17억달러**
🇨🇳 중국 **15억달러**

자료: Global Industry Analysts, Inc.

SECTION 1 Key Insight

NO.10
라이프 스타일
테크

가꾸고, 잘 먹고, 기르고
AI가 스며든 라이프 스타일

라이프 스타일에 녹아든 기술의 핵심은 인공지능(AI)이었다.
곳곳에서 AI를 탑재한 혁신들이 일상 속 가전기기에 스며들어
우리의 삶을 한층 더 빠르게 변화시키고 있다.

POINT
- ☑ 뷰티와 AI 기반테크의 융합
- ☑ 친환경 식량생산에 주목한 푸드테크
- ☑ AI 활용해 반려동물 케어하는 펫테크

CES 2024는 '가전 쇼'라는 이름에 걸맞게 패밀리, 라이프 스타일 테크가 핵심 주제 중 하나였다. 모빌리티에만 집중됐던 예년과 달리, 스마트홈, 뷰티, 푸드에 이르기까지 라이프 스타일을 한층 업그레이드시킬 수 있는 기술들이 대거 모습을 드러냈다.

테크 전면에 등장한 개인 맞춤형 뷰티 서비스

CES 2024의 화두는 인공지능(AI)이었다. AI는 업무 현장뿐 아니라 이제 일반인들의 일상 속으로 영역을 확장하고 있었고, CES를 통해 해당 사례들을 확인할 수 있었다. 가장 큰 특징은 AI 기반 혁신을 들고 나왔다는 점이다. 빅데이터를 기반으로 생성 AI를 활용, 개인에게 맞춤형 서비스를 제공하려는 기업들의 노력이 엿보였다.

뷰티테크는 CES 2024를 꽉 채운 주제 중 하나였다. 뷰티와 테크의 융합은 인종적 다양성과 미적 기준을 포용하고자 하는 '인류애' 측면에서 올해 새롭게 주목받은 트렌드 중 하나다. 프랑스의 뷰티 브랜드 로레알의 기조연설이 이를 반영한다. 로레알은 뷰티 브랜드로는 처음으로 CES 기조연설 무대에 올랐다. 음성AI 기술을 활용한 개인 뷰티 어드바이저 '뷰티 지니어스', 에너지 소비를 줄이면서도 모발을 빠르게 마르게 하는 '에어라이트 프로', 그리고 장애인들을 위한 메이크업 어플리케이터 '햅타(HAPTA)' 등의 혁신적인 제품을 소개했다.

뿐만 아니라, K뷰티 기업들도 CES에서 주목받았다. 아모레퍼시픽은 입술을 진단하고 케어하는 '립큐어빔', LG생활건강은 휴대용 타투 프린터, 에이피알은 뷰티 디바이스 등과 같이 기술을 접목한 혁신적인 K뷰티 제품들을 선보여 큰 관심을 받았다.

휴대용 전자레인지부터
액체 캔 아이스크림까지 푸드 테크의 진화

CES 2024가 예년과는 달랐던 가장 큰 특징 중 하나는 바로 '푸드' 테크의 진화였다. 올해 기업들은 환경 친화적인

1

식량 생산에 주목했다. 전쟁 등 지정학적 위기 속에서 '식량' 문제가 인간 안보의 중요한 화두로 떠오르면서 푸드테크가 더욱 주목을 받은 것으로 풀이된다. 혁신상 수상 기업들로부터 푸드테크의 진화를 눈여겨볼 수 있었다. 한국기업인 미드바르(Midbar)는 언제 어디서나 식량 생산이 가능한 세계 최초의 공기 주입식 농장 시스템 에어팜(AirFarm)을 선보이면서 각광을 받았다. 튼튼하면서도 가벼운 설계 구조를 갖춘 이 시스템은 공기 중의 수분을 실시간 물로 변환하고, 작물이 생성한 수분을 뿌리까지 재순환하면서 물자원을 재활용할 수 있다는 점에서 업계의 이목을 끌었다.

윌텍스는 '윌쿡(Willcook)'이라는 휴대용 패브릭 전자레인지 가방으로 최고혁신상을 수상했다. 불을 사용하지 않고도 전원을 켜면 10분 이내에 음식 제조가 가능한 기술이다. 이산화탄소를 배출하지 않는다는 점도 장점이다. 이 밖에도 액체가 든 캔을 머신에 넣으면 2분 이내에 아이스크림을 만들어주는 콜드스냅, 양조기계 회사 엑소브루(Exobrew)가 선보인 초보자용 수제 맥주 메이커, 그리고 실내용 바비큐 그릴을 선보인 제너럴 일렉트릭(GE)과 AI를 적용해 고기 종류와 두께에 따라 최적의 온도를 제공하면서 고기 굽는 시간을 최대 90%까지 단축하는 그릴을 내놓은 시어그릴 등 톡톡 튀는 혁신을 선보인 푸드테크 기업들이 등장했다.

반려동물의 위치추적은 물론, 실시간 건강 체크까지 가능한 펫테크

사람의 멘털을 관리하는데 반려동물은 큰 도움이 된다. 올해 CES에서는 AI를 적용한 반려동물들을 위한 기술, 이른바 '펫테크(Pet Tech, 반려동물과 테크의 합성어)'의 진화도 새로운 트렌드였다. AI를 활용해 집에 혼자 남아있는 반려동물을 관리하고, 반려동물의 삶을 나아지도록 만들어 다시 사람의 '라이프 스타일'을 업그레이드한다는 것이 혁신의 주된 목적이다.

AI기반의 자율주행 로봇이 반려동물의 집사 역할을 하는 기술들이 관심을 끌었다. 로봇개발사 오그멘 로보틱스의 오로 로봇은 주인이 오디오와 비디오를 통해 집에 홀로 남은 반려견 등 반려동물의 상태를 확인할 수 있다. 식사나 간식을 제공하는 것은 물론, 반려동물의 행동 패턴을 파악하기도 한다. 삼성전자가 CES 2020에서 처음으로 공개한 AI기반 반려로봇 '볼리' 역시 반려동물을 지원하는 기능이 탑재됐다.

프랑스 기업인 인복시아(Invoxia)가 내놓은 반려견 목줄 '미니테일스'도 반려견을 위한 혁신 기술이 탑재됐다. 이 목줄에 초소형 온디바이스 AI를 접목해 운동 경로나 심박수 등 데이터를 수집하고, 이를 분석해 반려견의 건강 관리 리포트를 제공한다. 스위스의 IT스타트업 플래피가 선보인 '고양이 문'도 CES를 찾은 관람객들의 관심을 끈 혁신 기술이었다. AI를 기반으로 한 문은 반려 고양이가 외부에서 쥐 등 먹이를 집으로 가져올 때 이를 인식하고 자동으로 문을 잠그는 기술이 장착됐다. AI로 고양이의 출입을 관리하는 시스템이다.

> **푸드테크 연평균 성장**
> # 38%
> **약 3420억 달러**
> **(한화 450조원)**
>
> 미국소비자기술협회(CTA)가 전망하는 2027년까지의 글로벌 푸드테크 시장 규모

1. AI를 적용해 고기 종류와 두께에 따라 최적의 온도로 고기를 굽는 기능을 갖춘 그릴 시어그릴.
2. CES 2024에서 풀무원이 공개한 '출출박스 로봇셰프'.
3. 로레알이 선보인 개인 맞춤형 뷰티 어드바이저 '뷰티 지니어스'.

SECTION ②
TECH 7

윌리엄 헨리 빌 게이츠 3세 William Henry Bill Gates III

"앞으로는 집집마다 컴퓨터가 한 대씩 있을 것이다."

1999년 CES에서 빌 게이츠는 기조 연설에서 확언하듯 PC의 시대를 예언했다. 빌 게이츠는 2008년 은퇴할 때까지 CES의 얼굴이었다. 2012년 마이크로소프트가 CES에서 철수를 선언한 후 CES의 주인공은 태블릿 등의 모바일로 넘어갔다.

NOTE
1999년 우리나라 PC 보급률은 채 절반도 되지 않았다. 지금은 사라진 삼보컴퓨터의 저가 공세로 2000년부터 빠르게 늘어나 2010년 95%대로 성장했다.

미래를 만드는 역사의 순간 #2.

Image created by Midjourney.

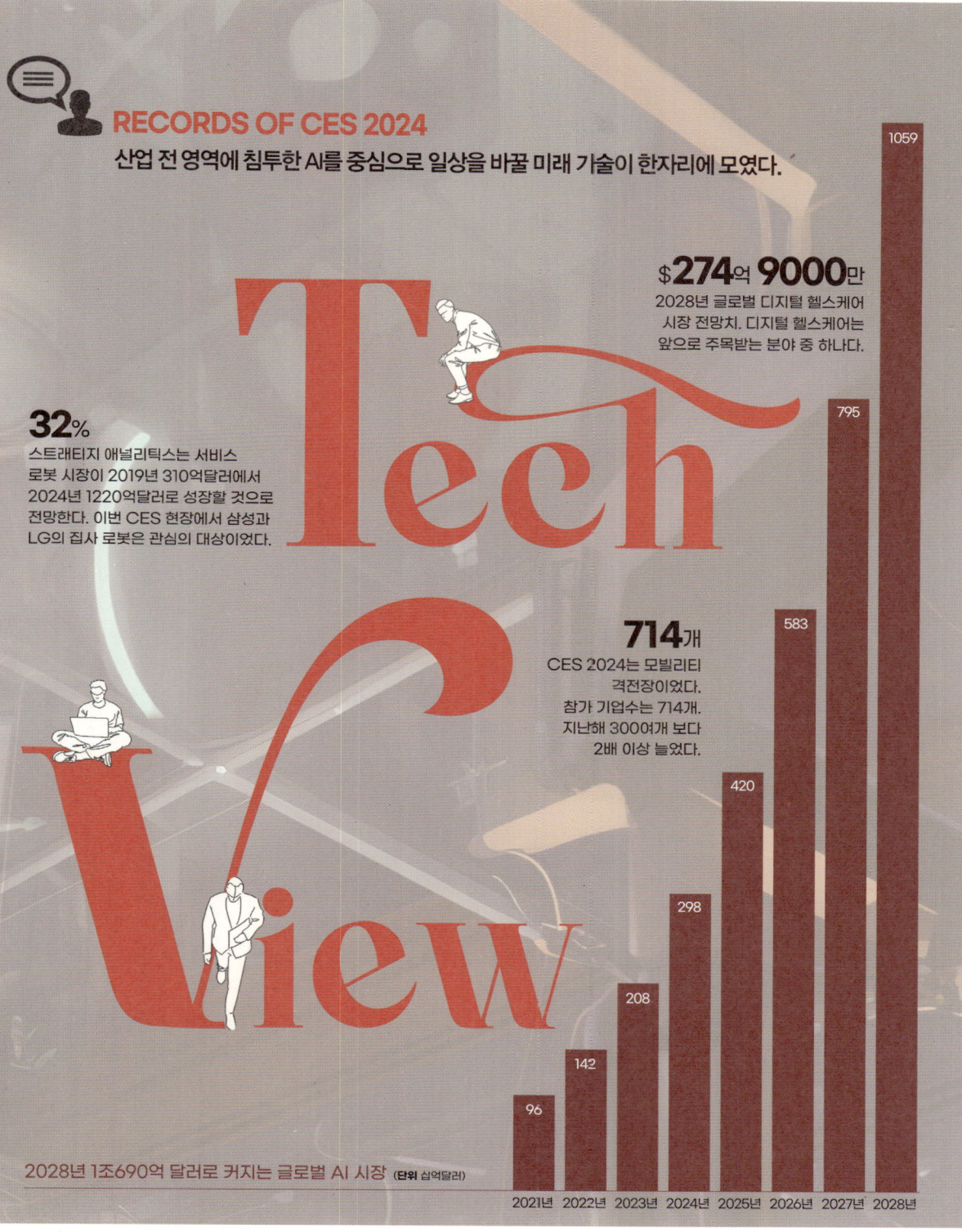

SECTION 2   Tech View

모두를 위한 기술의 중심 AI 인류 미래의 잠재력을 깨우다

2023년 3월 14일 최신 대규모 언어모델 챗GPT(Chat GPT) 4.0이 출시되며 AI 기술 및 제품 경쟁이 가속화됐다. 챗GPT의 열풍과 함께 구글, 마이크로소프트 등 IT 공룡 기업들의 챗봇이 잇따르면서 AI는 더이상 공상 과학 소설의 주제가 아닌 세계인들의 일상 속 도구로 자리 잡고 있다.

AI 미래 기술의 확장
① 로봇 산업
② 모빌리티
③ 인간안보
④ 스마트 건설 현장
⑤ 스마트홈
⑥ 헬스케어 서비스

CES 2024 혁신상 AI 부문 전체 출품작 중
7%

AI 부문 수상 기업 중 한국기업
57%

최신 미래 기술을 한자리에 모아놓은 CES 2024의 중심에 AI가 있었다. 마이크로소프트는 CES 2024에서 델의 XPS 노트북에 문서를 요약하고, 이미지를 만들며, 정보 검색을 할 수 있는 '코파일럿(co-pilot)' 형태의 생성형 AI를 실행할 수 있는 키가 탑재될 것이라고 발표했다.

프랑스의 스타트업 바라코다(Baracoda)는 생성형 AI 기술을 활용해 사용자의 신체, 감정 상태를 분석하고 사용자에게 맞춤 솔루션을 제공하는 스마트 거울 '비마인드(Bmind)'를 전시했다. 사용자의 신체 상태가 피곤하면 명상 음악과 영상을 재생하고, AI 거울과 연동된 칫솔로 이를 닦으면 제대로 닦지 않은 부분을 세심하게 확인해주기도 한다.

CES 2024를 관통하는 AI와 로봇의 부상

CES 2024에서는 AI기술의 발전이 로봇 산업의 발전 또한 이끌고 있다는 것을 눈으로 확인할 수 있었다. 미국의 스타트업 래빗(Rabbit)은 이번 박람회에서 반려로봇 'R1'을 선보였다. 손 안에 쏙 들어오는 크기에 마이크와 카메라, 2.88인치 터치스크린을 갖춘 이 반려로봇은 아마존의 알렉사, 애플의 시리 등 기존의 음성인식 서비스 및 기기들 보다 훨씬 다양한 일을 할 수 있게 제작되었다. R1은 챗GPT와 같이 사용자의 질문에 대한 답변을 생성할 수 있고, 사용자가 추가적인 인터페이스를 사용하지 않고도 음식 주문, 우버 차량 호출, 음악 재생, 이메일 전송 등을 할 수 있다. 가격 또한 199달러로 일반 음성인식 스피커와 크게 차이가 나지 않아 가격 경쟁력까지 갖추었다. 래빗 관계자는 초기 개발 단계에서는 출시일에 500대 정도만 판매하려고 했지만, 24시간 만에 목표를 20배 초과 달성한 1만대를 판매했다고 밝히며, 반려로봇에 대한 소비자들의 관심이 높아졌다고 전했다.

AI 기술을 결합한 로봇은 여러 전시장에서 볼 수 있었는데, 과거에는 로봇 청소기, 덩치가 큰 안내 로봇 등이 중심이었다면 올해는 소형화되고 보다 사용자 친화적인 로봇들을 선보인 기술들이 많았다.

삼성은 이번 전시회에서 연내 출시 예정인 축구공 크기의 가정용 롤링 로봇 '볼리(Ballie)'도 그 중 하나였다. 볼리의 본체에는 마이크와 카메라가 내장되어 있고, 메시지, 동영상, 사진 전송이 가능하며, 집에서 일어나는 모든 일을 사용자에게 알리는 알림 기능이 탑

1. 리치테크 전시관에서 로봇이 커피를 만드는 모습을 시연해 보였다.
2. 삼성전자는 CES 2024에서 AI 집사 로봇 '볼리'를 깜짝 공개했다.
3. CES 2024에서 LG전자가 AI와 스마트싱스를 활용한 스마트홈 로봇을 선보였다.

재되어 있다. 또한 누군가가 집에 들어오면 바닥에 "환영" 메시지를 표시하는 등 사용자와 소통하는 데 사용할 수 있는 프로젝터도 탑재되어 있다.

LG전자에서는 2025년 출시 예정인 '스마트홈 AI 에이전트'를 선보였다. 이 로봇에는 다리 역할을 하는 두 개의 바퀴가 달려 있으며, 이동, 학습, 이해 및 수행 등 복잡한 작업이 가능하다.

앞으로의 미래는 AI 개발 전후로 나뉜다

오픈AI의 챗GPT는 2022년 11월 30일 공개된 후 두 달 만인 2023년 1월 월간 활성 사용자 수(MAU) 1억 명을 돌파했다. 2024년 올해 역시 AI의 열풍은 계속 이어질 것으로 예측된다. 오픈AI가 지난 11월 자체 개발자 콘퍼런스 '데브데이(OpenAI DevDay)'에서 공개한 데이터에 따르면 챗GPT의 활성 사용자 수는 여전히 1억 명 이상을 유지하고 있으며 포천 500대 기업 92%가 오픈AI 생성형 AI 제품을 이용 중이다.

뉴욕 기반 투자회사 코투(Coatue)는 11월 공개된 보고서를 통해 "우리는 여전히 AI 시대 초입에 있다(We're at Day 1 of AI)"는 분석을 내놓기도 했다.

AI 강자 구글은 2023년 12월 6일 챗GPT 4.0을 뛰어넘는 차세대 AI 모델 '제미나이 울트라(Gemini Ultra)'의 벤치마크(Benchmark, 성능 지표) 점수를 공개해 다시 한번 치열한 경쟁을 예고한 상태다. 제미나이 울트라는 수학, 둘리학, 역사, 법률, 의학, 윤리 등 57개 과목을 조합해 지식, 문제 해결 능력을 테스트하는 'MMLU(대규모 다중 작업 언어 이해)'에서 90.0%의 점수를 획득해 전문가를 능가한 AI 모델로서 최초 기록을 세웠다.

2024년의 포문을 연 CES 2024에는 이미 이러한 트렌드가 반영됐으며, CTA는 혁신상 부문에 최초로 AI 부문을 추가했다. AI 부문에 참여한 출품작은 전체 출품작의 7%를 차지했으며, 게리 샤피로 CTA 회장은 이번 CES 2024의 최고 화두로 AI를 꼽기도 했다.

생성 AI 기술의 특징
▶ 답변의 정확도 및 신뢰도 개선
▶ 멀티 모달 모델로의 발전
▶ 도구 사용과 Agent간 상호 작용 및 발전

SECTION 2 Tech View

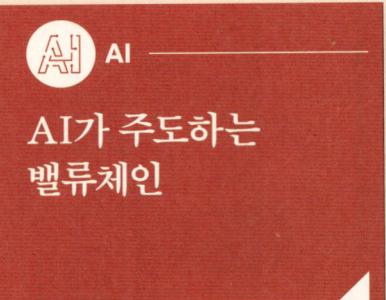

AI

AI가 주도하는 밸류체인

생성 AI 도입과 개발을 위해 LLM 활용
향후 클라우드 비용 절감과 효율적 AI 학습을 위한 하드웨어, 소프트웨어 혁신 필요

인공지능의 다양한 응용 분야에서의 채택이 증가하고 기술의 발전과 기업들의 투자가 이루어지면서 생성형 AI 시장이 빠른 성장세를 보이고 있다. 성장세는 2020년에 비해 2032년에는 거의 10배 이상 성장할 것으로 예상되는 가운데, 수요와 기술의 진보가 산업시장에 더 새로운 기회를 제공하고 경쟁력을 향상시킬 것으로 보인다.

초연결 시대, 모든 것은 AI로 통한다

글로벌 인공지능(AI)시장은 챗GPT로 대표되는 생성 AI가 주도하고 있다. 생성 AI 시장은 2020년 140억 달러에서 2032년 1조 3040억 달러로 성장이 예상되며, 연평균 성장률은 45.9%로 전망된다. 이는 기업들이 생성 AI 확산을 새로운 비즈니스 기회와 기업 경쟁력 향상을 위한 전략으로 인식하고 있음을 보여준다.

이미 기업들은 AI의 거대한 물결에 따라 변화를 겪고 있으며, 모두 'AI 시대 선점'이란 목표를 이루기 위해 사활을 걸고 있다.

초연결 시대에는 생성형 AI가 시장을 주도하게 될 것이며, 밸류체인은 운영을 위한 인프라, 학습을 위한 데이터, AI모델을 활용한 애플리케이션으로 구분이 가능하다.

글로벌 생성형 AI 시장은 2027년까지 플랫폼, 앱 소프트웨어, 서비스에서 80% 이상의 성장률을 기대하며, IDC에 따르면 2022년부터 2027년까지 연평균 73.3%의 성장률로 AI 시장을 선도할 것으로 전망된다.

AI 비전과 미국 시장

현재 AI의 주요 트렌드는 AI-Assisted에 집중되고 있다. 기업들은 인공지능을 도구로 활용해 업무를 보조하고 향상시키고 있다. 그러나 미래에는 더욱 진보된 형태로 발전하여 AI-First 시대가 도래할 것으로 전망된다. 이는 기업들이 AI를 중심에 두고 전략을 수립하며, 비즈니스 모델과 프로세스를 AI 중심으로 최적화하는 새로운 패러다임으로 이어질 것으로 예상된다.

생성 AI는 기업 운영을 위한 전 영역에 도입이 가능하다, 특히 고객 서비스, 마케팅, 프로세스 자동화 분야에 생성 AI 성장이 예상된다. 향후 10년 동안 기업들은 생성 AI에 연구와 투자를 강화하면서 AI로 인해 발생하는 데이터 보안, 윤리 등 리스크를 보완하면서 고객 경험 개선, 비즈니스 모델 혁신 등의 액션 아이템(Action items)을 추진하여 기술의 발전에 대응할 것으로 보인다.

생성형 AI 시장 규모와 전망
자료 Counterpoint Research

CES 2024 개막에 앞서 7일 삼성 퍼스트 룩 2024 행사에서 공개된 삼성 차세대 AI 프로세서.

AI 시장은 AI가 기존 기능을 도와주는 AI-Assisted에서 AI를 전면에 내세운 AI-First 시대로의 전환이 예상된다.

기업들은 이 변화를 통해 AI를 중심으로 비즈니스 전략을 최적화하고, 기업 전반 프로세스를 자동화하여 효율성 개선을 시도하고 있다. 특히, 자동화가 가능한 대부분의 분야에서 소프트웨어 기술로 기존 업무를 대체하기 위해 가속화가 진행되고 있다.

Part1.
반도체

생성 AI 기술의 중심에 선 반도체

2023년 이후의 반도체 산업은 다운턴 중에 있다, 이는 산업 내의 생산 능력 증가, 수요 변동, 원자재 부족 등 다양한 원인이 꼽힌다. 이로 인해 기업들은 변화하는 반도체 공급망 시장 환경에 적응 중이다. 하지만 2023년 챗GPT 이후 생성 AI 관련 반도체 수요 폭증과 2024년에는 관련 B2B, B2C AI 서비스가 증가하면서 AI가 전체 테크 수요를 주도하고 있다. 특히, AI를 기반으로 한 스마트폰, 가전제품, 스마트홈 기기 등이 새로운 수요를 창출할 것으로 예상되고 있다.

미국 반도체 산업 부활 인텔과 퀄컴

이번 CES 행사에서 인텔과 퀄컴의 주요 화두는 기존 자신들의 강력한 반도체 제품 군을 모빌리티에 적용시키는 것으로 나타났다. 스마트 기기 및 메타버스에 한정되었던 과거의 이미지를 탈피하고 생성 AI와 모빌리티의 접목인 소프트웨어 정의 차량(SDV)에 핵심 코어로 자리 잡겠다는 의지를 드러냈다.

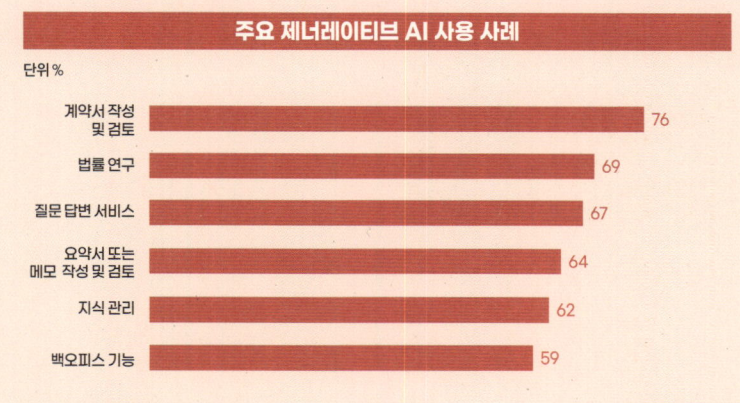

주요 제너레이티브 AI 사용 사례 (단위 %)

항목	%
계약서 작성 및 검토	76
법률 연구	69
질문 답변 서비스	67
요약서 또는 메모 작성 및 검토	64
지식 관리	62
백오피스 기능	59

자료 미래에셋증권 리서치센터 ※2023년 1월 4일 기준

SECTION 2 — Tech View

인텔은 미래 모빌리티의 생성 AI를 전용으로 디자인한 새로운 AI 반도체를 이번 행사에서 소개했다. 이는 지속적으로 확대되고 있는 생성 AI와 모빌리티 시장 모두를 잡겠다는 강력한 의지를 보여주는 것이며, 소프트웨어 중심 차량(SDV)의 중요성이 대두되는 이 시점에서 인텔의 전략은 핵심을 관통하고 있다는 것이 전문가들의 평이다.

퀄컴은 대표적인 핵심 AI 반도체인 스냅드래곤이 이제 모빌리티 적용으로 전면 확대될 것을 이번 키노트에서 강조했다. 스냅드래곤 오토모티브 커넥티비티 플랫폼이란 서비스를 전면에 내세우며 기존 스냅드래곤의 주 영역이었던 스마트폰 및 메타버스 기기들을 넘어서 모빌리티에 이르는 전 영역 확장을 시사했다. 앞으로 미국 반도체 산업이 더욱 강력해지는데 일조할 것으로 기대되고 있다.

Part 2. 온디바이스(On-device)

클라우드에서 개별 디바이스로, 온디바이스(On-device) AI 확대

기존 생성 AI는 클라우드에서 구동되지만, 온디바이스 AI기술은 개별 IT 기기에서 AI가 작동한다. 이로써 현재 대규모 AI 서비스의 속도 저하, 높은 비용, 개인 정보 보호 문제 등이 해결 가능하며, 클라우드 의존성 감소와 개인 데이터 보호 강화를 추구하는 추세에 부합할 것으로 전망된다. 또한 사용자 경험과 서비스 품질이 향상되고, 기업들은 기술 투자, 보안 강화, 협력과 파트너십 강조, 비즈니스 모델의 개편 등을 통해 온디바이스 AI의 발전에 대응해 경제적 가치를 창출할 것으로 전망한다.

온디바이스 AI 기술은 제조사가 주도하는 모델이다. 이에 삼성, 애플 등 메이저 기업

1. 퀄컴은 핵심 AI 반도체인 스냅드래곤이 모빌리티 적용으로 전면 확대될 것을 CES 2024 키노트에서 강조했다.
2. HL클레무브는 11일 퀄컴의 '스냅드래곤 라이드 플랫폼'에 기반한 퀄컴칩 적용 고성능컴퓨팅(HPC) 개발에 나선다고 밝혔다.

온디바이스 생성 AI의 5가지 장점

비용
디바이스 내 제너레이티브 AI를 도입하면 데이터센터 인프라와 운영비용이 절감되어 소비자, 개발자, 네트워크 및 클라우드의 비용 절감으로 이어짐

에너지
엣지 디바이스는 처리 및 데이터 전송을 고려할 때 클라우드 보다 훨씬 적은 에너지로 제너레이티브 AI 모델을 실행할 수 있음

성능
온디바이스 제너레이티브 AI는 앱이 빠르고 원활하게 실행되도록 유지하므로 재미있고 생산적인 작업을 수행할 수 있음

개인화
제너레이티브 AI는 선호도, 위치, 사용자 활동과 같은 개인화된 데이터를 사용하여 개인화된 경험을 제공

개인 정보 보호 및 보안
스마트폰과 같은 디바이스에는 가장 개인적인 의료, 금융 및 기타 데이터가 저장되어 있음

AI 스마트폰 보급률

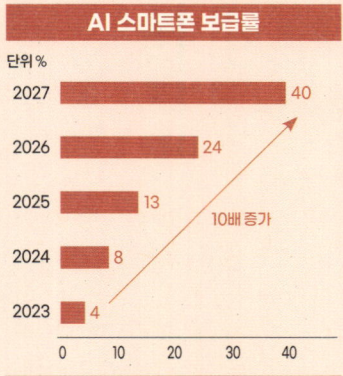

자료: Implement.AI

이 어떤 제품을 출시하느냐에 따라 상황은 달라질 것이다. 또한 관련 하드웨어, 소프트웨어 등 생태계 구축이 중요한데 이에 기술 투자 강화, 보안 강화, 협력 및 파트너십 강조, 그리고 비즈니스 모델의 개편이 요구된다.

2027년까지 AI 스마트폰의 출하량은 5.2억대로 증가 전망되며 PC, 가전, 자동차 등 다양한 분야로 확대되어 온디바이스 AI 시장이 성장할 것으로 예상된다. 현재 클라우드 기반의 생성 AI 모델에서 각 디바이스에서 AI 모델을 구동하게 되다면 메모리 반도체 수요증가와 함께 AI 칩 관련 팹리스(Fabless) 및 DSP 디자인하우스 업계가 성장할 것으로 보인다. 온바디이스 시장은 제조사들이 주도하는 형태로 삼성전자는 AI 기능이 탑재된 갤럭시 S24를 선보이고, 애플도 아이폰16에서 생성형 AI를 도입할 예정으로 스마트폰 시장의 새로운 단계로의 진입을 눈앞에 두고 있다.

INSIGHT

CES 2024에서 주목받은 온디바이스 AI 제품 및 서비스

1 삼성 AI Family Hub™+ 냉장고

AI Family Hub™+ 냉장고는 AI로 내부 물건을 인식하고 32인치 LCD로 유통기한을 알려준다. 사용자가 유통기한 정보를 수동으로 추가할 수 있으며, 품목이 유통기한 도달 전에 화면을 통해 표시하는 기능도 있다.

2 LG G3 TV

2024 G 프로세서는 내장 NPU로 '기기 내' 성능 향상, 이미지 및 오디오를 개선한다. Alpha 10은 TV에 모션 기반 기능을 도입했으며, NPU 프로세서를 사용해 기기 내 성능을 크게 향상시켰다.

3 CXL NABLED AI 가속기

팜네시아는 컴퓨터 익스프레스 링크(CXL) 3.0 기술을 바탕으로 AI 가속기 장치를 구축했다. 챗GPT를 6~7배 더 빠르게 만들 수 있다.

4 InnovizCore AI 컴퓨팅 모듈

AI, 딥 러닝, 컴퓨터 처리를 통합하여 레벨 2부터 레벨 5까지의 자율주행차의 안전한 운전 경험을 보장한다. Innoviz의 인식 소프트웨어와 완전히 새로운 LiDAR 기반 MRM(Minimal Risk Maneuver) 소프트웨어를 통합, 초당 수백만 픽셀 비전 알고리즘을 실행한다.

5 VCAT AI 비디오 제작 기술

광고 콘텐츠 제작에 혁신을 불러일으키는 최첨단 AI 서비스다. CES 2024 AI 부문 혁신상을 수상. 회사는 제작된 자료를 소셜미디어 플랫폼에 즉시 게시할 수 있는 서비스 출시를 목표로 하고 있다.

SECTION 2 Tech View

개인맞춤화·자율주행 가속화하는 미래 모빌리티, SDV

CES 2024에서 모빌리티의 주요 키워드는 소프트웨어 중심 자동차(SDV), 도심항공교통(UAM) 등으로 나타났다. SDV로의 전환을 위해서는 자동차 개발 방식과 생태계 등에서도 변화가 필요하다.

SDV
소프트웨어 중심 자동차
(Software Defined Vehicle, SDV)

기존 자동차의 유지보수
오프라인 센터 방문

↓

SDV의 유지보수
실시간 무선으로 대응 가능

SDV의 특징
▶ 움직이는 컴퓨터, 바퀴 달린 스마트폰으로 비유
▶ 소프트웨어 기반 R&D 능력 확보 및 확대 필요
▶ 구독 모델 등 소프트웨어 분야 비즈니스 모델 도입 가능

소프트웨어 중심 자동차(SDV)는 기존의 하드웨어 중심의 자동차 대신 소프트웨어를 중심으로 '움직이는 컴퓨터', '바퀴 달린 스마트폰'으로 작동하는 미래형 모빌리티다. 소프트웨어가 중심이 되는 SDV는 모빌리티의 개인맞춤화와 자율주행 가속화가 가능하다. PC나 스마트폰처럼 미래의 모빌리티의 발전 방향은 소프트웨어가 주도하고 있다.

SDV로의 변화가 진행되면서, 자동차로 대표되는 모빌리티 분야에서 소프트웨어의 중요성이 급격히 증가하고 있다. 기존에도 자동차 산업에서 안전제어, 인포테인먼트, 내비게이션, 크루즈 기능 등 다양한 분야에서 소프트웨어가 다양하게 활용됐으나 전통적으로 자동차 분야는 하드웨어 중심 산업이기에 모든 산업 구조가 하드웨어 중심으로 형성되고 있다.

SDV로의 전환에 따른 R&D 능력 확보가 관건

전통적 자동차 산업은 내연기관으로 대표되는 하드웨어 중심으로 개발, 설계, 생산돼 왔다. 1970년대 이후 전자제어장치가 도입되고 2000년 이후 IT 기술이 접목돼 자동차 제어, 인포테인먼트를 통해 사용자 경험을 개선해 왔다. 하지만 기존 전통적 자동차 산업은 여전히 하드웨어가 자동차의 핵심 분야다.

현재 하드웨어 위주 차량 설계 방식은 소프트웨어 중심의 SDV 전환에 적합하지 않다. 소프트웨어 개발 방식을 기존 완성차 업체에 도입하기 위해서는 기존 하드웨어 중심의 자동차 개발 방식에서 완전히 벗어나야 한다. 자동차 산업의 새로운 전환을 위해서는 완성차 및 관련 벤더들의 소프트웨어 기반 연구개발(R&D) 능력 확보 및 확대가 필요하다. 이에 소프트웨어 중심 자동차 생태계에 맞춰 완성차 업체의 소프트웨어 핵심 역량 및 핵심 공급업체와의 관계를 재설정할 필요가 있다.

기존 자동차 산업은 제조 차량에 대한 불량률 최소화, 품질, 내구성 향상, 수익성 확보가 최우선 과제다. 소프트웨어 분야는 특성상 에러 및 버그가 발생하기 쉽고 즉각적으로 오류 수정을 위한 유지 보수가 필요하다. 소프트웨어 버그를 즉각적으로 대응하는 역량이 차량 개발 과정에서 필수다.

기존의 자동차 수리 및 유지보수는 오프라인 센터에서 수행한다. 하지만 소프트웨어의 유지보수는 리얼타임 무선(Over-The-Air, OTA) 소프트웨어 업데이트로 대응이 가능하다. 기존 자동차 업계의 상식과 관행으로 소프트웨어 시대의 모빌리티를 대응하기 어

1. 이미지 센싱 기술이 적용된 소니의 모빌리티 콘셉트 카.
2. HL 만도 전시관에서 시연 중인 자율주행 주차 로봇 '피키'.
3. 무선충전플랫폼 상용화 기술이 탑재된 KG 모빌리티의 토레스 EVX.
4. LG디스플레이가 CES 2024에서 선보인 SDV에 최적화된 차량용 디스플레이 솔루션.

렵다. 따라서 근원적 사고방식의 전환이 필요하다.

모빌리티 경험 확장 위해 서드파티 생태계 구축 필요

내연기관과 하드웨어 중심이었던 자동차가 SDV와 탈탄소화 방식으로 바뀌고 있다. 각종 전자기술로 자동차의 여러 기능이 자동화되고, 소프트웨어가 모빌리티 장치의 중심으로 모빌리티 플랫폼 전체를 제어, 통제, 관리하면서 계속해서 지능화되고 있다. 여기에 AI 기술과 자율주행 기술이 발전하면서 소프트웨어가 더욱 중요해지고 있다.

소프트웨어가 중심이 되는 설계 방식을 채택해야 SDV로의 전환이 가능하다. 기존 제조업의 혁신 및 효율화 방식에서 소프트웨어 개발 방법론, 프레임워크를 전사적으로 도입할 필요가 있다.

소프트웨어 중심의 모빌리티 시대에는 기존 제조업 방식의 매출 구조에서 변화해 소프트웨어 분야의 비즈니스 모델 도입이 가능하다. 예를 들어 차량 판매가 매출의 대부분을 차지하는 기존 모델에서 구독 모델(Subscription) 방식으로 소프트웨어 기능마다 추가 매출을 발생시킬 수 있다.

아울러 SDV로의 변화로 인해 전기차(EV), 커넥티드 카, 디지털 서비스의 통합이 가속화되고 있다. 다양한 소비자의 요구사항을 반영한 개인화 서비스와 애플리케이션부터 인포테인먼트 기능까지 폭넓은 범위의 소프트웨어 기반 경험을 제공할 수 있다.

자동차 자체 기능을 넘어 모빌리티 경험을 더욱 확장하려면, 인하우스 이외에 외부 서드파티의 서비스를 제공할 수 있는 생태계 구축이 필요하다. 자체 제공 가능한 인하우스 자원을 파악하고 외부 업체와의 협력을 통해 소프트웨어를 개발, 유지, 보수해야 한다.

SECTION 2　Tech View

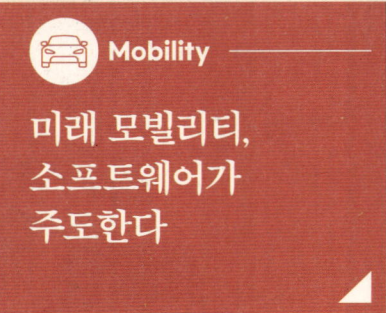

Mobility

미래 모빌리티, 소프트웨어가 주도한다

Part 1. 소프트웨어 중심 자동차

PC나 스마트폰처럼 미래 모빌리티의 발전 방향은 소프트웨어가 주도하고 있다. 커넥티드 모빌리티(차량 간 통신), 센싱(이동 중 객체 탐지), 원격 모니터링 등과 같은 자율주행을 위한 시스템이 발전 중이며, 클라우드를 통한 에코시스템이 급격하게 진화 중이다.

모빌리티 업계의 10가지 트렌드

스타트업과 스케일업 기업들은 자율주행 및 연결형 차량 개발을 통해 국가 경제 탈탄소화에 기여하고, 모빌리티 혁신을 주도하고 있다. 2024년에는 5G, IoT, AI, 데이터 분석 등이 기업의 주요 모빌리티 트렌드가 될 것으로 예상되며, 5G 기술은 새로운 모바일 응용프로그램과 서비스를 발전시킬 것으로 보인다. 더불어 IoT를 활용한 데이터 수집 및 AI 중심 자동화는 운영 비용을 효율적으로 감소시킬 것으로 전망된다.

2024년에 기대되는 10대 모빌리티 트렌드는 자율주행, 커넥티드를 위한 IoT, 전기화, 서비스로서의 모빌리티 등이다. 메이저 완성차 업체와 모빌리티 스타트업들은 이런 트렌드에 맞게 자율주행 및 연결형 차량의 개발에 중점을 두고 있다. 이러한 모빌리티 기술 트렌드는 친환경, 탈탄소화와 연결된다.

도로 혼잡 완화를 목표로 하는 솔루션들, 특히 인공지능(AI) 및 마이크로 모빌리티와 같은 기술들이 주목받고 있다.

전기차 보급 증가로 충전 스테이션 및 다양한 연결 기술을 제공하기 위한 스마트 인프라 개발을 촉진하며, 모빌리티 혁신은 AR 기반 서비스와 관련 전장 산업 성장을 시사한다.

SDV로의 변화가 진행되면서, 자동차로 대표되는 모빌리티 분야에서 소프트웨어의 중요성이 급격히 증가하고 있다.

기존에도 자동차 산업에서 안전제어, 인포테인먼트, 내비게이션, 크루즈 기능 등 다양한 분야에서 소프트웨어가 다양하게 활용되었으나 전통적으로 자동차 분야는 하드웨어 중심 산업이기에 모든 산업 구조가 하드웨어 중심으로 형성되고 있다.

소프트웨어가 모빌리티 중심으로

미래 모빌리티는 과거 하드웨어 중심에서 AI 결합 인포테인먼트, 자율주행 등 소프트웨어가 모빌리티의 중심이 되는 소프트웨어 중심 자동차로 변화가 이뤄지고 있다. 차량은 단순한 이동 수단이 아닌 업무 및 생활 공간으로서 사용자 경험 개선 형태로 발전한다. 더불어 자율주행 영역은 일반 자동차에서 선박, 농기계, UAM, 로봇 등으로 확대되고 있다. 자율주행이 발전하면서 운전자가 필요 없어지면 기존의 설계방식에 따라도 되지 않아 다양한 목적을 위한 특정 목적을 위한 목적기반차량(PBV)이 개발 가능해 다양한 운송 수단의 혁신이 기대된다.

2024 10대 모빌리티 트렌드

- 자율주행 22%
- 사물인터넷 18%
- 서비스로서의 모빌리티 13%
- 마이크로 모빌리티 9%
- 전기화 18%
- 인공지능 6%
- 스마트 인프라 6%
- 빅데이터 5%
- AR/VR 3%
- 3D 프린팅 2%

자료 StartUs Insights

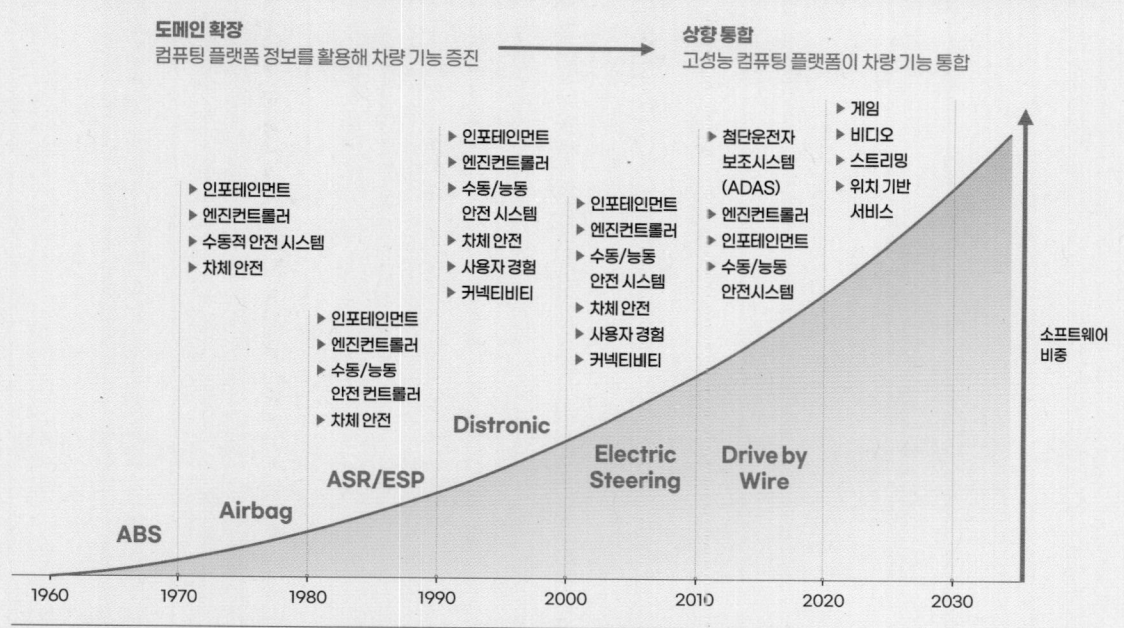

자료 딜로이트(2023), 소프트웨어 정의 차량, 모빌리티 혁명의 엔지니어링(Software-defined vehicles, Engineering the mobility revolution)

모든 모빌리티는 연결되는 중

글로벌 커넥티드카 서비스 수요가 높아지면서 2023년 6월에는 29%까지 확대됐다. 정보와 실시간으로 소통해 사용자에게 편의를 제공하는 커넥티드(Connected)가 모빌리티의 핵심으로, 새로운 형태의 이동 수단이 구현되는 중이다.

글로벌 커넥티드카 서비스 수요가 높아지면서 국내에서도 2022년 6월 기준으로 차량의 29%가 커넥티드 서비스를 적용한다. 이는 커넥티드카 시장이 2015년부터 2021년까지 36.8%의 연평균 성장률로 성장해 2022년에는 662만대로 전체 등록 대수의 26%를 차지하고,

> **INSIGHT**

SDV시대 소프트웨어와 이전의 소프트웨어 비교

Before SDV의 소프트웨어

특정 목적을 위해 만들어진 소프트웨어. 엔터테인먼트, GPS, 안전 목적 등 특정 기능에서 개별적으로 활용되며 개별적 유지보수가 이뤄졌다. 특히 소프트웨어 생명 주기가 자동차 수명과 유사하며 향후 유지 보수 및 업데이트 등이 핵심이 아니었다.

SDV시대의 소프트웨어

모빌리티의 핵심이자 두뇌. 모빌리티의 중심으로 전체적인 모빌리티 개발, 운영의 축. 과거 핸드폰이 제조업체 중심이었으나 스마트폰 시대에 iOS, 안드로이드 등 소프트웨어가 주도한 것처럼 소프트웨어가 모빌리티 성장과 혁신의 엔진 생성 AI의 대중화에 따라 모빌리티 분야에서 소프트웨어의 영향력이 더욱 커지고 있으며 모빌리티 밸류체인 전체에 큰 영향을 끼칠 것으로 전망된다.

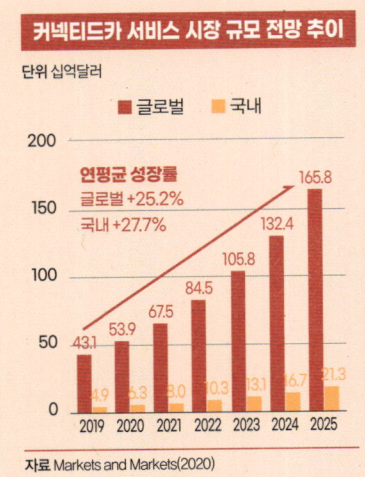

커넥티드카 서비스 시장 규모 전망 추이

단위 십억달러
글로벌
국내
200
150
100
50
0
연평균 성장률
글로벌 +25.2%
국내 +27.7%
43.1
53.9
67.5
84.5
105.8
132.4
165.8
4.9
6.3
8.0
10.3
13.1
16.7
21.3
2019
2020
2021
2022
2023
2024
2025

자료 Markets and Markets(2020)

2023년 6월에는 746만대로 29%까지 확대되고 있다.

글로벌 가입자 수도 2018년 5월 100만명에서 2023년 6월에는 1000만명으로 증가했으며, 2025년에는 2000만명으로 전망된다. 또한, 커넥티드카 시장은 2019년부터 2025년까지 연 평균 글로벌 성장률이 25.2%, 연 평균 국내 성장률은 27.7%로 성장할 것으로 예상되며, 전기차의 확대와 내연기관차의 전기전자 부품 고도화에 따른 서비스 영역 확대를 시사한다.

차량이 단순한 운송 수단에서 벗어나 우리 생활의 일부로서 일상 생활의 모든 서비스, 장비가 직접적으로 연결될 것으로 예측된다. 모빌리티 장비 및 차량은 이동 과정에서 필요한 모든 정보와 연결되며, 하나의 네트워크로 연결된다. 이러한 변화 속에서 모빌리티의 개념이 새롭게 정의되고 있다. 정보통신 기술을 기반으로 외부 정보와 실시간으로 소통하여 사용자에게 편의를

SDV, 자동차 가치 사슬 전반에 구조적 변화 가져올 것

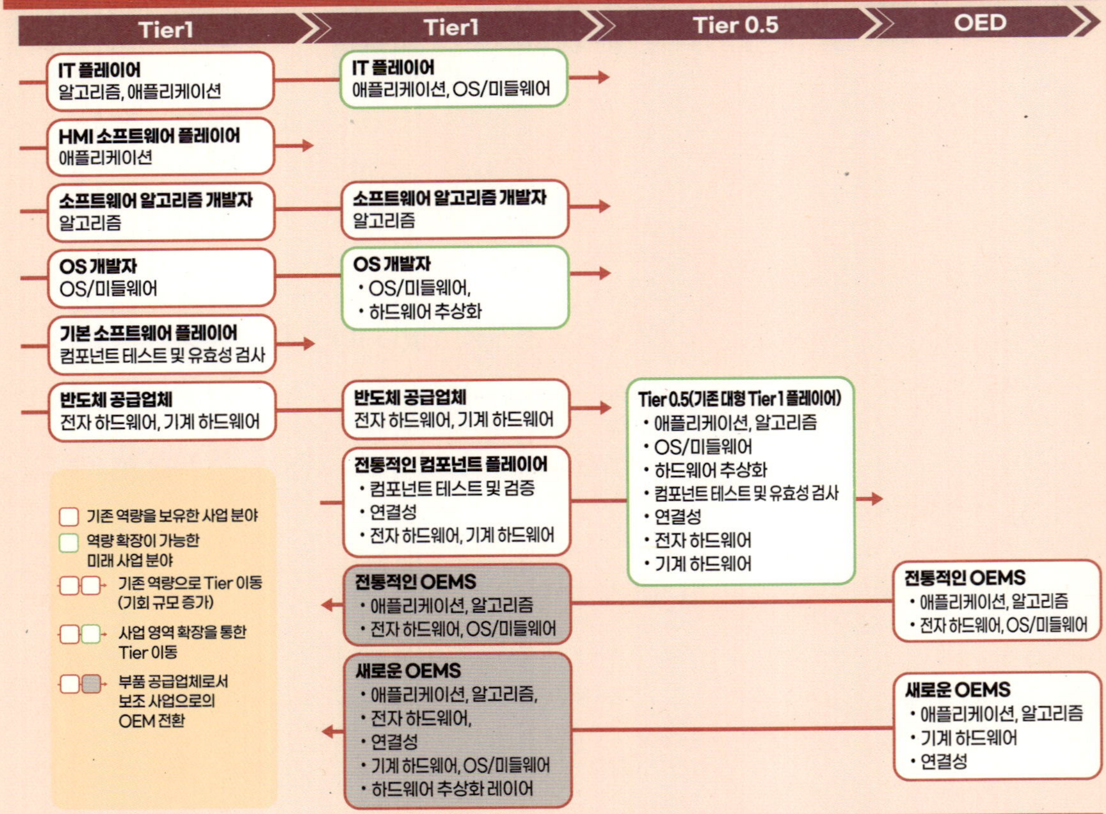

Tier1
Tier1
Tier 0.5
OED
IT 플레이어
알고리즘, 애플리케이션
HMI 소프트웨어 플레이어
애플리케이션
소프트웨어 알고리즘 개발자
알고리즘
OS 개발자
OS/미들웨어
기본 소프트웨어 플레이어
컴포넌트 테스트 및 유효성 검사
반도체 공급업체
전자 하드웨어, 기계 하드웨어
IT 플레이어
애플리케이션, OS/미들웨어
소프트웨어 알고리즘 개발자
알고리즘
OS 개발자
• OS/미들웨어,
• 하드웨어 추상화
반도체 공급업체
전자 하드웨어, 기계 하드웨어
전통적인 컴포넌트 플레이어
• 컴포넌트 테스트 및 검증
• 연결성
• 전자 하드웨어, 기계 하드웨어
전통적인 OEMS
• 애플리케이션, 알고리즘
• 전자 하드웨어, OS/미들웨어
새로운 OEMS
• 애플리케이션, 알고리즘,
• 전자 하드웨어,
• 연결성
• 기계 하드웨어, OS/미들웨어
• 하드웨어 추상화 레이어
Tier 0.5(기존 대형 Tier 1 플레이어)
• 애플리케이션, 알고리즘
• OS/미들웨어
• 하드웨어 추상화
• 컴포넌트 테스트 및 유효성 검사
• 연결성
• 전자 하드웨어
• 기계 하드웨어
전통적인 OEMS
• 애플리케이션, 알고리즘
• 전자 하드웨어, OS/미들웨어
새로운 OEMS
• 애플리케이션, 알고리즘
• 기계 하드웨어
• 연결성
기존 역량을 보유한 사업 분야
역량 확장이 가능한 미래 사업 분야
기존 역량으로 Tier 이동 (기회 규모 증가)
사업 영역 확장을 통한 Tier 이동
부품 공급업체로서 보조 사업으로의 OEM 전환

자료 Frost & Sullivan

커넥티드카 서비스 예시

구분	내용
원격 제어	원격 차량 공조, 충전, 창문 제어, 주차 위치 확인, 목적지 전송, 홈투카, 카투홈 등
차량 안전	위급상황 및 사고 시 긴급 구조 및 출동, 도난 추적 및 경보 알림, 에어백 전개 통보 등
차량 관리	차량 진단, 운행 정보, 무선 업데이트, 소모품 관리 등 정보 표시
길 안내	실시간 최적 경로 탐색, 교통 정보 제공, 위치 공유 등

자료: 한국자동차산업협회

제공하는 커넥티드(Connected)가 모빌리티의 핵심으로, 새로운 형태의 이동 수단이 구현되는 중이다. 2024년 엔터프라이즈 모빌리티 분야는 5G 연결, IoT, AI, 데이터 분석, AR, 원격 작업, 고객 경험 향상, 음성 지원 등과 같은 몇 가지 중요한 기업 모빌리티 트렌드가 예상된다.

특히, 5G 기술은 기업 모빌리티의 중추가 될 것으로 예측되며, 이는 빠른 데이터 속도, 낮은 지연 시간, 원활한 연결을 통해 새로운 모바일 응용 프로그램과 서비스를 가능하게 할 것으로 기대된다. 2024년에는 기업들이 데이터 수집 및 의사결정 과정 개선을 위해 IoT를 점점 더 활용하게 될 것으로 전망되며, AI 중심 자동화는 고객 서비스, 데이터 분석, 공급망 관리와 같은 다양한 비즈니스 프로세스를 간소화하여 효율성을 높이고 운영 비용을 절약할 것으로 전망된다.

또한, 자율주행 영역은 농기계, 선박, 로봇 등으로 확대되어 다양한 목적기반차량(PBV)이 공개될 것으로 예측된다. 이로써 다양한 운송 수단의 혁신이 기대되며, 모빌리티 산업은 더욱 다양한 형태로 진화할 것으로 보인다.

Part2. 항공 모빌리티

도시 항공 이동의 혁신, 도심항공교통(Urban Air Mobility, UAM)은 소형 전기수직이착륙기(eVTOL)를 통해 도심 권역에서 빠르게 이동하는 항공 서비스를 제공한다. 도시화가 증가하면서 교통 혼잡과 환경 문제가 심각해지고 있는 가운데, UAM은 하늘을 통해 혼잡과 환경 문제를 극복하고 친환경 전기를 활용해 교통 혁신을 이끌 것으로 기대한다. 또한, UAM 시장은 2040년까지 8800억 달러에 달할 것으로 예상되며, 특히 교통과 관광 분야에서의 수요가 급증할 전망이며, 미국, 중국, 유럽 등 지역에서 높은 성장이 예상된다.

친환경 교통 혁신, UAM

UAM은 도시 권역에서 소형 전기수직이착륙기(eVTOL)를 활용해 빠르게 저고도(300~600m)를 이동하는 서비스를 제공하는 개념으로, 미국, 영국, 프랑스, 중국, 일본 등 주요 국가에서 높은 경쟁률을 보이고 있다. 도시화 비율은 2030년까지 60.4%로 증가할 전망이다. 메가시티의 수가 급증함에 따라 교통 혼잡 및 환경 문제 등이 더욱 부각될 것으로 예상된다. 이러한 가운데 UAM은 하늘을 이용하며 혼잡과 환경 문제로부터 자유롭고, 친환경적인 전기를 사용해 교통 혁신의 중요한 도구로 평가된다.

eVTOL은 친환경적이면서도 저소음 운항이 가능하며, 에너지 효율성과 낮은 유지보수 비용으로 운영 비용이 저렴한 것이 특징이다. 분산 전기추진 시스템을 활용해 비행

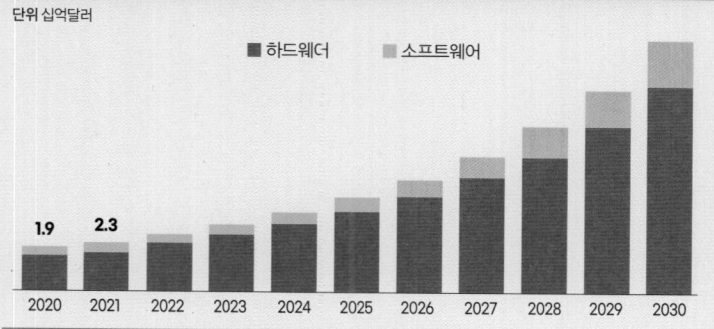

미국 첨단 항공 모빌리티(AAM) 시장 전망 추이
단위: 십억달러
자료: www.grandviewresearch.com ※구성 요소별 규모, 2020~2030년

SECTION 2 — Tech View

도심 항공 이동의 미래

UAM 산업 밸류체인

버티포트(Infra)
- 버티포트 건설/운용
  - 버티포트 구출, 운영
  - 탑승 플랫폼 및 화물 허브
  - 충전 인프라 제공
- 관련 기업
  - 프랑스 Group ADP
  - 스페인 Ferrovial

← UAM 산업 생태계 조성
→ UAM 상용화 및 산업 성장

정부
- 공역관리 시스템 구출
  - 비행정보 수집, 치안 확보
  - 노선 및 버티포트 허가
- 인증 제도
  - UAM 기체, 운송 사업자
  - 교통관리 및 부가정보 서비스

소프트웨어(S/W)
- 플랫폼/네트워크
  - UAM 기체 및 타 항공기 충돌 회피 목적
  - 운항 계획, 버티포트 가용성 등 안전성과 효율성 제고
- 관련 기업
  - SK, KT, LG
  - 한국공항공사

UAM 기체(H/W)
- UAM 기체/부품 제작사
  - 기체/부품 제조
  - 유지 및 정비
  - 조종 및 정비 인력 육성
- 관련 기업
  - 미국 Joby Aviation
  - 한국 현대차

서비스 산업(Service)
- 여행/관광 사업
  - UAM 여객/관광 운송 서비스
  - 지상 대중교통 연계 및 환승
- 물류/화물 사업
  - 물류 인프라의 디지털 전환
  - 유통 산업 생산성 향상
  - 무인 기반 라스트마일 배송
- 관련 기업
  - 미국 델타항공
  - 미국 유나이티드 항공
  - 한국 대한항공
- 관련 기업
  - 미국 페덱스
  - 독일 UPS

자료 국토교통부, 현대차증권

안전성을 높이고, 도심에 버티포트를 설치해 안전하고 편리한 항공 이동이 가능하다.

UAM 시장은 2040년까지 8800억 달러에 이를 것으로 예측되며, 연평균 27%의 고성장이 예상된다. 교통 및 관광을 중심으로 UAM 수요가 급증할 것으로 예상되며, 미국, 중국, 유럽 등 지역별로 성장이 예상된다.

NASA, FAA, 미공군이 미국에서 UAM 기술 및 시장 보급을 주도하고 있으며, 미국의 Joby Aviation, Archer Aviation, Beta Technologies 등이 틸트로터 방식의 기체를 개발 중이며, 상용화에 나설 것으로 기대된다.

2035년까지 성장 가속화되는 선진 항공 교통 시장

2022년에 81억 5000만달러로 추정된 선진 항공 교통 시장은 2023년부터 2035년까지 24.6%의 연평균 복합 성장률로 성장할 것으로 전망된다. 최신 항공기의 수직 이륙 기술은 외딴 지역의 교통 문제 해결과 시장 성장을 촉진할 것으로 예상된다.

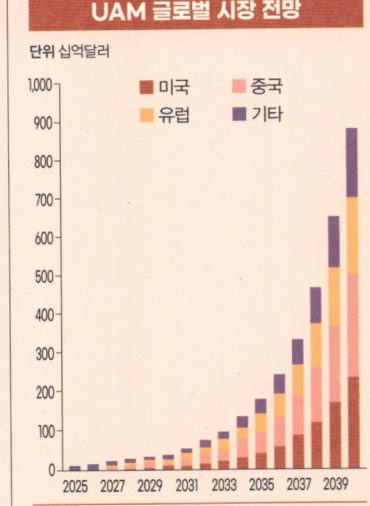

UAM 글로벌 시장 전망
단위 십억달러
미국, 중국, 유럽, 기타

자료 국토교통부, 현대차증권 ※2025~2040년 추정치

플랫폼별 글로벌 도심 항공 모빌리티

- 에어 택시
- 에어 셔틀 및 에어 메트로
- 개인용 항공 차량
- 에어 셔틀 및 에어 메트로
- 항공 구급차 및 응급 의료 차량
- 라스트 마일 배송 차량

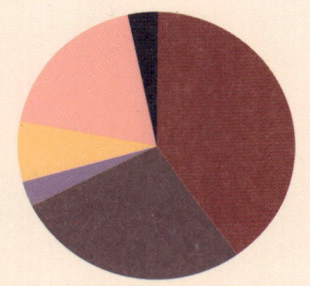

자료 Grandviewresearch

전기 추진 시스템의 혁신은 탄소 배출 감소와 연료 비용 절감을 통해 이 시장의 핵심 요인으로 간주되며, 또한, 최신 항공기는 수직 이륙이 가능하므로 외딴 지역에서의 이착륙 문제를 해결할 수 있어 시장 성장을 촉진한다. 빠른 운송과 빠른 화물 배달에 대한 고객 수요는 기업들이 첨단 항공 이동(AAM) 항공기에 투자하도록 유인할 것으로 예상된다. 첨단 항공 이동 시장은 에어 택시, 에어 셔틀, 에어 메트로, 개인 항공기, 화물 항공기, 에어 앰뷸런스, 의료 긴급 차량, 막바지 배송 차량으로 다양하게 나뉘어 있다. 이 중에서 에어 택시는 2021년에 가장 높은 시장 점유율을 기록했지만, 라스트 마일 배송 차량은 예측 기간 동안 가장 빠른 성장이 예상된다.

INSIGHT

CES 2024에서 주목받은 모빌리티 관련 제품 및 서비스

1 포티투닷 SDV OS 솔루션

현대자동차의 자율주행차 개발사 포티투닷은 기존 SDV 및 AI 기술에서 생성된 데이터를 활용해 차량 기능과 사용자 인터페이스를 향상함으로써 자동차 그룹의 SDV 비전을 보다 자세히 보여주기 위해 SDV OS 솔루션을 선보였다.

2 가민 Autoland

세계 최초의 자동 착륙 시스템인 Autoland는 긴급 상황에서 조종사의 개입 없이 항공기를 자동으로 제어하고 착륙시킬 수 있다. 세계 최초의 인증 시스템으로, 조종사의 무력화같은 상황이 발생하면 탑승한 승객은 버튼을 누르는 것만으로 항공기를 착륙시킬 수 있다.

3 하이센스 차량 내 프로젝션 시스템

하이센스가 개발한 최초의 차량 내 프로젝션 시스템이다. 고성능 레이저 홀로그램 HUD, 파노라마 프로젝션 디스플레이 및 외부 조명 프로젝션 시스템을 완벽하게 통합함으로써 연결된 차량과의 상호 작용을 혁신한다.

4 콘티넨탈 Radar Vision Parking

콘티넨탈은 고해상도 서라운드 레이더와 고해상도 카메라를 결합해 차량 주변의 매우 정밀하고 근거리 측정이 필요한 주차 사용 사례를 가능하게 한다. 레이더가 매우 콤팩트해 도장된 모든 범퍼 뒤에 장착이 가능하며, 카메라와 함께 차량 주변의 원활한 360도 뷰를 제공한다.

5 현대 모비스 자동차용 투명 디스플레이

자동차 산업에서의 혁신 중 하나로 주목받은 자동차용 최초 투명 디스플레이다. 새로운 홀로그램 광학소자 기술을 도입한 이 제품은 투명 패널을 활용해 선명하면서도 운전자에게 더 넓은 시야각과 개방적인 느낌을 제공한다.

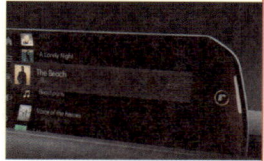

SECTION 2 Tech View

치료 아닌 예방과 웰니스, 헬스케어 기술 혁신 가속화

헬스케어의 키워드는 AI, 데이터, 맞춤형으로 정리할 수 있다.
의료 분야에서 AI가 인간을 대체하는 영역은 갈수록 커질 것이다.

Health care

$674억
전 세계 의료 AI 시장 2027년 전망치, 2022년에는 69억 달러에 불과했다.
자료 마켓&마켓, 키움증권 리서치센터

37%
글로벌 의료 AI 시장은 2029년까지 매년 37%씩 성장할 전망이다.
자료 스태티스타

AI 신약개발 기술 격차
유럽 1.5 / 일본 5.0 / 한국 3.0 / 중국 3.5
자료 한국보건산업진흥원, 키움증권 리서치센터
※ 미국 대비 기술 격차, 2022년

개인 맞춤형으로 질병 발생 전에 위험을 감지하고 빅데이터 분석으로 더 나은 치료와 치료 정확도를 높이는 시대가 왔다. 올해 전시회에는 인공지능(AI) 및 의료 사물 인터넷(IoMT) 기술을 활용한 환자 모니터링 분야 기술이 대거 모습을 드러냈다. 분야도 다양해졌다. 원격진료(Telemedicine) 솔루션은 환자들에게 의료 서비스에 쉽게 접근할 수 있는 기회를 제공하고 빅데이터 및 분석 솔루션은 의료 데이터 및 문헌을 효과적으로 처리해 진단 후 해석 영역에 인간을 대체하기도 한다.

가상현실(VR), 증강현실(AR), 혼합현실(MR)은 메드테크(MedTech) 스타트업이 디지털 치료 경험을 향상시킬 수 있도록 돕고 3D 프린팅은 고품질 보철물 및 장기 이식을 가능케 하면서 이식 거부 반응의 위험을 감소시키기도 한다. 의료가 AI를 만나면서 혁신에 가속도가 붙은 상황이다.

제약 산업도 기술 혁신의 큰 물결에 올라탔다. 웰빙과 백신 기술의 발전으로 일부 질병은 예방 및 조기 발견으로 불필요한 치료가 줄어들고 있다. 빅데이터를 기반으로 한 맞춤형 치료법은 환자 맞춤형 치료나 약물을 개발하는 데 유용하게 활용되는 중이다. 예방적인 접근과 유사하게 치유 요법은 처방약의 사용을 줄이거나 없앨 수 있으며, 디지털 치료법은 행동 수정과 같은 비약물적 개입을 통해 약물 수요를 줄이는 효과도 가져온다. AI와 IoMT 기술로 진단과 해석에서 인간의 역할은 점점 더 줄어들 수밖에 없다.

의료AI의 미래, 맞춤형 의료는 변화의 핵심

AI와 의료를 결합한 의료AI는 머신러닝, NLP, 딥러닝, 생성 AI와 같은 기술을 통해 환자 진단, 치료, 결과 개선에 기여하고 있다. 의료 데이터의 분석을 효율적으로 수행해 의료 전문가의 실수를 방지하고 의사 결정의 효율성을 높이는 것도 디지털케어 발전이 가져오는 큰 효과다.

기업들은 디지털 헬스 기술과 의료 AI를 도입해 혁신과 경쟁력을 강화해 나가고 있다. 특히 빅 데이터와 AI를 결합한 솔루션으로 맞춤형 치료와 예방적 접근을 강화하는 추세다. 이러한 노력은 의료 분야에서의 혁신과 효율성 향상을 위한 중요한 요소로 작용하고 있다. 더불어 AI 및 데이터 기술을 도입해 의료 서비스의 효율성을 향상하고 맞춤형 치료 및 예방 서비스를 개발함과 동시에 데이터의 안전한 관리와 공유를 위한 보안 프로토콜 개발에도 만전을 기한다. 개인 정보 보호에 투자하는 기업들이 늘어나는 이유다.

AI와 데이터의 결합은 환자 중심의 디지털 헬스 시대를 열어 나간다. 환자의 건강 데이터를 수집, 분석해 맞춤형 의료 서비스를 제공하고 이러한 기술과 데이터의 융합은 혁신적인 헬스케어 방식을 모색하는 중요한 요소로도 작용한다.

헬스케어와 디지털 헬스 분야에서 AI와 데이터 기술은 빅 데이터를 활용해 맞춤형 의료 서비스를 제공하고, 환자에게 최적화된 의료 서비스를 제공함으로써 의료 서비스의 효율성을 높이고 개인화된 의료 서비스를 보편화하고 있다.

AI와 데이터의 역할, 혁신적인 헬스케어 시장

CES 2024 디지털 헬스케어 서밋의 메시지는 명확했다. 기술 도입을 통해 더 적은 노력으로 더 많은 것을 달성하라는 것이다. 헬스케어와 디지털 헬스 분야에서 빅데이터를 학습한 AI는 맞춤형 의료 서비스 제공이 가능하며 환자별 개별 맞춤형 치료의 시대를 연다. AI는 병원에서 발생하는 방대한 양의 의료 데이터를 처리하고 진단, 예방, 해석, 치료 등 다양한 영역에서 유용하게 활용된다. 데이터의 정확하고 신속한 처리를 통해 환자에게 최적화된 의료 서비스를 제공하면 맞춤형 건강 관리에 큰 도움을 준다. 디지털 헬스의 특징으로서 이러한 기술과 데이터의 융합이 환자 중심의 혁신적인 헬스케어 방식을 모색하는 중요한 요소로 부각되는 이유다. AI의 진단 및 예측 능력은 질병 조기 발견과

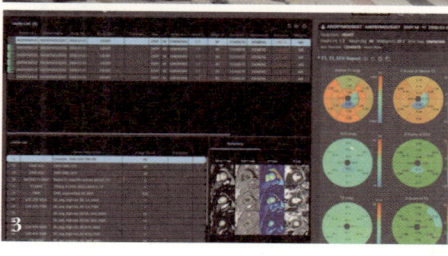

1. CES 2024 디지털 케어 서밋.
2. 스타트업 웨이센이 개발한 '웨이메드 코프 프로' 기침만으로 사용자의 호흡기 건강 상태를 확인할 수 있다.
3. 전세계 사망원인 1위인 심장질환을 조기 진단할 수 있는 팬토믹스의 AI 솔루션 '마이오믹스'

예방에 적극적으로 활용될 것으로 기대를 모으고 있다. 또한 환자 중심의 건강 데이터 관리 시스템이 더욱 강화되면서 개인화된 의료 서비스가 더욱 보편화될 것으로 전망된다. 이러한 트렌드는 헬스케어 산업을 더욱 혁신적으로 변화시키고 지속적인 성장을 견인할 것으로 예상된다.

기업들은 지금 AI 및 데이터 기술을 적극 도입해 의료 서비스의 효율성을 향상하고 정확성을 강화하는 데 주력하고 있다. 혁신적인 디지털 솔루션을 제공해 환자와 의료 전문가 간의 상호작용을 강화하고 의료 서비스의 접근성을 높이는데도 큰 역할을 할 것이다. 건강 데이터의 안전한 관리 및 공유를 위한 표준 및 보안 프로토콜을 개발하고 적용해 개인 정보 보호에 투자도 해야 한다. 더불어 지속적인 혁신과 투자로 헬스케어 산업의 성장과 발전을 선도하기 위한 노력도 필요하다.

4909건
2025년에 1명이 하루에 디지털기기와 상호작용하는 횟수 전망치.

팬데믹 이후로 건강 데이터 수집이 크게 늘어 2020년 1426건에서 5년 뒤에는 4배 가까이 늘어날 것으로 보인다.

SECTION 2 Tech View

Healthcare

인공지능과 사물인터넷의 결합 디지털 헬스케어

미국 위딩스(Withings)는 청진기, 산소포화도 측정기, 1리드 ECG, 온도계 등 4개 도구를 결합한 휴대용 건강장치 빔오(BeamO)를 선보였다.

글로벌 디지털 헬스 기술 시장은 향후 기술 발전과 인구 고령화로 빠르게 성장이 예상된다. 특히 인공지능(AI) 및 의료 사물 인터넷 기술의 발달, 웰빙과 백신 기술의 발전으로 일부 질병은 예방과 조기 발견으로 불필요한 치료가 줄어들고, 빅데이터를 활용한 맞춤형 치료법과 디지털 치료법이 효과적으로 활용되고 있다. 특히 진단과 해석 시장에서 테크 기술이 활용되면서 빠르게 인간의 역할을 대체하고 있다.

비용 절감과 맞춤형 의료 서비스 딥테크로 만나는 AI

의료AI는 머신러닝, NLP, 딥러닝, GenAI 등 기술을 활용하여 환자 진단, 치료, 결과 개선에 기여하고 있다. 이를 통해 의료 데이터를 효율적으로 분석해 전문가의 실수를 방지하고, 의사결정과 효율성 향상, 운영비용 절감 등 다양한 효과를 얻을 수 있다. 이처럼 의료AI는 의료 분야에서 중요한 역할을 할 것으로 예상되며, 의료 데이터의 높은 접근

디지털 헬스 기술 시장의 급성장은 치료 개선의 기회 및 개인별 환자 모니터링에 효율적

성과 발전 가능성은 AI의 성능을 더욱 향상시킬 것으로 보인다. 헬스케어와 디지털 헬스 분야에서 AI와 데이터는 혁신적인 기술로 떠오르고 있다. 이들 기술은 환자의 건강 데이터를 수집하고 분석해 맞춤형 의료 서비스를 제공하며, 이는 곧 개별적이고 효과적인 맞춤형 치료를 가능하게 한다. AI는 방대한 양의 의료 데이터를 처리하고 진단, 예방, 치료 등 다양한 영역에서 유용하게 활용되고 있다.

기술 고도화에 따른 헬스케어 시장의 성장과 전망

디지털 헬스케어 분야에 대한 투자는 최근 몇 년간 눈에 띄게 증가하고 있다. 2011년 이후에는 2500건 이상의 벤처 캐피털 거래를 통해 총 390억 달러가 투자됐다. 이 중 2019년에만 74.8억 달러가 투자되었으며, 소비자 중심의 솔루션과 함께 전자 건강 기록, 데이터 분석 등에도 약 20%의 투자가 집중되고

2024년 TOP 10 헬스케어 트렌드 및 혁신

인공지능 18%	원격의료 12%	몰입형 기술 11%	모바일 헬스 8%
의료 사물 인터넷 17%	빅데이터 및 분석 11%	3D 프린팅 7%	블록체인 6%
			클라우드 컴퓨팅 5%
			유전체학 5%

자료 StartUs Insights

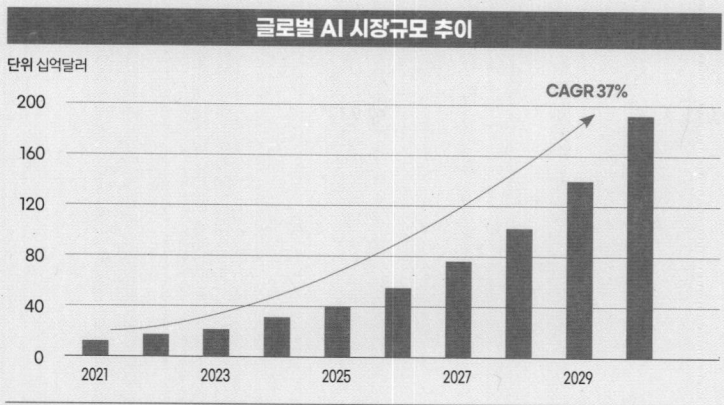

자료 Statista ※2023~2029년은 추정치

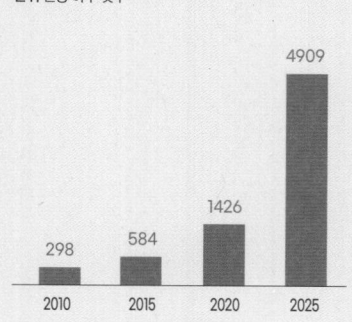

자료 Coughlin et al Internal Medicine Journal article "Looking to tomorrow's healthcare today: a participatory health perspective"

있다.
맥킨지의 평가에 따르면, 인구 건강 관리, 의료 관리, 청구 관리, 지불 무결성, 리스크 조절 등을 포함한 페이어 시장 세그먼트에서는 연간 10% 이상의 수익 성장이 예상되며, 의료 시스템에서는 주기 관리, 진료 관리, 품질 분석에서 수익 성장이 예상된다. 또한 헬스케어 분야에서는 시장 접근, 연구 및 개발 지원, 의료 정책, 환자 서비스 등이 증가하는 추세이다.

언제 어디서나 만날 수 있는 나만의 주치의

코로나19는 의료 분야에 많은 변화를 가져왔다. 그 중 하나는 무료 또는 저렴한 비용으로 의료 서비스를 제공받게 된 점이다.
미국 기업들은 코로나19 이후 헬스케어 보험사와 협력하여 직원들에게 무료 헬스케어 서비스를 제공하고 있다. 이는 웨어러블과 디지털 피트니스 기술의 발전으로 실시간 건강 데이터 수집이 가능해지면서 주로 핏빗, 애플워치와 같은 웨어러블 기기와 연동되고 있는 추세이다. 법률적 환경의 변화로 의료 데이터 접근성이 변화하면서 데이터를 기반으로 한 기술 적용 기회가 확대되어 새로운 혁신이 예상된다.

디지털 헬스테크의 혁신
가상현실과 게임으로 건강 관리

증강현실(AR) 및 가상현실(VR) 기술은 다양한 분야에서 이미 사용되고 있다. 정신 장애 치료부터 통증 관리까지 이러한 기술들은 의료 분야에서 다양한 용도로 활용되고 있다. AR 및 VR 기술은 외과 의사의 훈련과 실시간 수술 안내뿐만 아니라, 비행기 조종사를 양성하는 훈련 프로그램에도 사용된다. 2020년에는 존스 홉킨스의학 연구진이 가상현실 게임이 소아 환자의

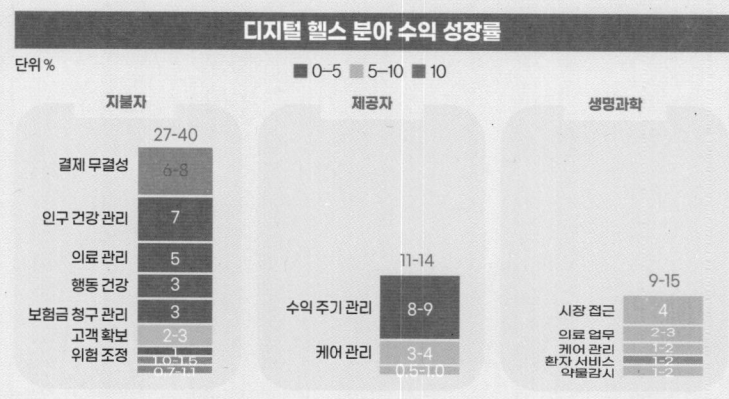

자료 McKinsey ※2018~2023년 기준

SECTION 2 — Tech View

1. 건강측정 '링' 초소형 칩을 이용해 심박수, 산소포화도를 측정하는 미국 모바노헬스의 에비 링
2. 모든 움직임을 정확하게 추적하여 착용자의 상호 작용을 조명하는 시각적 신호를 제공하는 PalmPlug의 시연

불안과 통증을 감소시키는 효과를 발견했으며, 보스턴에 본사를 둔 렌드버(Rendever)라는 회사는 미국 국립보건원(NIH)의 지원으로 가상 경험이 사회적으로 고립된 노인들의 삶의 질을 향상시키는지 연구하고 있다.

2020년 FDA는 최초의 처방 전용 비디오 게임을 주의력 결핍 장애 치료제로 승인했다. 애킬리 인터랙티브는 보스턴에 본사를 두고 있으며, FDA 승인을 받은 AKL-T01(EndeavorRx로 판매)은 처방 게임에 대한 15억 달러 가치로 평가를 받았으며, 뇌졸중 및 외상성 뇌 손상 환자를 위한 게임을 개발했다.

이렇듯 디지털 헬스의 미래는 가상현실 테라피와 게임 치료의 혁신에 주목하고 있다. 증강현실과 가상현실 기술은 이미 정신 건강 치료와 통증 관리 등 다양한 응용 분야에서 혁신적으로 활용되고 있는 추세이며, 이러한 디지털 헬스 기술은 환자들에게 더 효과적이고 맞춤형 치료 경험을 제공해 의료 분야의 미래를 변화시킬 것으로 기대한다. 헬스테크의 무한 확장은 의료 비용 증가에 대응하기 위한 필수적인 수단으로 인식되고 있으며, 기존 기술을 통한 영역 확장 노력은 계속될 전망이다.

여성 디지털 헬스 시장, 지속적으로 성장 전망

여성 디지털 헬스 시장은 급속한 성장을 보이고 있으며, 이번 CES 2024에서도 CTA가 직접 여성 헬스를 언급하면서 다양성&포용성 관점에서 그 중요성을 강조했다. 그러나 여전히 문화적 허들, 안전성 우려, 정보 격차와 같은 도전과제를 극복해야 한다.

여성 디지털 헬스 시장이 2020년에 15억 달러로 평가되었으며, 2021년부터 2028년까지 19.9%의 연평균 복합 성장률(CAGR)로 확대될 것으로 예상된다. 디지털 헬스 기술의 발전으로 예방 의료에 대한 관심이 증가되고 있다.

여성들은 예방적인 건강 관리에 중점을 두며, 디지털 헬스 솔루션을 통해 개인화된 건강 정보와 조언을 받을 수 있다. 여성 디지털 헬스 기술의 성장에는 규제 환경의 개선이 큰 역할이 필요하다. 새로운 애플리케이션 및 디바이스들이 기존 여성 건강 문제를 해결하는 데 유리한 규제 환경은 혁신과 새로운 기술의 도입을 촉진한다.

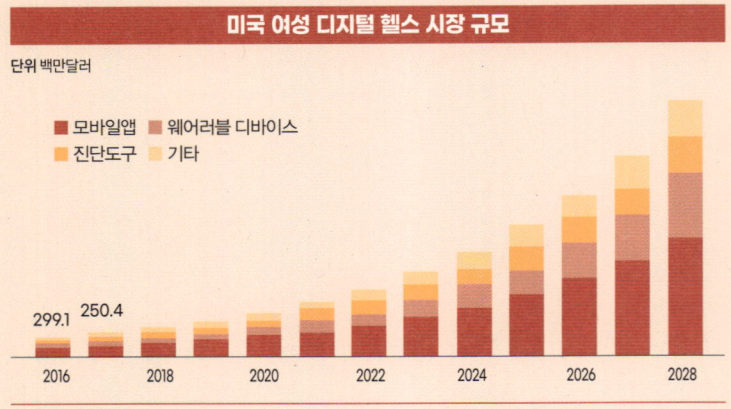

미국 여성 디지털 헬스 시장 규모
단위 백만달러
■ 모바일앱 ■ 웨어러블 디바이스 ■ 진단도구 ■ 기타
299.1 250.4
2016 2018 2020 2022 2024 2026 2028
자료: grandviewsearch.com

여러 기업들이 최근 여성 디지털 건강 분야에 적극적으로 참여하고 있음에도 불구하고, 조직과 산업에는 여전히 다양한 어려움과 도전이 존재한다. 특히 여성의 건강 문제에 대한 개방적인 대화가 부족한 문화적인 허들이 여전히 있다.

사회적 태도와 편견으로 인해 여성들이 자신의 건강 문제에 대해 열린 대화를 가지기 어려울 수 있다. 여성들은 개인 건강 정보에 대한 보호를 우려하며, 이로 인해 디지털 헬스 서비스에 대한 신뢰를 형성하는데 어려움을 겪을 수 있다. 여성들 간에 건강 관련 정보의 격차가 여전히 존재하며, 특히 디지털 기술에 대한 교육이 부족한 지역이나 계층에서 여성들은 혜택을 누리기 어려울 수 있다.

글로벌 IT 공룡기업들의 헬스케어 분야 진출

미국 주요 빅테크 기업들인 알파벳, 아마존, 마이크로소프트, 애플, 메타는 헬스케어 시장에 대규모 투자를 진행하고 있으며, 전통적인 헬스케어 시스템에 혁신을 목표로 하고 있다. 특히 아마존은 구독형 1차 진료 서비스를 제공하는 '원 메디컬'을 인수하고, 약국 서비스, 원격 의료, 의약품 유통 등을 포함하는 종합 네트워크를 구축하는 중이다. 이러한 행보는 헬스케어 시장에서 빅테크 기업들의 강력한 진출과 서비스 다양화를 시사한다.

> **INSIGHT**
>
> ## CES 2024에서 주목받은 헬스케어 AI 제품 및 서비스
>
> ### 1 DeRUCCI 스마트 매트리스
>
>
>
> DeRUCCI T11 Pro 및 MW11 스마트 매트리스는 국제 대학 및 기관과의 광범위한 수면/건강 연구를 기반으로 한 인공 지능 스마트 수면 IoT 솔루션. DeRUCCI 스마트 매트리스는 잠재적인 건강 문제를 사용자가 인지하기 전에 실제로 경고하고 최적의 수면을 위해 개인의 건강을 모니터링하고 즉시 조정한다.
>
> ### 2 MindMics 심장 건강 시스템
>
>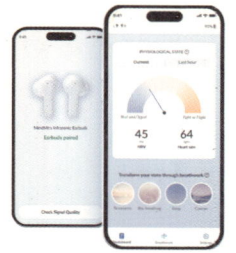
>
> 차세대 건강 모니터링에 대한 증가하는 요구를 해결하도록 설계되었다. MindMics 심장 건강 시스템 기술의 핵심은 TWS이어버드를 통해 건강 모니터링을 가능하게 하는 특허받은 초저주파 혈액조영술(IH)이다. MindMics 심장 건강 시스템의 초저주파 이어버드는 편안함과 고품질 사운드를 저하시키지 않으면서 최고의 생체 신호를 포착하도록 설계했다.
>
> ### 3 DeRUCCI 코골이 방지 베개
>
>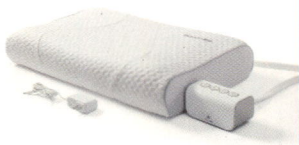
>
> DeRUCCI 코골이 방지 베개는 모니터링, 선별 및 개입을 통합하여 코골이를 완화하고 종종 심각한 질병의 전조가 될 수 있는 수면 무호흡증의 위험을 줄이는 최초의 올인원 스마트 베개이다.
>
> ### 4 EBEREX 리클라이닝 마사지베드
>
>
>
> 상체 승강 기능을 갖춘 자동 리클라이닝 기능과 개인 맞춤형 마사지 시스템 등 차별화된 기술력을 인정 받았다. 상체 자동 리클라이닝 기능을 탑재해 사용자의 편안함과 편의성을 높였다. 침대형 마사지 제품을 사용한 후 일어서는데 어려움을 겪는 많은 사람들을 고려하여 침대의 리클라이닝 시트는 다양한 각도로 조절되며, 특히 거동이 불편한 분들이 누운 후 일어서는 데 도움된다.

SECTION 2 Tech View

로봇이 알아서 조립한다고?
AI와 로봇의 동반 성장

로봇에 쏟는 테크 기업들의 관심은 지대하다. 자율주행 로봇은 물론 의료 로봇, 생성 AI를 결합한
휴머노이드까지 로봇의 시대가 점점 앞당겨지고 있다.

Robotics

$1000억
2024년 산업용
로봇 시장 전망치

**서비스 로봇 시장
규모 전망치**

$848억
2028년
↑
$415억
2023년

**로봇 활용
주요 6대 분야**

의료 - 수술, 재활
서비스 - 배송, 서빙
제조 - 웨어러블
가정 - 조리
모빌리티 - 차량, 주차
방산 - 군사용,
우주항공

로보틱스를 관통하는 키워드는 인공지능(AI), 서비스, 모빌리티로 압축할 수 있다. 올해 전시회에도 관련 로봇이 대거 등장해 눈길을 끌었다.

AI를 기반으로 한 로봇 기술의 발전과 보급 및 시장 확대가 전 세계적으로 이루어지고 있다. 산업용 로봇 시장은 2024년까지 1000억 달러에 이를 것으로 예상되며, 물류 로봇 시장도 105억 달러 규모에 도달할 전망이다. 의료 및 수술 로봇 시장은 의사 부족과 수술 로봇 채택 증가로 2024년부터 2030년까지 9.5%의 연평균 성장률로 증가할 것으로 예상된다.

특히 협동로봇 시장은 향후 5년 동안 연평균 성장률 27%로 예상돼 비약적인 성장이 기대된다. 중국, 남미, 동남아시아 지역에서 시장 성장률이 높아질 것으로 보이기 때문이다. 로봇을 중심으로 국제적인 경쟁과 협력도 강화될 수밖에 없다.

로봇 기술의 진화
제조용 로봇부터 자율주행로봇까지

현재 대부분의 제조용 로봇은 미리 정의된 작업만 수행하는 단계이다. 외부 환경을 감지하거나 힘, 동작을 조정하는 능력은 제한적이다. 최근의 추세를 보면 하드코딩된 작업을 수행하는 산업 로봇은 외부 환경을 인지하지 못하는 경우가 많다. 특히 자동차 부품 제조에서 사용되는 로봇은 정확한 위치와 동작을 반복하기 위한 능력이 부족하다. 반면 포스-토크 센서가 추가된 협동로봇은 제한적이지만 외부 환경을 감지하고 대응할 수 있는 능력을 갖췄다. 자율주행로봇은 장애물 회피와 경로 재설정이 가능하며 AI를 활용해 최적의 솔루션을 찾는 능력도 보완됐다.

로봇 기술의 발전으로 미래 서비스 로봇 산업에 대한 전망은 희망적이다. 제조용 로봇의 한계를 극복하기 위해 협동로봇과 자율주행로봇이 등장하면서 외부 환경 감지 및 대응 능력이 향상됐다. 산업 자동화에 새로운 가능성을 제시하는 대목이다. 미래에는 이러한 기술적 발전이 서비스 로봇 시장의 지속적인 성장을 견인해 긍정적인 경제적 영향을 가져올 것으로 전망하고 있다. 정부의 적극적인 지원과 기술 혁신은 이러한 전망을 더욱 뒷받침하고 있어, 서비스 로봇 산업이 지속적

1

으로 진보할 것으로 기대한다.

서비스 로봇 시장의 성장에 대응해 기업들은 미래 기술 동향을 주시하고 적응하기 위한 연구 및 개발에 투자가 필요한 시기다. 외부 환경 감지 및 대응 능력을 갖춘 로봇 기술의 적극적인 도입은 경쟁 우위를 확보할 수 있는 주요 전략이 될 것이다. 또한, 협동로봇과 자율주행 로봇의 개발을 통해 다양한 산업 분야에서의 활용 가능성을 모색하고 협력 관계를 강화하는 것이 중요하다. 기업들은 AI와 센서 기술의 혁신에 주목하며, 이를 통해 제품 및 서비스의 품질과 효율성을 향상해야 한다. 마지막으로, 정부와의 협력을 강화하여 산업 생태계의 발전을 위한 정책 및 지원을 확보하는 것이 필요하다.

10년 내 세밀한 동작 가능한 로봇 등장 전망

로봇산업은 향후 5년 내에는 지능을 갖춘 의미있는 산업 자동화 로봇이나 가정용 도우미 로봇의 상호작용이 가능할 것이란 전망이다. 5~10년 동안에는 로봇 기술이 의료 및 공공 서비스 분야에 적극 적용돼 의료 보조 로봇과 스마트 도시의 구축에 기여하는 것도 가능하다. 장기적으로는 생산성 향상과 사회적 도움을 목표로 하는 로봇 기술의 성장이 계속돼 농업, 환경 보호, 우주 탐사 등 다양한 분야에서 적용이 확대될 것으로 예측된다.

우선 향후 5년 내 로봇 기술은 AI 알고리즘이 로봇에게 물체 인식과 경로 계획을 제공해 효율적인 작업을 수행하는 정도까지 발전이 가능해 보인다. 더 나아가 AI가 로봇이 비표준 상자에서 부품을 공급할 수 있도록 도와주거나 용접자동화에서는 기계 학습을 통해 부품의 변동성이 높은 상황에서도 용접 지점과 경로를 식별해 비용 절감에 큰 효과를 가져올 전망이다.

10년 뒤를 내다보면 나사를 조립하고 정확한 위치를 찾는 다단계 작업을 수행하는 로봇을 어렵지 않게 보게 될 수도 있다.

특별히, 의류 제조에서는 자동화가 어려웠던 봉제 공정이 봉제로봇의 등장으로 새로운 전환점을 맞이해 주문 생산과 맞춤형 제작도 가능해질 것이다. 농업에서도 로봇의 역할은 크다. 밀 농사를 예로 들면 기계 학습을 활용해 수확할 농산물을 식별하고 로봇의 경로 계획을 통해 효율적으로 농사 작업을 로봇이 도맡아 하게 될 수도 있다.

가정마다 서비스 로봇이 한대씩 있는 풍경도 상상해볼 수 있다. 물체나 사람을 구별하고 상호작용하는 대상이나 사람의 의도를 감지해 적절한 대응을 결정하는 능력을 갖춘 로봇 집사는 올해 CES에서도 단연 화제거리였다. 미세한 감지 장치로 접수한 데이터를 AI가 판별하는 작업 수행도 할 수 있게 돼 오일 유출이나 제품 특성 식별 같은 작업에서도 로봇은 유용하게 활용될 전망이다.

1. 유니트리의 사족보행 로봇.
2. 니콘 전시관의 로봇 비전 시스템.
3. 로터스 로보틱스 전시장에서 차량의 360도 회전 기술을 시연하는 로봇.
4. 휴머노이드 로봇 '아우라'가 대형 구형 공연장 스피커를 찾은 관람객들을 맞으며 휴머노이드 시대를 예고했다.

$160억 5000만

2027년 휴머노이드 로봇 시장 전망치. 중국, 일본, 한국, 인도, 미국, 독일, 스페인 등 국가에서 자동화에 대한 요구가 증가하면서 성장 동력을 얻고 있다.

SECTION 2 — Tech View

Robotics

AI 고도화 등에 업은 로봇 시장 전망 '장밋빛'

인공지능(AI)을 기반으로 한 로봇 기술의 발전과 협업 로봇, 서비스 로봇의 증가로 전 세계적으로 로봇의 보급과 시장이 확대되고 있다. 산업용 로봇 시장은 2024년까지 6.4%의 성장률로 1000억 달러에 달할 것으로 전망된다. 물류 로봇 시장도 11.4%의 성장률로 105억 달러 규모에 도달할 예정이다. 의료 및 수술 로봇 시장은 2023년 39억 2000만 달러로 추산되며, 2024년부터 2030년까지 9.5%의 연평균 성장률로 증가할 것으로 예상된다. 이는 의사 부족과 수술 로봇 채택 증가에 따른 결과다.

긍정적 전망 예측되는 로봇 시장

협동로봇 시장의 미래가 긍정적으로 전망된다. 향후 5년 동안의 예상 연평균 성장률(CAGR)이 27%로 예측되는 것은 협동로봇 기술의 급격한 발전과 높은 수요를 시사한다. 특히 중국, 남미, 동남아시아 지역에서는 시장 성장률이 더 높아지는 것으로 예상돼 국제적인 경쟁과 협력이 증가할 것으로 보인다.

물류 로봇 시장은 2028년까지 연평균 11.4%의 성장률을 기록해 105억 달러 규모에 달할 것으로 보인다. 창고 자동화, 배송 자동화, 물류 자율 주행 차량 등 다양한 분야 등 전반적으로 고른 성장이 예상되며, 특히 창고 자동화와 배송 자동화 분야에서는 팔레트 셔틀, AGV(자율 주행 운반 로봇), 드론, 자율 주행 트럭 등 다양한 물류 로봇의 수요가 크게 증가할 것으로 예측된다.

2023년 기준 전 세계 수술 로봇 시장 규모는 39억 2000만 달러로 추산된다. 2024년부터 2030년까지 연평균 복합 성장률(CAGR)은 9.5%로 예상되며, 외과 의사 부족으로 인한 자동화 기기 채택 증가와 함께 퇴행성 골질환 유병률 상승, 관절염, 골다공증 환자 증가, 고관절 및 무릎 치환술 증가 등에 기인하며, 특히 무릎 및 고관절 교체 수술 증가가 수술 로봇의 채택을 촉진할 것으로 보인다.

활용 증가 예상되는 산업용 로봇

코로나19가 글로벌 산업용 로봇 시장의 성장을 촉진하고 있다. 특히 코로나19로 인한 공급망 문제로 리쇼어링 수요가 증가함에 따라, 2019년 39만대에서 2022년에는 55만대로 약 41% 증가한 연간 설치 대수와 함께, 운용 대수도 274만대

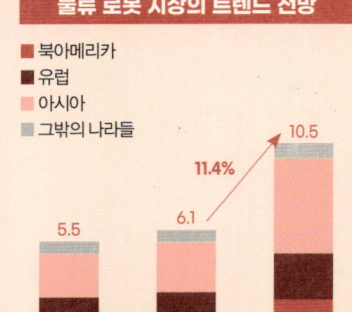

물류 로봇 시장의 트렌드 전망
자료: Global Market Insights

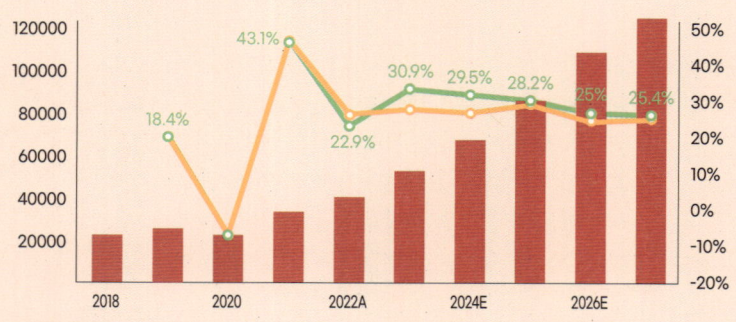

글로벌 협동 로봇 시장 전망
자료: Interact Analysis

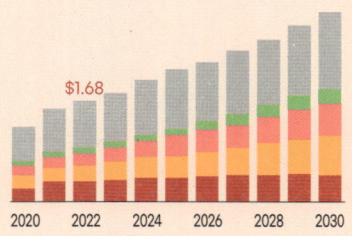

미국 수술용 로봇 시장 전망
단위 십억달러
- 정형외과
- 산부인과
- 비뇨기과
- 신경학
- 기타

$1.68

자료 Grandviewresearch

에서 390만대로 약 43% 증가한다. 이로 인해 산업용 로봇 시장이 한 단계 더 발전한 것으로 평가된다. 코로나19로 발생한 공급망 문제로 리쇼어링 수요가 증가하면서 글로벌 산업용 로봇 시장이 한 단계 레벨업된 것으로 평가된다. 이러한 성장은 협동 로봇의 고성장세에 기인하며, 산업용 로봇 시장의 규모는 현재 170억 달러에서 2028년에는 325억 달러로 확대될 것으로 전망된다.

로봇은 제조업에서 조립부터 팔레타이징까지 전체 생산주기에 걸쳐 다양하게 활용할 수 있다. 비전 시스템의 발전으로 로봇에 대한 수요가 증가하고 있으며, 협동로봇에 대한 수요는 다양한 산업 분야에서 확대되고 있다. 최근에는 AI의 고도화로 로봇 프로그래밍 가속화, 유지 관리 프로토콜 강화, 리소스 활용 최적화가 이뤄져 산업용 로봇의 역량이 강화될 뿐만 아니라 지속 가능하고 효율적인 생산 프로세스에 기여할 것으로 예상된다.

노동력 부족, 서비스 로봇 도입 확대 기회로 작용

인구 고령화와 숙련된 인력 부족이 심화되고 있다. 이에 따라 기업들은 더 적은 비용으로 더 효율적으로 대응할 방법을 모색하고 있다. 서비스 로봇의 도입이 확대되는 이유다. 서비스 로봇은 높은 생산성과 작업 효율을 제공하면서도 인력 부족으로 발생하는 고용 어려움을 극복해 다양한 산업 분야에서 활용되고 있다.

> 비전 시스템의 발전으로 로봇에 대한 수요가 증가하고 있으며, 협동로봇에 대한 수요는 다양한 산업 분야에서 확대되고 있다.

서비스 로봇 시장 규모는 2023년 415억 달러에서 2028년에는 848억 달러로 연평균 15.4% 성장할 것으로 전망된다. 각국 정부는 서비스 로봇 연구를 적극 지원하고 있으며, 미국 국가 AI 연구 개발 전략에 따르면 지능형 기술이 2028년까지 G20 국가들의 GDP에 11.5조 달러를 기여할 수 있을 것으로 예상되고 있다.

이러한 동향은 서비스 로봇 산업의 미래에 긍정적인 전망을 제공한다. 각국 정부가 서비스 로봇 연구를 적극적으로 지원하고 있다는 사실은 이 분야에 대한 글로벌 관심과 투자가 계속해서 증가하고 있다는 것을 시사한다.

로봇, 산업 분야 혁신 일으킨다

로봇산업은 향후 5년 내로 지능과 기술을 강화해 산업 자동화 및 가정용 도우미 로봇에서 상호작용 능력을 높일 것으로 전망한다. 그 후

글로벌 산업용 로봇 설치대수 전망
단위 천대

2017		2019		2021	2023F			2025F	
400	423	387	390	526	553	593	622	662	718

자료 IFR

SECTION 2 Tech View

5~10년 동안에는 로봇 기술이 의료 및 공공 서비스 분야에 적극 적용돼 의료 보조 로봇과 스마트 도시의 구축에 기여할 것으로 예상된다. 또한 장기적으로는 생산성 향상과 사회적 도움을 목표로 하는 로봇 기술의 성장이 계속되며, 농업, 환경 보호, 우주 탐사 등 다양한 분야에서 적용이 확대될 것으로 보인다.

전문 서비스 로봇의 적용 분야 TOP5

86k 로봇	24.5k 로봇	9.3k 로봇	6.9k 로봇	8.0k 로봇
+44%	+125%	+4%	+8%	+18%
교통	서비스 (호스피탈리티)	병원 & 헬스케어	전문 클리닝	농업

자료 IFR

아울러, IFR의 전망에 따르면 로봇이 다양한 어플리케이션에 적용될 것으로 예상된다. 픽앤플레이스(Pick&Place) 및 머신텐딩(machine tending)과 같은 제조 분야부터 의료 스크리닝, 건설 로봇, 그리고 재활용에 이르기까지 로봇 기술은 다양한 산업 분야에 혁신을 가져올 것으로 전망된다. 이로써 로봇은 생산성 향상 및 작업의 자동화를 통해 사회적, 경제적 영향력을 확대할 것으로 기대한다.

의료 분야 수술, 재활 로봇

로봇 지원 수술 랜드스캐이프(Robotic Assisted Surgery Landscape)에 따르면, 글로벌 로봇 수술 시장은 2018년 47억 달러에서 2030년에 158억 달러로 연평균 10.6% 성장할 것으로 예상된다. 향후 수술 로봇 시장에서는 특히 정형외과 분야에서의 성장 잠재력이 두드러지며, 이는 인공 관절 및 척추 수술 등의 고도화된 수술 프로시저에 대한 수요와 기술의 발전이 결합될 것으로 기대된다. 이러한 동향은 로봇을 통한 수술의 확대와 혁신이 의료 분야에서 지속적으로 중요한 역할을 할 것임을 시사하고 있다.

서비스 및 물류 분야 배송, 서빙 로봇

높은 인건비와 인력 부족으로 기업들은 서빙 로봇 도입에 속도를 내고 있다. 특히 외식업종에서는 인력 확보의 어려움과 더불어 손쉬운 자동화 솔루션으로서의 로봇을 빠르게 도입하는 경향이 두드러지고 있다. 서비스 로봇이 높은 효율성과 일관된 서비스 품질을 제공함에 따라, 경제적으로 지속 가능한 옵션으로 로봇을 채택하고 있는 것으로 나타나고 있다.

제조 및 산업 분야 웨어러블 로봇

세계적인 고령화 추세가 가속화되는 가운데, 우리나라는 25년 이내에 초고령 사회로의 진입이 예상되며, 45년 후에는 세계에서 가장 고

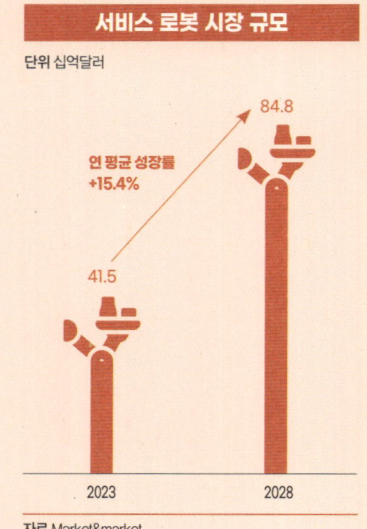

산업용 로봇 시장규모 전망
단위 십억달러
- 2028: 32.5
- 2023: 17.0 연 평균 성장률 +13.8%
- 2022: 15.4

자료 IFR

서비스 로봇 시장 규모
단위 십억달러
- 2023: 41.5
- 2028: 84.8
연 평균 성장률 +15.4%

자료 Market&market

령화된 국가 중 하나로 등극할 것으로 전망된다.

이로 인해 노령 인구의 급격한 증가와 밀접한 관련이 있는 웨어러블 로봇 시장은 대기업들의 주목을 받고 있다. 이 분야에서의 기업 진출 사례가 더욱 늘어날 것으로 예상되며, 산업 현장 뿐만 아니라 재활 및 안전 분야에서 웨어러블 로봇의 수요가 급증할 것으로 예측된다.

가정 분야 주방 및 조리 로봇

업무 효율성 및 편의 추구 성향의 증대와 최근에 높아진 인건비 및 재료비 부담에 대한 산업계의 고민이 상호 결합해 외식업 및 단체급식 분야에서도 튀김 로봇, 바리스타봇 등과 같은 로봇 자동화 시스템의 도입 사례가 증가하고 있다. 이러한 로봇 기술의 도입은 업무 프로세스의 최적화와 함께 인건비 부담을 완화하고, 일정한 품질과 서비스 표준을 유지하는 데에 기여할 것으로 보인다.

모빌리티 분야 차량, 주차 로봇

2023 로보월드에서 현대의 주차 로봇이 주목을 받은 바 있다. 주차 로봇은 차량 하부에 진입한 후 타이어 부상장치를 활용해 차량을 자동으로 운송하는 기능을 갖추고 있다.

2Piece 방식의 전후 분리 디자인은 전방과 후방, 좌우로의 다방향 진입이 가능하게 해 주차 운영과 공간 효율성이 극대화된다. 이로 인해 동일한 면적 대비 주차 용량이 30~40% 증가함에 따라, 높은 주차 효율성과 혁신적인 기술로 주목받고 있다.

방산, 우주항공 분야

기술 발전으로 인해 전쟁 수행 방식 또한 크게 변화되고 있다. 최근에는 자폭 드론과 같은 무인 비행체들이 활용되고 있으며, AI, 무인화, 로봇이 향후 전장의 핵심이 될 것으로 전망된다. 군사용 로봇의 개발이 활발히 진행되면서 다족보행 로봇의 개발과 활용이 빠르게 가시화되고 있는 추세이다. 이러한 다족보행 로봇은 미리 입력된 정보에 따라 자동으로 움직이거나 사람의 조종을 받는 반자율 형태의 로봇으로 구성된다.

INSIGHT

CES 2024에서 주목받은 로봇 관련 제품 및 서비스

1 HD현대 XiteSolution

HD현대 XiteSolution은 건설 분야에서의 안전을 강화하기 위해 도입된 세계 최초의 스마트 충돌 완화 기능을 제공한다. 이 시스템은 굴삭기의 카메라와

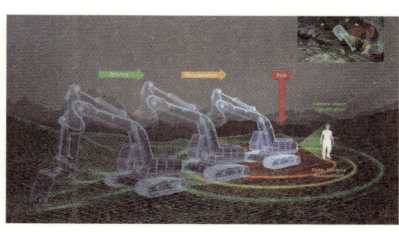

레이더를 융합해 작업 현장에서의 사람이나 물체 감지 시 자동으로 장비를 정지시켜 작업 사고의 발생을 예방한다.

2 두산로보틱스 오스카 더 소터

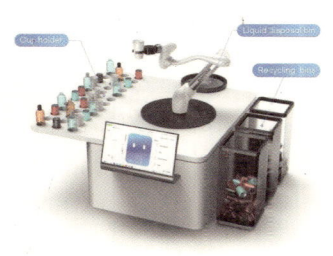

오스카 더 소터는 협동로봇을 제어하는 '다트 스위트' 소프트웨어 플랫폼과 AI 머신러닝을 통합한 혁신적인 재활용 분류 솔루션이다. 이 시스템은 종이컵, 플라스틱 용기, 캔 등 다양한 재활용품을 정확하게 분류하고, 내용물을 효과적으로 제거한 뒤, 지정된 쓰레기통에 자동으로 배출된다.

SECTION 2   Tech View

웰빙의 시작, 스마트 홈
도시의 미래, 스마트 시티

모든 삶은 집에서 시작된다. 가장 오랜 시간을 보내기에, 집은 웰빙의 공간이 되어야만 한다.
스마트홈은 웰빙의 시작점이다. 이러한 스마트 홈들이 모여 도시를 이루니
미래의 도시는 자연스레 스마트시티로 향해간다.

Smart home /Cities

스마트홈의 변화

matter
스마트홈 글로벌 표준 플랫폼으로 '매터(Matter)' 채택 → 제조사별 디바이스 장치가 단일 플랫폼으로 호환

스마트시티의 쟁점

스마트 교통 분야 시장 점유율 차지

친환경 스마트시티 구축

시민 중심 참여 도시

2024년을 이끌어갈 스마트 홈 기술

CES 2024에서는 더 나은 스마트 홈을 위한 다양한 스마트기기를 선보였다. 스마트홈 보안 시스템을 위한 고해상도 카메라, 움직임 감지 센서, 얼굴 인식 기술의 활용 및 스마트 가전제품으로 사용자 습관과 주변 환경을 학습하여 더 나은 편의성을 제공하는 기술, 그리고 음성 인식 기술을 통해 스마트 기기를 제어하고 정보를 얻는 방법 등이 주목받았다.

CTA(Consumer Technology Association)의 2023년 미국 소비자 기술 소유권 및 시장 잠재력 연구 보고서(2023 U.S. Consumer Technology Ownership and Market Potential Study)에 따르면, 미국 가구의 스마트 홈 기기 설치는 4억 3260만 대였다. 또한 미국 가구의 19%가 냉장고, 세탁기, 건조기, 식기세척기 등 스마트 가전 제품을 소유하고 있으며, 2023년 기준으로 이와 같은 스마트 가전은 3770만 개 이르렀다.

소비자의 삶의 질에 가장 큰 영향을 미치는 곳은 사람들이 거주하는 주택이다. 가장 오랜 시간을 보내며, 웰빙이 시작되는 곳이기에 스마트 홈 솔루션을 통해 최적의 환경을 설정하기 위한 기술 혁신은 계속되고 있다. 기술의 발전으로 AI 기술을 결합한 IoT를 통해 에너지 효율을 극대화하고, 주거지의 보안과 웰빙을 향상시키고 시간과 비용을 절약할 수 있게 되었다. 더불어 스마트 홈기기를 서로 연결하고 원격으로 제어할 수 있는 기술이 발전하면서 연결하고 제어하고 예측하는 현대 스마트 홈의 진화하는 풍경을 일상에서 경험할 수 있게 되었다.

CES 2024에서도 스마트 홈 및 어플라이언스 관련 기술이 획기적으로 발전한 모습을 볼 수 있었다. 행사에 참여한 기업들은 가정에서부터 시작되는 소비자 욕구 만족을 위해 스마트 홈 디바이스의 자동화 및 기술 개발을 이어갔다. 올해 트렌드는 편리함, 안전, 지속가능성을 중심으로 스마트 홈 솔루션을 통해 주택을 맞춤 설정할 수 있도록 혁신하기 시작했다.

스타트업 나미(nami)는 디지털 센싱 기술을 활용해 집 안에서의 넘어짐, 미세한 움직임 등을 감지하여 소비자에 안전을 책임지는 서비스를 보유하고 있다.

더불어 가스나 연기 감지를 통해 화

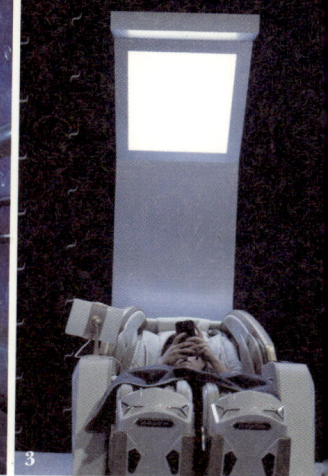

재 예방을 하거나 움직임의 이상 패턴을 확인하여 의료시설에 연결해 주기도 한다. 플릭(Flic)은 스마트홈 컨트롤 '플릭 트위스트(Flic Twist)'를 활용해 조명, 블라인드, 온도 조절 및 집 안에서 음악 재생 루틴까지 조절하여 집을 더욱 편안하고 안전하게 만드는 데 도움을 준다. 이를 통해 여러 기기를 하나의 버튼으로 조정함으로써 소비자에게 간편하고 편리하게 스마트 홈 기술을 경험할 수 있도록 했다.

개방형 생태계 구축 및 AI 기술 부상

스마트 홈의 글로벌 표준 플랫폼을 위해 국내 및 글로벌 기업이 '매터(Matter)' 표준으로 채택하였다. 다양한 디바이스 장치가 제조사별로 운영하던 단일 플랫폼에서 서로 호환되어 운용성을 개선하기 위해 업계를 통합하는 새로운 표준을 만들고 있다. 이를 통해 제품을 연계하여 조정하고 활용할 수 있는 플랫폼을 통해 소비자들은 통합된 경험을 제공받을 수 있게 되었다. 더불어 각 홈 어플라이언스 기기에서 생성된 빅데이터를 기반으로 한 AI 기술이 접목되어 소비자의 패턴을 예측하고 서비스의 혁신을 이루어내고 있다.

AI와 결합한 스마트시티의 미래

AI를 활용한 스마트시티는 주로 시민 참여와 환경친화적 기술 발전을 강조하는 특징을 가지고 있다. 이 혁신적인 트렌드는 기술 강화와 사회적 가치 창출을 중심으로 나뉘며, 시민 중심의 참여가 핵심 역할을 할 것으로 예상된다. AI를 기반으로 한 스마트시티의 진화는 시민 중심의 참여를 강조하며, 플랫폼 구축을 통해 이루어지고 있다. 또한, 환경친화적인 스마트시티를 실현하기 위해 초고속 네트워크인 5G와 6G의 보급 및 클라우드 컴퓨팅의 확대가 이루어지고 있다. 이러한 기술의 적용으로 IoT가 보편화되어 다양한 응용 분야에서 활용될 것으로 예상된다. 스마트시티 시장은 빠른 성장을 지속할 것으로 예상되며, 특히 스마트 교통 분야가 큰 시장 점유율을 차지할 것으로 예측된다.

1. 세계 최초 장거리 스마트 프로젝터인 엑스지미 '호라이즌 맥스'.
2. SK그룹의 수소연료전지로 이동할 수 있는 열차.
3. 바디프랜드 안마의자를 체험하는 관람객.
4. 삼성전자 비스포크 냉장고 패밀리허브 플러스.

주목할만한 스마트홈·시티 KEYWORD

▶ 개인 정보 보안 강화
▶ 삶의 질 개선을 위한 편의성&효율성 증대
▶ 인간과 디바이스, 도시 간 상호작용성 강화

SECTION 2 Tech View

Smart Home·Cities
스마트홈&시티 안전과 편의라는 두마리 토끼를 잡다

Part 1. 스마트시티

스마트시티의 혁신 트렌드는 기술과 사회 두 가지 측면으로 나눌 수 있다. 기술 분야는 스마트시티 기반을 강화하여 발전의 가속화를 기대하고 있고, 사회 분야에서는 스마트시티의 가치를 높여 시민의 삶의 질 향상을 전망하고 있다. 특히 시민 중심의 참여가 스마트시티의 성공을 위한 핵심 요소로 인식되고 있으며, 스마트시티는 시민의 요구를 반영해 시민이 주도하는 도시로 발전할 것을 기대한다.

시민이 참여하는 환경친화적 AI+스마트시티

AI를 활용한 스마트시티의 주요 특징은 시민 참여와 환경친화적인 기술 발전이다. 5G, 6G, 클라우드 컴퓨팅 등이 확대되면서 IoT가 도시의 다양한 분야에 AI가 보급되었다. 이에 스마트시티 시장은 빠른 성장이 예상되며 특히 스마트 교통 분야가 주목받을 것으로 전망된다. 이 혁신적인 트렌드는 기술 강화와 사회적 가치 창출을 중심으로 나뉘며, 시민 중심의 참여가 핵심 역할을 할 것이다. 인공지능(AI)을 기반으로 한 스마트시티의 진화는 주로 시민 중심의 참

2024 10대 스마트시티 트렌드

스마트 모빌리티 20%	공공 안전 및 보안 10%	전자 거버넌스 9%	첨단 폐기물 관리 8%
디지털 시민 18%	스마트 에너지 9%	친환경 도시 계획 8%	스마트 빌딩 8% / 첨단 물 관리 6% / 지능형 농업 3%

자료 StartUs Insights

SK브로드밴드의 이상 징후를 사전에 감지하고 냉방 전력 에너지를 최적화하는 인공지능 데이터센터 인프라 관리(AIDC) 솔루션.

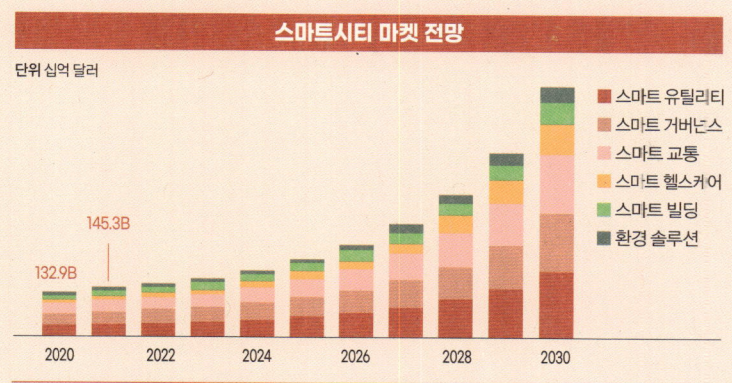

자료: http://www.grandviewersearch.com

여를 강조하며, 플랫폼 구축을 통해 이루어지고 있다. 또한, 환경친화적인 스마트시티 실현을 위해 5G, 6G와 같은 초고속 네트워크의 보급과 클라우드 컴퓨팅의 확대가 이뤄지고 있다. 고도화된 기술 적용으로 사물인터넷(IoT)이 보편화되어 다양한 응용 분야에서 활용될 것이 전망된다. 더불어 스마트시티 시장은 빠른 성장을 지속할 것으로 예상되며, 특히 스마트 교통 분야가 점차 큰 시장 점유율을 차지할 것으로 예측된다.

Part2. 스마트홈

스마트 홈 기술의 미래는 안전과 편의의 균형 유지가 핵심

스마트 홈 기술은 지속해서 발전하여 빠르게 보급되고 있다. 하지만 개인 정보 보안은 그 중요성에 비해 이해도가 낮아 개인 정보 유출 등 안전과 프라이버시 노출 우려가 있다. 대부분의 스마트 홈 장비가 개인 장비로 연결되고 클라우드로 저장되면서 장치 간 호환성과 프라이버시 문제 등이 핵심 이슈로 떠올랐다.

지속해서 진화하는 스마트 홈 기술

스마트 홈 기술은 주거 환경에서 조명, 보안, 온도, 오디오/비디오 시스템 등을 통합하여 주민에게 편의와 안전을 제공하는 데 주력하고 있다. 그러나 일반인들 간의 안전, 보안, 프라이버시에 대한 우려가 증가하고 있다. 또한 스마트 홈은 주로 안전 및 보안에 중점을 두고 있으며, 고급 보안 시스템은 주거 공간을 침입으로부터 보호하고 외출 중에도 감시 기능을 제공한다.

스마트 홈 기술은 안전, 편의, 효율성, 보안을 강화하면서 미래에도 계속해서 진화할 것으로 전망된다. 이러한 기술은 더욱 강력한 보안 시스템과 지능적인 자동화 기능을 통해 주거 환경을 안전하게 유지하면서도 주민들에게 편리함을 제공할 것으로 예상된다. 더불어, 데이터 연결과 IoT 기술의 통합으로 스마트 홈은 더욱 스마트하고 상호 연결된 환경으로 발전할 것이다. 조명 컨트롤러와 같은 제품도 데이터 연결 기술의 통합을 통해 사용자에게 더 나은 경험을 제공하며 시장에서도 새로운 기회를 열어갈 것으로 기대된다.

기업들은 스마트 홈 시장에서의 경

스마트 홈 마켓 전망

2023-2028년 연평균 성장률 (CAGR) 10.0%

향후 6년간 시장 기회
- 2023: 101.7 BN
- 2028: 163.7 BN

오퍼링별 시장 세분화
- 판매 채널
- 제품
- 소프트웨어 및 서비스
- 지역

주요 시장 플레이어
- Johnson Controls(아일랜드)
- Honeywell(미국)
- Siemens(독일)
- Schneider Electric(프랑스)
- ASSA ABLOY(스웨덴)

북미는 예측 기간 동안 가장 큰 지역이 될 것으로 예상된다.

자료: Markets and Markets

SECTION 2　Tech View

아마존 로보택시 '죽스'

> 스마트TV는 스마트 홈 인텔리전스 허브로서 역할을 할 것이다.

쟁력 강화를 위해 보안 및 자동화 기능을 강화하는 데 중점을 둘 것으로 예상된다. 데이터 연결 및 IoT 기술을 적극적으로 채택하여 고객에게 향상된 경험 제공을 주력할 것이 전망된다. 조명 컨트롤러 등의 제품에서는 내장된 데이터 연결 기능을 증가시켜 새로운 시장을 발굴·개척할 기회를 찾아 기술 혁신에 주도적으로 참여할 것이다. 더 나아가 사용자 교육 및 인식을 높이는 데도 투자하여 시장 확대에 기여할 것이 기대되며, 서로 다른 회사 간의 장치 호환성 문제를 개선하는 표준화 노력에도 참여하여 스마트 홈 생태계의 효율성을 향상할 것이다.

스마트 TV의 미래는 가정의 지능적 허브

스마트 TV 시장은 지속 성장하고 있으며, 앞으로는 인공지능(AI) 기능과 연결성이 추가되어 TV가 가정에서 지능적인 중심 기능 역할을 할 것

으로 예상된다. 스마트 TV의 발전은 소비자들에게 더욱 풍부한 경험과 편의성을 제공할 뿐만 아니라, TV를 단순 가전제품이 아닌 스마트 홈 인텔리전스 허브로의 더욱 중요한 위치에 세울 것이다. CES 2024에서도 TV가 인텔리전스 허브 역할을 할 것이 강조되었다.

미국 스마트 TV 시장의 2024년 추산 규모는 3187만 대로 예상되며, 2029년까지 연평균 성장률(CAGR) 1.7%에 따라 3468만 대까지 성장할 것으로 전망된다. 이러한 성장은 OTT 서비스 사용 증가와 스마트 TV의 수요 증가, 미-중 무역 분쟁에 대비한 안전 재고 확보를 위해 중국

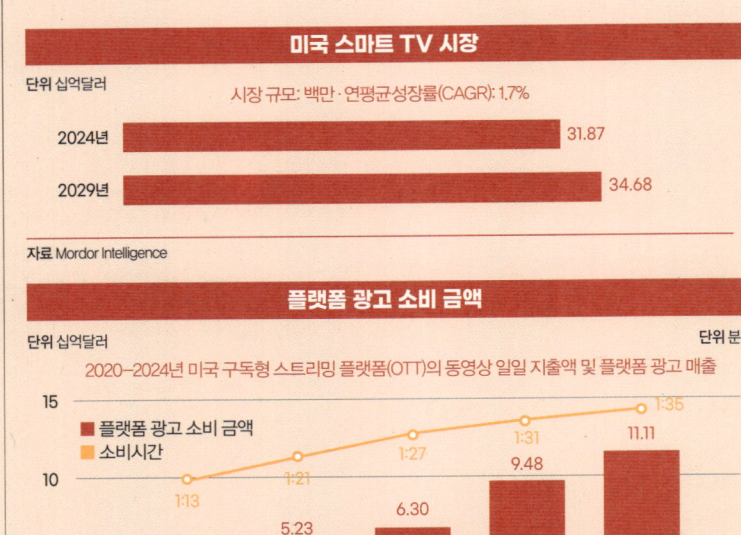

제조 의존 공급업체가 출하량을 확대하는 것 이상 두 가지 주요 요인에 기인한다.

5G 기술의 보급으로 스마트 TV는 고해상도 스트리밍과 상호작용성을 강화하여 소비자들의 만족도와 더 높은 기대를 충족하고 있다. 미래에는 인공지능(AI) 및 홈 자동화 기능이 통합된 스마트 TV가 더욱 증가할 것으로 예상되며, 이는 시청 경험을 혁신적으로 변화시킬 것으로 예측한다.

구독형 스트리밍 플랫폼, 광고 도입 시작

미국의 구독형 스트리밍 플랫폼(이하 OTT)인 Netflix와 Disney+는 수익성 제고를 위해 광고를 도입했지만, 다른 대부분의 OTT는 여전히 광고 서비스를 지원하지 않는다. OTT의 광고 로드는 기존 TV에 비해 작고, 짧은 광고 시간으로 시청자에게 매력적으로 다가간다. 이러한 특성으로 인해 OTT는 광고를 통해 점진적으로 수익을 얻고, 광고비용 역시 결국 시간이 지나감에 따라 수익이 지출을 따라잡게 될 것으로 전망된다.

OTT들은 사용자 경험 향상을 위해 개인화 광고 전략을 채택 중이다. 이는 사용자들의 시청 기록, 관심사, 검색 패턴 등을 분석하여 타기팅한 광고를 제공함으로써 광고 효율을 높이고 광고 로드를 최적화하는 데에 기여하고 있다.

> **INSIGHT**
>
> # CES 2024에서 주목받은 스마트 홈 제품 및 서비스
>
> ### 1 LG 스마트 홈 인공지능(AI) 에이전트
>
>
>
> LG의 스마트 홈 AI 에이전트는 로봇, AI, 그리고 멀티모달 기술을 자랑하여 다양하고 복잡한 작업에 능숙하게 움직이고 학습하며 사용자와 소통한다. '두 다리' 휠 디자인은 독립적인 이동이 가능하며, 다리 관절을 활용한 다양한 감정 표현으로 사용자와의 상호작용이 가능하다.
>
> ### 2 하이센스 스마트 빌트인 식기세척기
>
>
>
> 글로벌 가전제품 기업인 하이센스의 스마트 빌트인 식기세척기는 사용자가 접시를 넣고, 청소 프로그램을 선택하면 자동으로 식기 수를 파악해, 식기 세척에 필요한 정확한 양의 세제를 자동으로 투입해 작동한다. 비용 효율성을 개선한 스마트한 기능과 디자인으로 호평을 받고 있으며 중국 제품으로 상대적으로 저렴한 가격으로 북미 시장을 공략 중이다.
>
> ### 3 삼성 QD-OLED 게이밍 모니터 2024년형
>
>
>
> 2024년형 삼성 QD-OLED 게이밍 모니터는 360Hz 재생률이 특징이다. QD-OLED 모니터 하나에는 QHD 해상도와 110ppi 픽셀 밀도를 갖춘 27인치 화면이 있고, 다른 모니터에는 4K 해상도, 140ppi 픽셀 밀도, 360Hz 기본 새로 고침 빈도를 갖춘 31.5인치 화면을 제공한다. OLED 모니터 부문에서 업계 최고 주사율을 선보이고 있다.
>
> ### 4 ISP Evo
>
>
>
> ISP에서 출시한 Evo는 홈 시어터를 위한 최초의 순수 디지털 몰입형 사운드 프로세서다. 컴팩트한 모듈식 고성능 스피커 시스템에 대한 직접 디지털 인터페이스를 갖추고 있어 Storm Audio 관리를 원하는 최고급 오디오 솔루션을 찾는 홈 기술 전문가 및 기술자에게 적합하다.

SECTION 2　Tech View

온디바이스 AI가 XR 시장 혁신 이끈다

온디바이스 AI 기술의 발전은 XR 시장을 더욱 혁신, 활성화시킬 것으로 전망된다. 이러한 기술의 발전은 사용자 경험을 향상시키고 다양한 응용 분야에서 혁신을 이끌어낼 것으로 예상된다.

Metaverse & Web3.0

메타버스 핵심기술

5G
인공지능(AI)
가상현실(VR)
증강현실(AR)

메타버스 시장의 주목할만한 내용

- 핵심 기술 발전으로 상용화되는 메타버스
- 온디바이스 AI 발전으로 XR시장 활성화
- 메타버스 콘텐츠 중요도 ↑

게리 샤피로 CTA 회장은 메타버스 산업의 인기가 2023년에 비해 다소 시든 것이 아니냐는 질문에 대해 "메타버스는 우리가 미래를 향해 가고 있는 개념을 대변한다. 때가 되기 전인데 논의되는 주제들이 많다. 어떤 제품이 성공하고 어떤 제품이 실패하는지는 시장이 결정할 것이다. 메타버스는 지금 현실에서 막 성장하고 있기 보다는 진화하고 있는 영역이라고 본다"고 답변했다.

실제 메타버스는 '공간컴퓨팅'으로 진화 중인 것으로 보인다. 현실과 가상을 연결하는 가상 세계로, 게임, 교육, 엔터테인먼트, 비즈니스 등 다양한 분야에서 활용될 것으로 예상한다. 5G, 인공지능(AI), 가상현실(VR), 증강현실(AR) 등 핵심 기술의 발전으로 메타버스 구현이 점점 더 실제적으로 가능해지고 있다. 메타버스 시장의 잠재력을 인식한 기업들은 투자를 확대하고 있다. 특히 애플의 새로운 MR 장비가 2024년 2월에 공식 출시 발표된 상황이며, 2024년도는 메타버스의 새로운 이정표가 될 수도 있다. 애플 뿐 아니라, 하이센스, TCL 등 중국 가전 업체들이 대부분 스마트 글래스를 전시했다. 이들은 CES 2024에서는 더 나은 화질, 경량화, 증강 현실 기능 강화 등 다양한 측면에서 스마트 글래스의 진화된 버전을 선보였다. 애플의 비전프로 출시가 예고된 상황에서 향후 메타버스 플랫폼을 장악하기 위해 다양한 관련 기기 및 플랫폼이 등장할 것으로 전망한다.

메타버스 세계에서는 하드웨어 뿐만 아니라 컨텐츠도 중요하다. 메타버스는 현실과 가상을 연결하는 가상 세계로, 게임, 교육, 엔터테인먼트, 비즈니스 등 다양한 분야에서 활용될 것으로 예상된다. 예로, 넷플릭스가 최초로 CES 2024에 참여하며 신규 컨텐츠를 XR 장비를 통해 즐길 수 있는 체험공간을 마련했다. 향후 메타버스 분야에 대한 컨텐츠 기업의 관심을 확인해 볼 수 있는 부분이다.

상용화로 활성화되는 메타버스 시장

그렇다면 메타버스는 다시 부활할 것인가? CES 2024에 참여한 메타버스 관련 기기와 콘텐츠들은 여전히 초기 단계였다. 하지만 전문가들은 온디바이스 AI 발전이 XR 시장을 활성화시킬 것으로 예측하고 있으며, 콘텐츠 기업들의 참여 확대 등 구체적 상용화 사례가 등장하면서 성장의 가능성이 기대된다. 온디바이스 AI의 도입은 XR(eXtended Reality, 확장현실 및 가상현실) 기기의 미래 발전을 주도하는 핵심 요소 중 하나로,

XR 기기의 성능 및 기능을 향상시킬 것으로 기대된다. 온디바이스 AI는 XR 산업에 혁신적으로 기여할 것으로 보인다.

최적화 또는 전문화된 신경망 모델을 통해 온디바이스에서 지능적인 의사결정을 가능하게 해 성능을 향상시키고 에너지 소비를 최소화한다. 사용자의 개인 정보와 보안을 강화하면서도 향상된 개인화된 경험을 제공할 수 있어 XR 디바이스 사용자들에게 높은 수준의 편의성과 안전성을 제공할 것으로 예상된다. 온디바이스 AI는 XR 기기의 응용 분야에서 음성 및 이미지 처리, 모션 추적, 현실감 있는 콘텐츠 제공 등에 적용돼 더욱 현실적이고 진화된 사용자 경험을 가능케 할 것으로 기대한다.

글로벌 시장에서 선도적 역할 기대

온디바이스 AI의 지속적인 발전으로 인해 XR 산업은 향후 혁신적인 전망이 기대된다. 최적화된 신경망 모델을 활용함으로써 에너지 효율성이 향상되며, 사용자의 프라이버시와 보안이 강화될 것으로 예상된다. 이로써 XR 디바이스는 높은 성능과 동시에 안정성 및 개인화를 제공할 것이다.

음성 및 이미지 처리, 모션 추적 기술의 발전으로 XR 기기는 다양한 응용 분야에서 현실적이고 몰입감 있는 사용자 경험을 실현할 수 있을 것이다. 이러한 기술적 진보는 XR 산업이 지속적인 성장과 글로벌 시장에서의 경쟁에서 선도적인 역할을 하게 될 것으로 전망된다.

이러한 전망을 위한 실행방안은 다음과 같다. 개인 정보 보호 및 보안 강화를 위해 안전한 온디바이스 AI 시스템을 구축함으로써 사용자의 신뢰를 확보한다. 음성 및 이미지 처리, 모션 추적 기술을 활용해 XR 디바이스의 성능을 향상시키며 현실적이고 몰입감 있는 콘텐츠를 제공하는데 집중한다. 비용과 에너지 소비를 줄이는 방안을 탐구해 경제적이고 지속 가능한 온디바이스 AI 솔루션을 개발한다.

웹 패러다임 확립에 도전 제시

웹 3.0은 의사결정 구조가 분산화된 형태를 지향하는 블록체인 경제가 중앙화되는 역설적인 상황이 발생하고, 글로벌 거시경제 상황이 투자시장에 불리하게 형성되면서 위축됐다. 특히 중앙화 현상은 블록체인과 암호화폐의 기본 원칙을 훼손하고, 탈중앙화된 웹의 이점을 제한하면서 보안 문제와 함께 철학적인 문제를 제시했다. 하지만 최근 미국 증권거래위원회(ETF)의 현물 비트코인 상장지수펀드(ETF) 승인으로 향후 시장 활성화가 예상된다.

1. SK텔레콤 메타버스 서비스 '이프홈'.
2. 넷플릭스의 XR 기기.

웹 패러다임의 종류와 변화			
	웹 1.0	웹 2.0	웹 3.0
소통방식	읽기만 가능	읽기·쓰기	읽기·쓰기·소유
운영주체	회사·개인	거대 플랫폼	네트워크
인프라	개인컴퓨터	클라우드·모바일	블록체인·메타버스
운영권한	탈중앙화	중앙화	탈중앙화

SECTION 2 Tech View

메타버스 & 웹3.0

산업 분야 이끄는 차세대 혁신의 중심 XR기술 & 메타버스

확장 현실 시장 규모, 2021~2023년
단위 십억달러

- 2021: $26.4
- 2022: $35.14
- 2023: $46.76
- 2024: $62.24
- 2025: $82.83
- 2026: $110.24
- 2027: $146.72
- 2028: $195.28
- 2029: $259.9
- 2030: $345.9

자료 www.precedenceresearch.com

XR 기술과 메타버스는 IT 업계에서 주목받으며, 차세대 혁신의 중심으로 떠오르고 있다. 사용자 경험의 차별화와 기업의 수익 극대화가 핵심 고려 사항으로, 몰입감과 모빌리티의 구동성 확장이 XR의 성공을 결정하는 중요한 요소로 간주된다.

XR 기기는 VR과 AR로 나누어지며, 각각의 형태는 장단점을 가지고 있다. 최근에는 VR과 AR의 장점을 결합한 MR 기술이 등장했다. XR 산업은 다양한 시도를 통해 사용자 경험을 높이고 있으며, 애플의 참전으로 XR 시장이 더욱 주목받게 될 전망이다. XR은 확장 현실 기기로 다양한 분야에서 활용되며, 향후 5G 투자와 함께 대중화되어 가격 하락과 콘텐츠의 품질 향상이 기대된다.

산업 분야 혁신 이끄는 XR&메타버스

XR 기술과 메타버스는 차세대 혁신의 중심에서 더욱 발전하여 다양한 산업 분야에서 혁신을 이끌 것으로 예상한다. 5G의 확대로 인해 XR 기기의 성능이 향상되며, 가격 하락과 함께 대중화가 가속화될 것으로 전망한다.

새로운 사용자 경험과 혁신적인 서비스가 등장할 것이 기대되며 XR 기기의 콘텐츠와 서비스 영역은 성장세를 유지하고 다양한 산업에서 응용이 더욱 증가할 것으로 전망한다. 전반적으로 XR 기술은 더 나은 현실감과 차별화된 경험을 제공하여 디지털 세계와 현실 세계를 융합하는 새로운 시대를 열 것이다.

XR 기술 성장을 위한 기업의 전략

기업들은 XR 기술의 미래 성장을 고려하여 다음과 같은 전략을 고려할 필요가 있다. 사용자 경험의 향상과 관련된 새로운 기능 및 서비스 개발에 투자해야 한다. 또한 XR 콘텐츠와 서비스의 다양성을 확장하고, 혁신적인 콘텐츠 제작을 통

1

해 경쟁우위를 확보해야 한다. 적절한 가격 정책과 함께 XR 기기의 대중화를 촉진하는 전략을 수립하는 것도 중요하다. 기업 간의 협업과 파트너십을 강화하여 XR 기술 생태계를 발전시켜야 하며, 보안 및 개인정보 보호에 대한 신뢰성 확보에 중점을 두어 사용자들에게 안전한 XR 환경을 제공해야 할 필요가 있다.

실패와 부진 속 XR 기기의 변화와 전망

XR 기기 시장은 지난해 메타 퀘스트 프로(Meta Quest Pro, 이하 메타 퀘스트 프로)의 실패, PSVR2의 부진, 그리고 애플 비전 프로(Apple Vision Pro)의 출시 지연으로 인해 2023년에는 예상보다 낮은 성장률을 기록했다. 그러나 2023년 10월에 출시된 메타 퀘스트3(Meta Quest3, 이하 메타 퀘스트3)와 2024년 2월 예정된 애플 비전 프로(Vision Pro, 이하 비전 프로)를 포함한 새로운 제품군의 출시를 통해 1588만 대 수준의 판매량을 기록할 것으로 전망한다.

새로운 XR 기기 출시로 기대되는 시장 확장과 산업 시너지

메타가 2022년 하반기에 출시한 메타 퀘스트 프로는 높은 가격과 성능 개선의 한계로 인해 시장에서 전혀 주목받지 못했고, 전체 XR 시장의 성장 둔화를 초래했다. 최근에 출시된 메타 퀘스트3은 다소 발전한 모습이다. 전반적인 하드웨어 향상과 함께 합리적인 499달러라는 가격으로 초기에 판매 호조를 기록했다. 특히 512GB 버전은 예상보다 수요가 많아 글로벌 시장에서 약 한 달 이상의 출하 지연이 있었고, 2023년에 약 680만 대의 XR을 기록할 전망이다. 2024년에는 메타 퀘스트3의 판매 호조로 1120만 대를 기록해 다시 성장세를 보일 것으로 전망한다.

2024년 애플의 새로운 XR 기기인 비전 프로 출시도 XR 기기 시장의 확장에 청신호를 밝히고 있다. 비

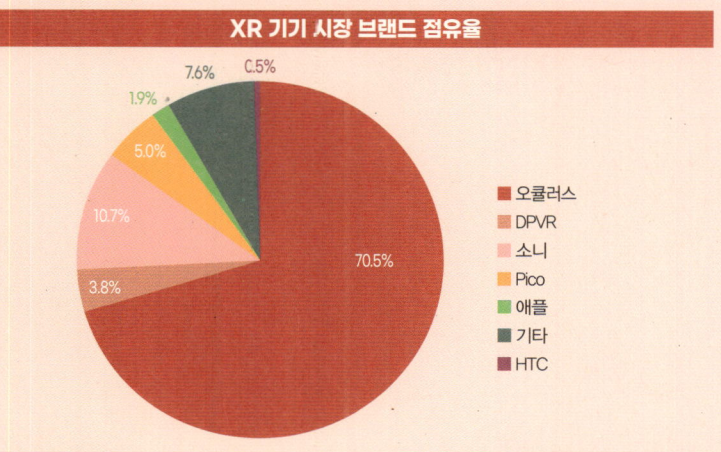

1. P&G 솔루션 전시관을 찾은 관람객.
2. 칼리버스 체험관.
3. 메타버스 체험공간 '르노코리아허브'.

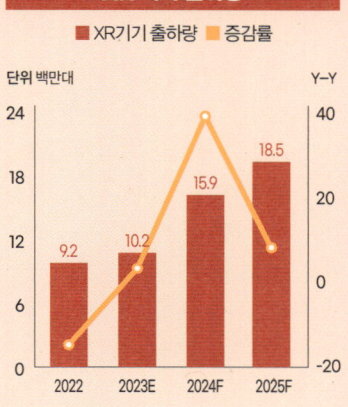

SECTION 2 Tech View

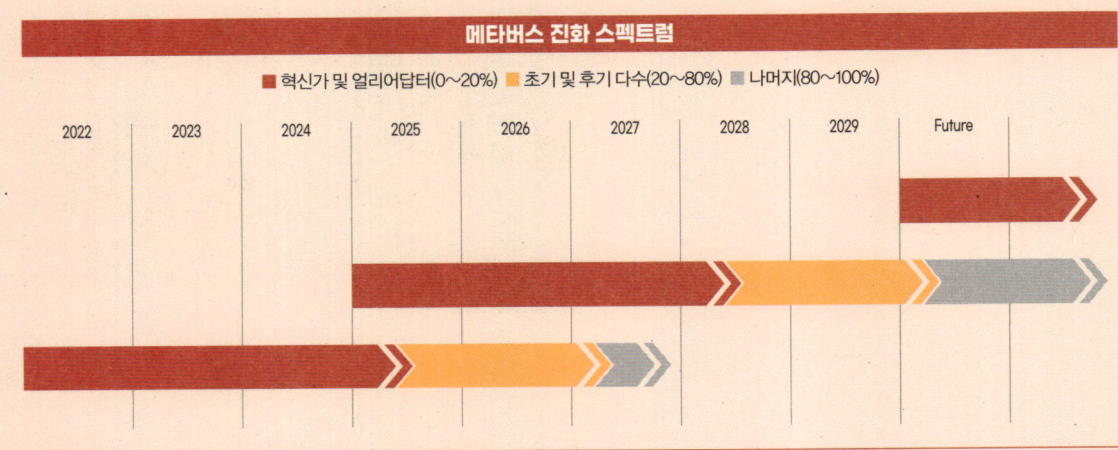

자료 Gartner

전 프로는 기존 애플 아이폰과 연동되어 다른 산업과의 시너지 효과가 기대된다.

애플의 비전 프로는 M2와 R1칩, 512GB NAND 및 12GB RAM과 같은 주요 하드웨어 사양을 갖추고 있다. 디스플레이는 1.3인치의 OLEDoS 8K이며, 14개의 카메라 모듈 중 2개는 3D 센싱을 포함한다. 출시일 연기는 관련 콘텐츠의

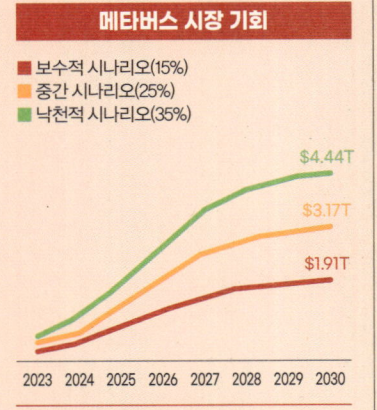

자료 Statista Advertising & Media Market Insights

2030년까지 전 세계에서 7억명이 메타버스를 활용할 것으로 예측한다. 이는 현 상황에서의 발전 가능성을 나타낸다.

개발에 중점을 둔 결과로 보이며, 현재는 헬스케어, 게임, 생산성 관련 애플리케이션을 개발 중이다. 애플 CEO 팀 쿡은 놀랄 만한 콘텐츠가 많다고 언급했다. 애플 비전 프로의 2024년 예상 출하량은 약 20만~30만 대 수준이며, 전체 XR 기기 시장에서의 비중은 작지만, 애플의 산업 파급력을 고려하면 관련 시장이 빠르게 성장할 것으로 기대한다. 하지만 소비자들이 3500달러라는 고가 장비를 얼마나 구매할지가 관건으로 보인다.

이처럼 애플, 삼성전자, 구글, 중국 IT 기업들의 시장 진출로 2025년부터 2026년에는 XR 기기 시장이 본격적인 성장 가도를 달릴 것으로 예상된다. XR 기기와 스마트폰의 연동을 통해 스마트폰의 성장 정체를 탈피하고 새로운 IT 기기의 등장으로 새로운 성장과 시장이 형성될 것으로 전망한다.

2030년까지 전 세계 7억명이 메타버스를 이용할 것으로 전망

스태티스타(Statista)의 통계에 따르면, 이미 디지털 경제의 15%가 메타버스로 이동한 상황이다. 2030년까지 전 세계에서 7억 명이 메타버스를 활용할 것으로 예측한다. 이는 현 상황에서의 발전 가능성을 나타낸다. 메타버스의 확장은 다양한 산업과 사용자 경험에 혁신을 가져올 것으로 예상되며, 이를 통해 전 세계적으로 많은 인구가 가상 현실을 즐기게 될 것으로 보인다.

메타버스 시장 성장 전망

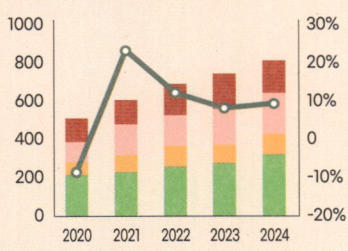

자료: Bloomberg Intelligence, Newzoo, IDC, PWC

이 차트는 현재부터 2030년까지 메타버스 시장의 여러 시나리오를 보여주며, 가장 낙관적인 시나리오에서는 메타버스 시장이 2030년까지 10조 달러에 이를 것으로 예상한다. 가장 비관적인 시나리오에서는 메타버스 시장이 2030년까지 1조 달러에 불과할 것으로 예측한다.

메타버스는 2030년 이전에 완전한 성숙을 이루지는 않겠지만, 초기, 진보, 성숙의 3단계를 거쳐 발전할 것으로 예상한다. 이에 따라 기술 제품 리더들은 지금부터 메타버스의 발전을 평가하고 기회를 찾아야 할 것이다.

따라서 시장의 완전한 성숙기가 도래하기 전에 행동하는 것이 중요하다. 메타버스의 잠재력은 혁신과 기술적 발전을 통해 나타날 것이며, 이를 통해 기술 제품 리더들은 미래에 대한 전략을 수립할 필요가 있다.

INSIGHT

CES 2024에서 주목받은 메타버스 제품 및 서비스

1 애플 비전 프로

애플의 비전 프로는 M2와 R1칩, 512GB NAND 및 12GB RAM과 같은 주요 하드웨어 사양을 갖추고 있다. 디스플레이는 1.3인치의 OLEDoS8K이며, 14개의 카메라 모듈 중 2개는 3D 센싱을 포함한다. 출시일 연기는 관련 콘텐츠의 개발에 중점을 둔 결과로 보이며, 현재는 헬스케어, 게임, 생산성 관련 애플리케이션을 개발 중이다. 가격은 3500달러다.

2 메타 퀘스트3

퀘스트3는 2023년 6월 1일에 출시된 퀘스트 3세대 모델의 VR 이자 첫 보급형 MR 헤드셋이다. 정면 중앙에 깊이 센서가 추가 되었고, 4백만화소의 RGB 카메라가 정면에 두 개, 트래킹용 흑백 카메라가 측면에 2개, 정면에 2개 배치되었다. 핸드 트래킹으로 AI가 손 자체의 움직임을 인식하고 추적하여 컨트롤러 트래킹을 보완한다. 가격은 499달러다.

3 모트렉스 InCabin XR Box

모트렉스 인캐빈 XR BOX는 자율 목적 차량(PBV) 셔틀에서 게임과 대화형 가이드 투어가 가능하다. 테마파크 라이딩 스타일을 본뜬 박스형 극장 모양의 좌석 배열을 자율 셔틀 분야에서 최초로 구현했다. 라이더가 셔틀 내부에서 콘텐츠를 경험할 수 있도록 '이동성의 메타버스'라는 디자인 콘셉트를 수용했다. CES 2024 혁신상을 수상했다.

4 Kura AR 안경

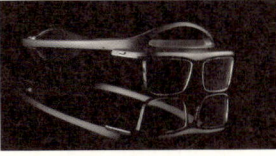

CES 2024에서 혁신상을 수상한 쿠라의 AR 안경은 150도의 시야각을 가졌다. 시각적, 음성, 모션 및 제스처 입력을 결합하여 사용자의 워크플로와 활동을 강화하는 다중 모드 AI 플랫폼과 API를 개발하는 과정에 있다. TSMC(세계 최대 반도체 제조업체)와의 파트너십을 통해 제작했으며 쿠라의 맞춤형 디자인이 인상적이다.

SECTION 2 Tech View

인류 과제 해결 어벤저스 기술로 미래를 지킨다

글로벌 식량 안보부터 기후 변화, 에너지 문제까지 기술로 당면한 인류 과제를 해결하려는 움직임은 가속화되고 있으며, 이번 CES 2024에서는 음식자판기와 스마트팜이 큰 주목을 받았다.

Sustainability

39위
1위는 핀란드
세계식량 안보지수에서 우리나라는 안전하지 않다

38%
아직도 석유가 에너지 비중에서 차지하는 비중은 가장 높다

3000만†
빙하 1조 톤은 미국 맨해튼 전체 면적을 뒤덮고도 남을 양이다

지속가능성과 관련해 주목하는 분야는 식량안보와 환경, 에너지 전환, 규제 변화 등 크게 4가지다.

먼저, 식량 안보 문제부터 살펴보면 현재 글로벌 식량시장의 블록화는 향후 지역별 식량 위기를 심화할 위험 변수로 꼽히는 상황이다.

또한 미·중 패권 경쟁, 기후 변화에 따른 신규 물가 사이클 등이 글로벌 식량 시장에 영향을 미치고 있어 기업들은 안정적인 공급망 및 생산 전략을 강조하기 시작했다.

식량안보는 CES의 인간안보와 연결돼 친환경, 넷제로, 애그테크, 푸드테크 등을 통해 기술 혁신으로 위기를 극복하려는 경향이 강하게 나타났다.

곡물 수급 변동성 증가, 기후 문제 해결도 시급

지속가능성 분야에서 기후변화 완화 실패는 중장기적으로 가장 빠르게 악화되는 위험이라는 시각이 팽배하다. 지구에 기후 문제 안전지대는 없다. 특히 '기후변화 완화 실패'는 위험 준비가 부족한 상태다.

2024년 엘니뇨로 인해 일부 지역의 기온 상승이 예상되는 가운데 이로 인한 식량 위기 초래 역시 불가피하다는 전망이다.

그래서 기업들은 기후 변화 대응을 강화해야 한다는 목소리를 높이고 있다. 대책은 친환경 기술 및 지속가능한 비즈니스 모델을 채택해 기후 영향을 최소화하고, 환경적 책임을 다져야 한다는 쪽으로 가닥을 잡고 있다. 또한 기업 간의 협력과 지역 사회와의 연계를 강화하여 기후 위험에 대한 종합적인 대응책을 마련할 계획이다. 환경 리더십을 통한 녹색 투자 및 환경 규제 준수도 우선 고려 사항인데 최종적으로는 지속 가능한 비즈니스 전략 수립과 그 실행이 필요하다.

기후 변화 외에도 곡물 수급 상황에 영향을 미치는 요소는 또 있다. 최근 흑해 곡물협정 종료 뒤 미국과 중국 간 관계가 긴장되면서 세계 무역에 미치는 영향을 우려하는 목소리가 높아지고 있다. 대만 총통 선거에서 친미파로 분류되는 라이칭더 민주진보당(민진당) 후보가 당선되면서 미중 갈등의

1

골은 더 깊어지리란 전망도 나오고 있다. 이런 불확실성이 늘어나면 곡물 시장 혼란 발생도 피할 수 없어 지역별로 곡물 재고 수요는 늘어나게 된다.

일본 후쿠시마 원전 방류로 일본 수산물 소비량은 감소하고 관련 소비량 증가가 예상되는 가운데 육류 수요가 갑작스럽게 증가할 경우 수산물 가격 상승에 따른 후폭풍을 염려하는 목소리도 높다.

기업들은 글로벌 경제 상황의 불확실성을 고려한 전략 수립이 필요하다. 시장 참여자들은 수급과 수요와 공급 변화를 모니터링해야 한다. 글로벌 곡물 시장의 불확실성에 대비해 유연한 생산 및 공급체계 구축 및 효율적인 물류 및 공급망 관리 강화에 힘써야 한다.

패권 경쟁에 따른 새로운 물가 사이클 진입

글로벌 패권 경쟁에 따른 블록화로 인해 에너지와 공급망 통제가 진행되고 있어 물가상승 압력이 작용하는 것도 눈에 띄는 변화다. 수급 변동성, 재배 비용 증가, 수출 비용, 운반 소요 시간의 증가 등으로 물류 병목 현상 발생 가능성이 높다. 탈세계화에 미·중 패권 경쟁 심화, 기후 변화 등은 새로운 물가 사이클 진입 가능성을 높여왔다. 안보와 지정학적 이슈는 2024년에도 가속화될 전망이다. 지정학적 리스크 및 정치적 불확실성에 대비하고 수입처를 늘리거나 공급 안정성을 확보할 방안도 마련해야 한다. 더불어 결제 수단을 다양화하거나 관련된 투자 전략으로 비즈니스 안정성을 높이려는 움직임도 생각해볼 필요가 있다.

글로벌 에너지 산업 패러다임 변화

글로벌 에너지 산업은 화석연료에서 태양광, 풍력, 수소 등으로의 이행으로 근본적인 변화를 겪고 있다. 이러한 대체 트렌드는 에너지 소비 증감 및 탄소 저감과 상관없이 지속된다. 관련 산업은 이제 수익 모델로 자리 잡았고 올해 CES는 이를 확인할 수 있는 자리였다.

미국은 중국의 태양광 밸류체인에서 독립해 국내 태양광 생산 능력을 갖추기 위한 적극적인 노력을 기울이고 있다. 바이든 정부는 2035년까지 전력 생산량의 40%를 확장하는 목표를 세우고, IRA의 ITC, PTC, AMPC 등을 활용해 규모를 확대했다. 물론 11월 미국 대선 결과에 따라 향후 움직임은 달라질 수밖에 없다. 중국은 견조한 수요 성장과 과잉 생산능력으로 수출 필요성이 있지만 미국의 탈중국 정책과 유럽의 에너지 안보 우선 정책이 단기적인 부담 요인으로 작용할 것으로 예상된다.

유럽은 러시아-우크라이나 사태 이후 에너지 안보와 자립이 중요시되고 있으며, 태양광 산업에서도 지역내 설치를 우선시하고 있는 추세다.

1.
한국 연구 시설 데이원랩(Day1Lab)의 친환경 전분 기반 플라스틱 대체품인 리타치(Retarch)는 푸드테크로 CES 2024 혁신상을 수상했다.

2.
잭커리는 태양 추적형 이동식 충전 로봇인 솔라마스 봇을 CES 2024에서 최초로 공개했다.

3.
캐터필라의 고생산성, 배기가스 배출 제로 로더인 R1700 XE를 포함한 전기 기계 및 에너지 솔루션.

500
올해 참가한 지속가능성 분야 기업의 수

그 외 에너지 전략 분야 503개 기업, 푸드테크 88개 기업 등이 관련 분야의 혁신적 제품과 서비스를 대거 선보였다.

SECTION 2 Tech View

Sustainability
지속가능성을 중심으로 더욱 발전하는 기술

전 세계적으로 환경과 에너지전환, 규제변화 등을 중심으로 지속 가능성에 주목하는 변화의 물결이 일고 있다. 글로벌 에너지 산업은 화석연료를 대체하는 에너지원 개발이 최고조에 이르렀으며 AI 데이터센터 구축을 둘러싼 효과적인 전력 수급 방안 역시 힘을 얻고 있다. 아울러 각 기업은 존속과 가치에 영향을 미치는 ESG 경영 도입에 지속해서 나설 전망이다.

화석연료에서 태양광·풍력·수소로

글로벌 에너지 산업이 화석연료에서 태양광, 풍력, 수소 등에 집중하며 근본적인 변화를 맞이하고 있다. 이러한 대체는 에너지 소비 증감이나 탄소 저감과 상관없이 지속될 예정이며 관련 산업 역시 수익 모델로서 공고히 자리 잡았다.
대표적인 예로, 미국은 중국의 태양광 밸류체인에서 독립해 자체 태양광 생산 능력을 갖추려는 노력을 기울이고 있다. 바이든 정부는 2035년까지 전력 생산량의 40%를 확장하겠다는 목표를 세우고 IRA의 ITC, PTC, AMPC 등을 활용해 규모 확대에 나섰다. 한편 중국은 견조한 수요 성장과 과잉 생산으로 수출 필요성이 다분하나 미국의 탈중국정책과 유럽 에너지 안보 우선 정책이 단기적인 부담 요인으로 작용할 전망이다.

화석연료 탈피와 대체 에너지로의 전환

글로벌 에너지 산업의 미래는 화석연료 탈피와 태양광, 풍력, 수소 등 비화석연료로의 전환이 키워드라고 할 수 있다. 이로써 수요와 공급, 에너지 형태에 있어 큰 변화가 예상된다. 또한, 에너지 사용 변동, 탄소 저감 속도 증가, 지속적인 화석연료 사용 감소와 대체 등에 집중하는 경향을 보인다.
에너지 산업에서 가장 빠르게 성장하고 있는 태양광 에너지는 특정 지역에 의존적인 풍력이나 수력 발전과 달리 일정한 일몰과 일출에 따라 예측이 가능하고 안정적인 공급 소스다. 따라서 태양광 기술의 지속적인 혁신이 이뤄지고 있으며, 현재 야간에도 에너지를 생성할 수 있는 기술까지 개발 중이다.
세계 에너지전환의 흐름에 따라 미국은 에너지 활용도를 향상하는 부유식 해상풍력발전소 확대에 박차를 가하고 있다. 바이든 행정부에서 2035년까지 15GW의 부유식 해상풍력 달성을 목표로 하는 배경이다. 또한, 풍력단지에선 인공지능 기술을 도입해 터빈 방향을 효율적으로 관리하고, 총 에너지 생산량을 높일 계획이다. 같은 맥락으로 예측 기술을 활용해 풍력뿐 아니라 다양한 에너지원의 생산성 또한 개선하고자 하며 다른 신기술

글로벌 에너지 산업의 패러다임 변화 화석연료에서 태양광, 수소로 근원적 전환

CES 2024에서 공개된 현대자동차의 수소 생태계 전시물.

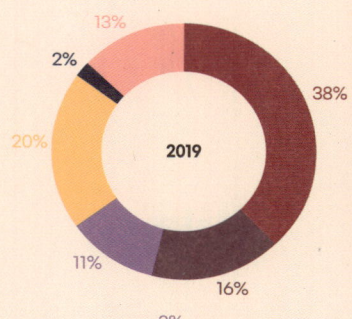

연료별 글로벌 에너지 소비 비중
- 오일
- 천연가스
- 석탄
- 전기
- 하이드로젠
- 기타

2019

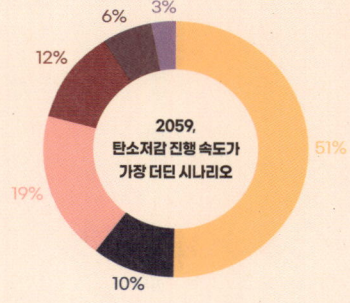

2059, 탄소저감 진행 속도가 가장 더딘 시나리오

자료 BP 2023 Energy Outlook

CES 2024에서 SK는 '지속가능한 행복' 체험 공간을 전시했다.

과 결합해 효율적이고 안정적인 에너지 발전이 가능하도록 도모해 나갈 예정이다.

최근 수소연료에 관한 관심이 대폭 증가하면서 생산 비용 문제 해결을 위한 기술적 발전이 이뤄지고 있다. 특히 물과 세라믹 대신 스팀을 활용해 낮은 온도에서 생산하는 혁신적인 공정을 도입하면서 수소연료의 에너지 효율은 최대 50%까지 향상했다. 더 나아가 미국에선 일명 하수구 가스로 일컫는 황화수소를 활용한 수소 생산 방식을 발견했다. 이러한 기술적 진보는 수소 경제의 지속가능성을 높이는 동시에, 친환경 수소 대중화에 이바지할 계획이다.

AI가 불러일으킨 에너지 대란

AI 데이터 센터 구축은 고성능 반도체를 고가에 구매하는 지출을 충분히 감안할 만큼 미래 생존에 필수적인 투자로 여겨지고 있다. 다만 AI 서버에 탑재하는 학습용

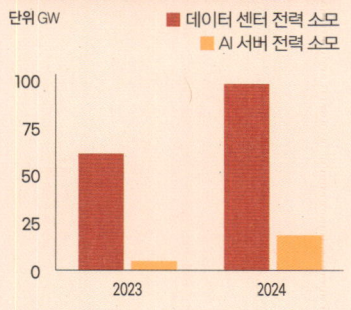

AI 데이터 센터 전력 소모 비교
단위 GW
- 데이터 센터 전력 소모
- AI 서버 전력 소모

자료 Schneider electric

GPU(H100, A100)는 매개 변수 수백억 개를 신속하게 처리하는 만큼 일반 서버용 반도체보다 전력 소모가 크다.

이처럼 슈퍼컴퓨터 구축은 예산뿐 아니라 치솟는 전력 요금으로도 부담을 주고 있다. 발전소에서 데이터 센터에 공급한 전력량 또한 수요를 맞추지 못하는 실정이다. 프랑스의 세계적인 에너지 관리 전문 기업인 슈나이더 일렉트릭(Schneider Electric)에 따르면 2023년 AI 데이터 센터의 전력 수요는 4.3GW로, 일부 작은 국가의 전체 전력 수요에 가까우며 2028년엔 13.5~20GW까지 상승할 것으로 내다봤다.

심지어 각 국가와 기업의 AI 데이터 센터 투자 수요는 예상치를 뛰어넘을 가능성이 높다. AI데이터 센터의 트래픽 증가는 일반 데이터 센터와 엣지 데이터 센터의 처리 능력을

SECTION 2 — Tech View

자극해 전 세계적인 전력난과 전력 요금 인상을 부채질할 수 있다.

참고로, 한국은 데이터 센터가 지난 2021년 전체 상업용 전력 수요의 8%, 올해는 수도권 전력 공급 신청의 65%를 차지했다. 급증하는 AI 데이터 센터 수요는 탄소 중립을 지향하는 국가라면 반드시 처리해야 할 장기적인 불확실성으로 작용하고 있다.

반도체 기술과 온 디바이스 AI 서비스의 등장

한편 데이터센터의 저전력을 도모하는 반도체 기술로는 ARM 기반 Server CPU, HBM, CXL, PIM 등이 있다. 또한, DDR5 5600MHz 이상 제품 역시 필수적이다. 이러한 기술은 전력 수급뿐 아니라 데이터센터의 성능과 에너지 효율 개선에 이바지한다.

최근 각광받고 있는 온 디바이스 AI 서비스는 소비자 단말기에서 생성한 AI 서비스를 구현하는 형태다. 클라우드 네트워크 접속 없이 단말기에서 자체적으로 컴퓨팅해 동작하는 이 기술은 데이터 센터 전력난에 따른 영향을 최소화하는 효과가 있다. AI 서버 전력 사용 증가로 간단한 관련 서비스 또한 단말기에서 동작하는 수요 역시 많아졌는데 온 디바이스 AI 기술이 급부상하는 배경이라 할 수 있다. 이러한 추세는 소비자 단말기의 자체 AI 연산 확대와 지속으로 이어지리라 전망한다.

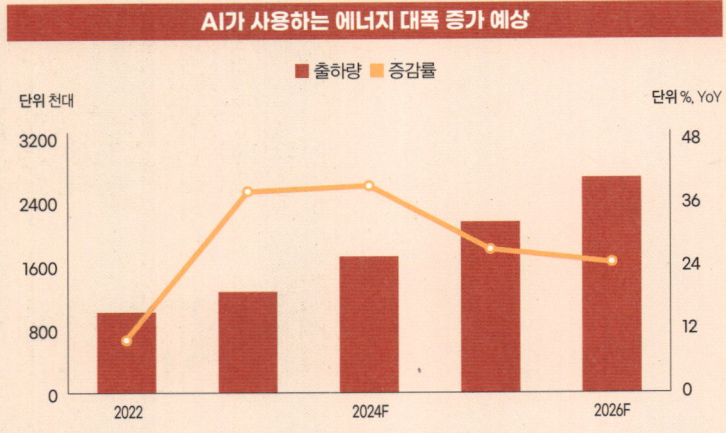

AI가 사용하는 에너지 대폭 증가 예상
자료 Trend Force

기업의 지속가능성에 영향 미치는 ESG 경영

기업 존속과 가치에 미치는 영향이 나날이 중요해지는 가운데 ESG(친환경·사회공헌·지배구조) 경영이 주목받고 있다. 최근 S&P500 기업 평균 수명이 감소하면서 기업의 성공과 영속성을 두고 단지 재무적 성과뿐 아니라 ESG 요소 또한 포함해 종합적으로 고려하는 실정이다.

ESG 규제와 정책의 불확실성은 글로벌 기업 사이에서 혼란을 초래하고 있다.

미국과 일본에서는 ESG 공시 도입에 대한 신중론이 나오고 있다. ESG 공시가 기업에 부담을 줘서는 안 된다는 이유에서다. 일본은

수소연료전지로 운행하는 SK그룹 전시관의 '트레인 어드벤처'.

바이든 정부는 2035년까지 전력 생산량의 40% 확장 목표, IRA의 ITC, PTC, AMPC 등 활용 규모 확대

ESG 공시표준 수립 일정을 제시했지만, 도입 일정은 미정이다. 미국은 재계 반발 등으로 ESG 공시규칙 최종 발표가 지연되고 있다. 당초 2022년 3월에 초안을 발표한 이후 최종안의 공개를 여러 차례 미루고 있는데, 증권거래위원회(SEC)는 로드맵을 포함한 공시 규칙을 2022년 말 확정할 계획이었지만 지난해 4월로 1차 연기한 뒤 재차 연기했다. ESG 공시규칙이 올해 10월 발표되더라도 2025년 이전 ESG 공시 의무화는 힘들 것으로 전망된다. 이와 함께, 2024년 미국 대선을 앞두고, 공화당이 주도하는 Anti-ESG 법안을 발의하고 이에 대한 운동이 확산되면서 ESG에 반대하는 움직임이 있는 가운데, 미국 전역에서는 이례적인 규모의 산불, 폭우 등이 발생하며 기후 변화와 관련된 위기가 피할 수 없는 문제로 부상하고 있다.

한편, 넷제로 참여 국가 수가 지속해서 증가하면서 기업의 지속가능성에 대한 책임과 대응을 강조하는 추세이며, 이러한 변화는 많은 기업이 ESG 요소를 효과적으로 통합하는 차원의 새로운 도전과 기회를 제공한다.

INSIGHT

CES 2024에서 주목받은 지속가능성 관련 제품 및 서비스

1 Caterpillar R1700 XE LHD 지하 로더

CES 2024 전시회에 등장한 캐터필러(Caterpillar)의 주요 포커스는 배기가스 배출이 없는 Cat R1700 XE LHD 지하 로더다. R1700 XE에는 업계 유일의 온보드 배터리가 장착되어 있어 배터리를 취급하거나 교체할 필요가 없다.

2 Caterpillar 301.9 미니 굴삭기

캐터필러 배터리를 장착한 최초 장비인 301.9 미니 굴삭기. 총용량이 32kWh이며 301.9 미니 굴삭기에 전원을 공급하도록 온보드 배터리 팩을 설계했다.

3 두산밥캣 두산로보틱스, 첨단 전동화·AI 기술

두산밥캣은 'T7X'로 CES 2022 혁신상 2개 부문에 이어, 스키드 스티어 로더 'S7X'로 ces2024 혁신상 2개 부문을 받으면서 총 4개 부문에서 수상해 시장 선도적 기술력을 입증했다.

4 ITEN 250μA.h 마이크로 배터리

프랑스의 전고체 배터리 제조업체는 새로운 소형 친환경 충전식 250μA.h 마이크로 배터리를 통해 지속 가능성, 에코 디자인 및 스마트 에너지에 대한 기여를 인정받았다. 신속하게(8분에 80%) 재충전할 수 있으며 간단하게 정전압(커패시터와 같은)으로 충전할 수 있다.

5 InQs SQPV 유리

inQs는 효율적인 에너지 수확 투명 태양광 유리(SQPV 유리)를 개발한 기업으로 유리는 햇빛으로부터 전기를 생성하는데 그치지 않고, 어두운 실내 환경이나 흐린 날에도 눈에 보이지 않는 빛으로부터 에너지를 효율적으로 활용할 수 있다.

SECTION 2　Tech View - Investment

CES 2024
투자 유망 기업 7

CES 2024에서 확인된 가장 확실한 메가트렌드를 꼽자면 단연 '인공지능(AI) 시대의 본격 개막'이다.
이를 바탕으로 앞으로가 더 기대되는 7개의 기업을 소개한다.

엔비디아(Nvidia)

티커명 NVDA

"엔비디아 없이 4차 산업혁명 없다"

CES 2024는 생성 AI 혁명 이후 비즈니스와 산업의 중심이 되고 있음을 다시 한번 확인하는 계기가 됐다.

엔비디아는 단순한 반도체 기업이 아니다. 생성 AI 붐을 최전선에서 이끌고 있으며 더 나아가서는 4차 산업혁명의 핵심 키워드 모두를 선두에서 이끄는 기업이다. 미래 산업의 주도 기술이 모바일, PC를 벗어나 AI, 자율주행차, 슈퍼 컴퓨팅, 심지어 가상현실에 비트코인까지 다변화되면서 이를 뒷받침하는 인프라 기술력을 갖춘 기업이 엔비디아라 할 수 있다.

엔비디아는 생성 AI 열풍이 초래한 AI를 위한 하이퍼 컴퓨팅 수요가 급증하고 있다고 밝히며 순이익과 매출이 시장의 예상치를 크게 웃돈 실적을 발표했다. 특히 2분기 매출 전망치를 시장의 추정치였던 71억5천만달러를 압도하는 110억달러로 제시하며 시장을 충격으로 몰아넣었다.

엔비디아의 실적 서프라이즈는 한 해 내내 계속됐다. 3분기 매출은 전년 동기 대비 3배가 증가했고 순이익은 무려 1300% 이상 성장했다. 분기 순이익만 92억 달러에 달했는데 2022년 이전에는 1년 전체를 합해도 달성하지 못했던 숫자다. 생성 AI 붐으로 퀀텀 점프에 가까운 어닝 서프라이즈를 기록한 것이다.

엔비디아의 강점은 생성 AI 붐의 초기 인프라 수혜를 사실상 모두 독점하고 있다는 점이다. 월가는 생성 AI를 구동하기 위한 하이퍼 컴퓨팅 시장의 반도체 수요 90% 정도를 엔비디아가 장악하고 있을 것이란 분석이다. 엔비디아는 AI 특화 하드웨어인 GPU 외에도 소프트웨어 개발 키트(SDKs), 프레임워크, 클라우드 서비스 등을 제공해, AI 개발의 전 과정을 지원한다. 엔비디아는 생성 AI 열풍을 이끌고 있는 데이터 센터 부문의 폭발적인 성장세가 향후 몇 분기 동안 지속될 것이란 전망이다. AMD와 같은 경쟁자가 진입하고 있지만 월가 역시 생성 AI와 관련된 하이퍼 컴퓨팅의 수요가 지속적으로 증가하면서 엔비디아가 가진 지배적인 위치가 향후 몇 년 동안 계속 유지될 것이란 분석이다.

마이크로소프트(Microsoft Corp)

티커명 MSFT

"AI의 유일무이한 수직적 통합이 가능한 기업"

마이크로소프트는 지난해 생성 AI 열풍을 시작한 챗GPT를 만든 오픈AI의 배후에 있는 기업이다.

지난 2023년 11월 열린 오픈AI의 첫 개발자 회의서 함께 무대에 오른 샘 올트먼(왼쪽) 오픈AI CEO와 사티아 나델라 MS CEO.

마이크로소프트와 오픈AI의 파트너십은 단연코 현재 시장에서 AI와 기술 측면에서 가장 주목받고 있는 관계라 할 수 있다. 마이크로소프트는 오픈AI의 최대 주주이자 초기 투자자로서 막강한 영향력을 행사하고 있으며, 샘 알트먼 최고경영자(CEO)의 해임 사태 당시 올트먼을 전격 영입해 그 관계를 더욱 강화했다.

마이크로소프트의 가장 큰 특징은 AI에 있어 업계에서 유일무이한 '수직적 통합'을 시도하고 있다는 점이다. 마이크로소프트는 오픈AI의 챗GPT를 통해 AI 소프트웨어를 이끌고 있고 이를 자사의 소프트웨어 플랫폼인 윈도와 오피스에 AI 에이전트 '코파일럿'으로 통합하고 있다. 코파일럿은 빌 게이츠 마이크로소프트 창업자가 윈도 이후 가장 큰 컴퓨팅 혁명으로 제시할 만큼 큰 전환이라 할 수 있다.

마이크로소프트의 야심은 여기에 그치지 않는다. 이그나이트 2023을 통해 엔비디아의 생성 AI에 특화된 반도체 칩인 A100과 H100 GPU와 경쟁하는 AI 칩인 애저 마이아 100 AI 가속기를 발표한 것이다.

엔비디아의 칩과 비교되지만, 마이크로소프트는 자체 칩을 통해 구글의 자체 AI용 텐서 칩과 아마존의 머신러닝 모델 훈련용 트레이니엄처럼 자체적인 AI GPU 수요를 충족하는데 사용할 계획이다. 기업들의 'AI 대전환' 수요에 가장 큰 영향을 받는 클라우드 컴퓨팅 분야에서도 마이크로소프트의 영향력은 절대적이다. 기업들이 향후 AI 수요에 대비하기 위해 클라우드로 이동해야 하기 때문에 마이크로소프트의 인텔리전트 클라우드 부문인 애저의 성장 가속화가 실체화되고 있는 것이다.

Alphabet
알파벳(Alphabet Inc)

티커명 GOOGL / GOOG

"차세대 모델 '제미나이'로 AI패권 노린다"

오픈AI의 챗GPT 충격이 있기 전 시장에서 AI의 1인자로 인식되던 기업은 단연 구글이었다. 그만큼 챗GPT 열풍 이후 구글의 모기업 알파벳의 충격은 컸다. 이를 만회하고자 급하게 마련한 구글의 챗봇 바드(Bard)의 시연은 패착이 됐다. 바드가 부정확한 답변을 하면서 이틀 동안 주가는 무려 12%가 빠졌고 시가총액은 1730억달러로 사상 최대 규모의 손실을 기록한 것이다. AI 경쟁에서 구글이 밀려나고 있다는 우려가 작용했기 때문인데 알파벳의 저력은 곧 드러났다.

알파벳은 사실상 마이크로소프트의 완벽한 AI 수직적 통합에 유일하게 경쟁할 수 있는 기업이라 할 수 있다. 구글 클라우드의 인프라 부문과 구글 애플리케이션의 소프트웨어 플랫폼은 생성 AI를 수익화할 수 있는 최고의 포지셔닝을 구축하고 있다.

특히 월가는 오랜 세월 동안 AI에 투자하고 연구해 온 알파벳이 AI 경쟁에서 마이크로소프트에게 밀릴 것이란 예상은 실수일 가능성도 제기한다. 실제 구글은 최근 차세대 AI 모델인 '제미나이(Gemini)'를 공개하며 오픈AI의 챗GPT-4를 능가하는 현존 최고 수준의 성능을 가진 AI 모델임을

SECTION 2   Tech View - Investment

CES 2024 투자 유망 기업 소개 및 전망

증명했다.

구글이 '빅데이터'가 핵심인 AI 기술에서 글로벌 점유율 90% 이상을 차지하는 검색시장의 압도적 지배자라는 사실을 간과해서는 안 된다. 구글은 최신 스마트폰 '픽셀 8 프로'에 제미나이를 실행할 것임을 밝혔고 향후 몇 달 안에 검색 및 광고, 웹 브라우저인 크롬에도 생성 AI 도구를 적용할 것임을 시사했다.

구글은 최신 AI 가속기 TPU(텐서처리장치)도 구글 클라우드 컴퓨팅 서비스를 통해 텐서 칩을 활용할 것임을 밝혔다. 생성 AI 최대 수혜주 중 하나인 구글의 알파벳은 AI 인프라와 하드웨어, 그리고 소프트웨어에 이르기까지 마이크로소프트의 가장 강력한 경쟁자로 인식된다.

아마존(Amazon Inc)
티커명 AMZN

"생성 AI 인프라 1인자로 못 박는다"

아마존은 퍼블릭 클라우드 컴퓨팅 분야의 1위 업체로 생성 AI 인프라 수요 확장에 최대 수혜를 받고 있다. 물론 이는 많이 알려진 사실이지만 아마존도 자연어 기반의 생성 AI 모델인 '아마존 큐(Amazon Q)'를 보유하고 있다는 사실을 아는 투자자들은 많지 않다.

아마존 큐는 기업용 AI 비서로 기업의 시스템과 데이터 저장소 정보, 그리고 개별 사용자의 데이터 접근 권한 등을 기반으로 작동하는 챗봇이다. 아마존 큐의 장점은 챗GPT 사용 시 문제가 됐던 개인정보 및 기업 데이터 유출 우려가 없다는 점이다.

아마존 큐는 AWS를 사용하는 기업 고객을 위해 재무, 인사부터 마케팅, 영업에 이르기까지 조직 내부 자료를 검색하고 분석해 인사이트를 얻는 데 활용할 수 있다. 보안 부분에서도 인증 시스템을 사용해 기업 고객에게 최적화된 챗봇이라는 평이다.

아마존은 오픈AI를 잡기 위해 대화형 AI 모델인 '올림푸스'의 개발도 발표했다.

AI를 위한 반도체 개발에도 진심이다. 아마존은 AI 모델 실행을 위한 추론용 칩 '그래비톤 4(Graviton4)'와 함께 AI 모델 학습용 칩인 트레이니움2(Tranium2)를 공개했다.

퀄컴(Qualcomm Inc)
티커명 QCOM

"휴대폰에서 AI와 모빌리티, 그리고 공간 컴퓨팅까지"

스마트폰 반도체 제조업체로 알려진 퀄컴의 AI와 모빌리티를 향한 전략적 변화는 매우 인상깊다. 퀄컴은 지난 4분기 실적 보고에서 휴대폰과 사물 인터넷 부문의 매출 부진에도 모빌리티 부문에서 전년 대비 15%의 성장을 보여주며 더 많은 자동차 업체가 퀄컴의 반도체를 사용하고 있음을 시사했다. 최근 분기에서는 그 성장이 31%로 증가해 모빌리티의 노출이 증가하고 성장 역시 가속화되고 있다.

AI 부문의 성장 기대도 커지고 있다. 퀄컴은 최근 AI 칩을 수백만 대의 스마트폰에 출하하며 월가의 비상한 관심을 끌고 있다.

이 칩은 이전보다 훨씬 빠르게 AI 이미지를 생성할 수 있는 이른바 NPU(Neural Processing Unit) 칩이라 불리는 향상된 AI 기능을 갖추고 있는 것으로 알려졌다.

퀄컴은 이 칩이 인텔과 애플 등의 경쟁자들보다 더 뛰어난 제품이라 평가하며 향후 AI 부문의 성장을 통해 새로운 성장 동력을 만들어 낼 것임을 자신했다. 퀄컴은 인터넷 연결 없이 AI가 디바이스에서 자체 구동되는 '온디바이스 AI'에 주력하고 있다. 현재는 클라우드에서 챗GPT나 AI 모델의 액세스가 이뤄지고 있지만 스마트폰에서 자체적으로 실행되는 AI가 점점 확대될 것이란 전망이다.

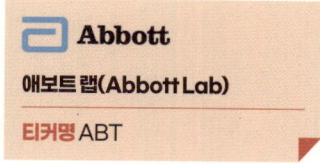

애보트 랩(Abbott Lab)
티커명 ABT

"의료기기 분야의 헬스케어 혁신 이끈다"

AI와 함께 가장 가파르고 파괴적인 혁신을 만들어내고 있는 분야는 바로 헬스케어다. CES 2024에서 헬스케어 기업인 애보트의 로버트 포드 최고경영자(CEO)가 기조연설 메인 무대에 CES 역사상 최초로 헬스케어 부문 대표로 선 것은 이를 그대로 반영한다.

애보트는 의약품을 판매하는 제약 사업부부터 진단 제품, 그리고 영양 제품과 의료 기기 등 4개의 사업 모델을 보유하고 있다. 애보트는 다른 헬스케어 기업과 비교해 기술과 상당히 밀접한 관계를 형성하고 있는 기업이다.

그도 그럴 것이 애보트의 매출 중 가장 큰 부분을 차지하는 것이 바로 의료기기 분야로 2023년 기준 전체 매출의 42.1%를 차지했다. 제약 사업부의 경우 12.6%를 차지했으며 진단 부분은 24.9%, 영양 제품 부문은 20.3%를 구성했다. 성장 역시 의료기기 분야가 가장 가파르다. 2023년 기준 14.2%의 유기적 성장을 기록해 사업의 구심점 역할을 제대로 했다.

CES 2024에서도 애보트는 인공 심장박동기 '어베어'를 선보이며

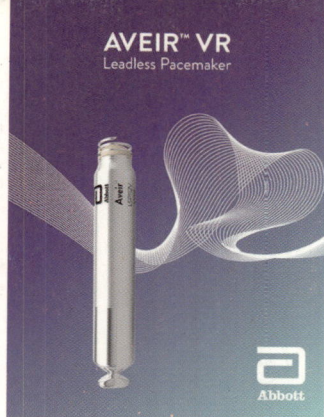

CES 2024 혁신상을 수상한 애보트의 인공심장박동기 '어베어'.

혁신상을 수상했다. 이 제품은 건전지보다 얇은 제품으로 부정맥이나 심장 박동이 불규칙한 환자들이 사용하며 통상적인 인공 심장박동기보다 훨씬 작아 편의성을 극대화했다는 평을 받았다.

애보트는 장기간에 걸쳐 안정적으로 배당금을 지급해온 배당주로도 인식된다. 배당주는 투자자들에게 지속적인 수익을 제공함으로써 소득 지향적인 투자자에게 매력적인 기업이다. 배당금의 지속적인 증가는 회사의 이익 성장과 견고한 펀더멘탈, 그리고 경영진의 주주환원 의지를 반영한다.

월마트(Walmart Inc)
티커명 WMT

"AI 혁신 채택하는 유통 거인이자 배당왕"

월마트는 세계 최대의 오프라인 소매업체로 인식되는 기업이다. 하지만 아마존의 등장 이후 개혁을 거듭해 지금은 옴니채널 플레이어로 진화했다.

월마트는 소비자의 쇼핑 습관과 기대치가 변화함에 따라 다양한 기술 혁신을 추구했다. 옴니채널 전략은 온라인과 오프라인 쇼핑 경험을 하나로 통합해 소비자에게 더 매끄럽게 연결되는 쇼핑 경험을 제공한다.

월마트는 이를 위해 보노보스(Bonobos), 무스조(Moosejaw) 및 파셀(Parcel)을 인수했고 쇼피파이 및 골드만삭스와의 파트너십 체결, 그리고 온라인 전자상거래 플랫폼인 플립카트에 대한 투자도 단행하며 공격적인 전환을 꾀하고 있다.

월마트는 AI 기술을 이용한 자동화 혁명에도 가장 적극적이다. 월마트는 2026년까지 매장 65%를 자동화해 비용의 20% 이상을 절감할 것이라 밝혔다. 더그 맥밀런은 마이크로소프트와 손을 잡고 생성 AI 기반의 검색 서비스를 론칭하고 쇼핑 검색의 혁신을 이뤄내고 있다.

배당주로서의 매력 역시 강력하다. 월마트는 1974년에 주주들에게 첫 배당금을 지급했고 매년 지급액을 늘려왔다. 월마트는 배당을 25년 연속 증가한 기업들에게 내려지는 '배당 귀족'이었으나 올해 배당금을 인상하면 50년 연속 배당금을 인상하는 '배당왕' 기업이 된다.

KOREA STANDS OUT

CES 2024는 특히 한국 기업들의 행보가 돋보였다. 국내 기업 772개사가 참가해 역대 최다를 기록했으며, 혁신상 부문에서 활약도 두드러졌다.

Leading Company

512개
스타트업 전시관인 '유레카 파크'에 참여한 전 세계 1200여개 기업 가운데 한국 기업 512곳이 참가해 42%를 차지했다.

40% ↑
CES2024 혁신상(Best Awards) 출품작 수는 3000여개로 지난 2023년 대비 40% 늘어난 역대 최대 규모를 기록했다.

300평
HD현대는 이번 CES에서 991㎡(약 300평) 규모의 전시장을 열었다. 지난해(약 180평)보다 두 배 가까이 확대된 규모다.

16개
AI 분야 28개 혁신상 중 한국 스타트업이 절반 이상인 16개를 받아 최다 수상을 기록했다.

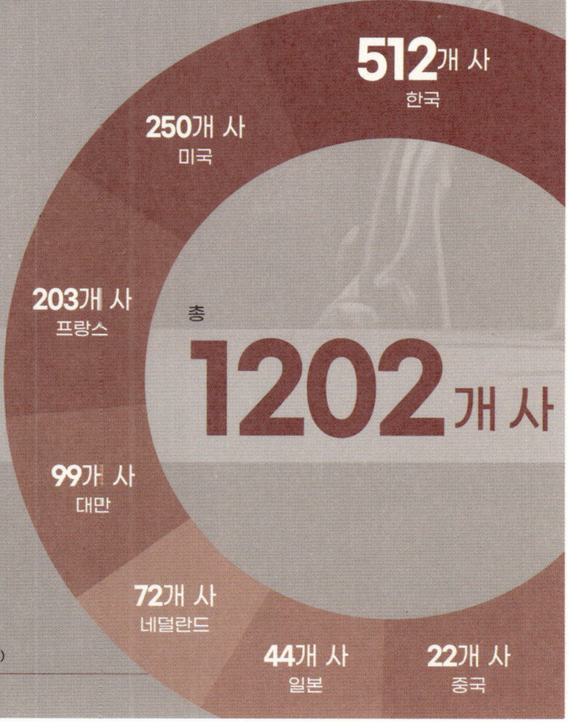

CES 2024 유레카 파크 국가별 참가 현황
자료 KICTA(2024년 1월 5일 기준)

- 총 **1202개사**
- 512개 사 한국
- 250개 사 미국
- 203개 사 프랑스
- 99개 사 대만
- 72개 사 네덜란드
- 44개 사 일본
- 22개 사 중국

SECTION 3 · 2024 Story

상상력 어디까지?
모두가 AI 외친 CES, 뭐가 화제였나

참석자 13만5000명 이상, 4000곳 이상의 전시업체, 전체규모만 해도 무려 250만평방피트.
각종 신기록이 경신된 이번 CES 2024의 핫토픽 5가지를 선정해보았다.

기술 업계에 있다면 CES 2024에서는 길을 가다 아는 사람을 마주칠 가능성이 높다. 세계 최대 기술 콘퍼런스인만큼 한국에서도 많은 인사들이 방문하기 때문이다. 한 정부 기관 관계자가 AI관을 물었을 때 기자는 딱 한 곳을 짚어 알려줄 수가 없었다. 그도 그럴 것이 CES 2024에서 AI는 하나의 카테고리가 아니었다. 대부분의 제품은 AI가 적용됐

푸드테크 업체 시어그릴은 'AI 셰프' 기능으로 2분 만에 원하는 굽기로 스테이크를 구워낸다.

"AI셰프가 구운 스테이크 맛보세요!"

CES 2024에서 HL만도와 아마존 웹 서비스(AWS)는 모빌리티 소프트웨어 관련 협약을 체결했다.

다고 외치고 있었다.
잔디깎이 회사 '그린웍스'가 비전 AI 기술을 활용한 자율주행 제품 'AI코닉(AiConic)'을 전시하고, 아마존웹서비스(AWS)와 BMW는 '대규모 언어모델 기반 자동차 전문가 챗봇(LLM-based car expert)'을 소개하는 식이다. 영국 푸드테크 업체 '시어그릴(Seergrills)'은 자체 개발한 기기의 'AI 셰프' 기능으

1. CES 2024에는 13만5000명 이상의 관람객, 4000곳 이상의 전시업체가 참여했다.
2. 라스베이거스 컨벤션센터(LVCC) 웨스트홀에는 모토쇼라고 불릴 정도로 실험적인 차량들이 대거 등장했다.
3. 타이어를 직각으로 돌려 옆으로 주행이 가능한 현대모비스 '모비온(MOBION)'.

"판타스틱(fantastic)"

"패블러스(exciting)"

로 2분 만에 최고 수준의 스테이크를 만들 수 있다고 강조하기도 했다.

Hot Topic 1
옆으로 움직이는 자동차

CES는 이제 모토쇼라고 불릴 정도로 실험적인 차량들이 발표되는 장소다. 최근 자율주행차, 전기차(EV) 기술의 보급으로 차 디자인에 대한 자유도가 높아지면서 새로운 폼팩터(형태)의 차가 나오고 있다. 이와 함께 다양한 자동차 관련 소프트웨어도 나오는 추세다. 목적기반차량(PBV), 소프트웨어중심차량(SDV) 등 콘셉트가 대표적인 예다.

모빌리티 기업들이 주로 모인 라스베이거스컨벤션센터(LVCC) 웨스트홀에서 단연 화제는 타이어를 직각으로 돌려 옆으로 주행하는 자동차였다. 현대모비스 '모비온(MOBION)'

이다. 시연장 한 귀퉁이에 세워진 차량의 네 바퀴가 갑자기 사선으로 바뀐 후 차량이 대각선으로 움직이자 관중석에서는 '오'하는 감탄사가 터져 나왔다.

차량은 시연장 중간에서 멈추더니 네 바퀴가 다이아몬드 모양이 되면서 재빠르게 빙글빙글 돌았다. 시연장을 둘러싼 관중석에서는 휴대전화 카메라 플래시가 쉴 새 없이 터졌다. 여기저기서 감탄사와 함께 박수가 터져 나왔다.

모비온은 차세대 전기차 구동 기술인 e코너시스템이 장착된 실증차다. 이번 CES에서 최초로 공개했다. 모비온은 네 바퀴를 개별적으로 제어하는 e코너시스템 덕분에 이른바 옆으로 가는 '크랩' 주행과 대각선 주행, 제자리 회전이 가능하다. 자율주행 센서와 램프 기술도 탑재됐다.

Hot Topic 2
자동차가 난다 '플라잉카'

하늘을 나는 자동차 '플라잉카' 경쟁도 두드러졌다. 현대차 슈퍼널이 공개한 '하늘을 나는 차'는 기체 위와 뒤편에 각각 4개씩의 프로펠러로 언제 어디서든 이착륙이 가능하도록 했다. 5명이 탑승 가능하며, 2028년 상용화를 목표로 하고 있다.

중국 전기차 기업 샤오펑도 '플라잉카(flying car)'를 선보였는데, 지붕에 붙은 프로펠러가 움직이면 차량이 하늘로 떠오르는 구조다. 샤오펑의 자회사인 샤오펑에어로HT는 전기 수직이착륙기(eVTOL)를 전시했다. 다른 eVTOL은 항공기와 흡사한 외관인데, 샤오펑의 eVTOL은 자동

SECTION 3 2024 Story

차에 가깝다. 자동차로 달리다가, 헬리콥터의 프로펠러 날개처럼 생긴 구조물을 펼치고 하늘로 비행하는 것을 콘셉트로 한다. 지상에선 날개를 내부로 완전히 접어 수납한다. 수직으로 이착륙해 활주로 없이도 제자리에서 비행할 수 있다고 샤오펑은 밝혔다.

Hot Topic 3 양복처럼 차도 맞춤형으로 'PBV'

기아가 내년부터 출시할 목적기반차량은 후면 디자인은 물론 내부 구조까지 원하는 대로 주문할 수 있는 형태다. 기아는 10일(현지시간) CES 2024가 열리고 있는 라스베이거스 컨벤션 센터에서 우버와 파트너십을 체결하고, 우버 모빌리티에 최적화된 PBV 개발 및 공급을 위해 협력하기로 했다.
향후 우버에 제공될 PBV는 2025년 양산 예정인 기아 최초의 전용 PBV 모델 'PV5'를 기반으로 제작된다. PBV 전용 EV 플랫폼이 최초 적용된 PV5는 기존 승용 택시 모델보다 넓은 공간과 뛰어난 거주성이 장점이다. 또한 오픈형 인포테인먼트 시스템을 적용한 드라이버 전용 애플리케이션이 탑재되며, 탑승객의 편의를 위한 개인 맞춤형 이동 환경도 제공할 예정이다.

Hot Topic 4 온디바이스AI, 엔비디아의 챗위드RTX

CES 2024에 세상에서 가장 비싼 메모장이 나타났다. 요즘 핫한 기업 엔비디아에서다. 이번달 말 공식 출시 예정인 기술 데모 '챗위드RTX(Chat with RTX)'다.
엔비디아(Nvidia)의 챗위드RTX를

사용하면 클라우드 없이도 검색증강생성(RAG)을 사용해 사용자가 가진 각종 문서, 영상, 사진 등 파일로 챗봇을 무료로 교육, 나만의 챗봇을 가질 수 있다. RAG는 LLM(거대언어모델)이 모르는 정보는 지어내는 대신 외부 데이터를 가져와 정확한 최신 정보로 답하게 만드는 기술이다.
대부분의 AI 챗봇은 사용자의 요청을 클라우드로 전송해 회사 서버에서 처리한 후 사용자에게 다시 전송하는 구조지만, 이 서비스는 로컬에서 실행되기 때문에 답변이 더 빠르게, 내가 원하는 특정 콘텐츠에 대해 질문하고 답을 받을 수 있다. 일례로 텍스트 파일을 제공하고 "재권이가 다음에 베가스에 오면 저녁은 어디가 좋겠다고 말했지?"와 같은 질문을 할 수 있다.
회사는 CES 행사 기간 주요 제조업체의 새로운 AI 노트북, 개발자와 소비자 온디바이스 핵심 'RTX 슈퍼' 시리즈를 공개했다. 클라우드에서 엔비디아 GPU(그래픽처리장치)를 사용

해 대규모 언어 모델(LLM)을 실행하는 한편, 개인용 컴퓨터에서는 'RTX(엔비디아 그래픽 카드 브랜드명)' 텐서 코어를 활용, 지연 시간에 민감한 앱(application), 서비스를 실행할 수 있다는 것이다.

Hot Topic 5 AI집사 경쟁

이번 CES에서는 국내 대기업 삼성전자와 LG전자가 'AI집사'로 맞붙었다. CES 2024 개막을 하루 앞둔 8일(현지시간) 삼성전자 프레스 콘퍼런스에서 조나단 가브리오(Jonathan Gabrio) 삼성전자 북미법인 프로가

1.
헬리콥터의 프로펠러처럼 생긴 구조물을 접었다 펼 수 있는 샤오펑의 전기 수직이착륙기.
2.
현대차 슈퍼널이 공개한 '하늘을 나는 차'는 4개씩 프로펠러가 달려 있다.
3.
기아는 CES 2024에서 우버와 파트너십을 체결했다.
4.
삼성전자는 생성형 AI와 온디바이스 AI용 D램 등 차세대 메모리 제품을 대거 전시했다.
5.6.
CES 2024에서 각각 공개된 삼성전자와 LG전자의 'AI집사'.
7.
CES 혁신상 수상 LG전자 커피머신 듀오보

인공지능(AI) 집사 로봇 '볼리'를 소개하자 행사장에서는 환호성이 터져 나왔다. 예고에 없던 볼리의 깜짝 등장에 일부 참석자들은 스마트폰을 꺼내 들어 촬영하거나 박수를 보냈다. 공 모양의 볼리는 앞뒤에 탑재된 카메라로 스마트싱스와 연동된 기기를 자동으로 인식·연결한다. 회사는 지난 2020년 CES에서 볼리를 처음 소개했다. 수년간의 연구개발을 통해 가정에서 개인 맞춤형 서비스를 제공하는 제품으로 발전시켜 출시한다는 계획이다.

LG전자도 이번 CES에서 로봇과 AI 기술을 결합한 '스마트홈AI에이전트'를 처음 공개했다. 이 에이전트가 시연되는 공간은 LG 전시관 중 가장 붐볐다. 이 제품은 로봇처럼 보이는 외형에 바퀴를 달아 자율주행 기술로 집안 곳곳을 자유롭게 누빌 수 있다. 또 각종 센서와 첨단 AI 프로세서를 토대로 사용자 상황과 상태를 정교하게 인식하고 능동적으로 소통할 수도 있다.

SECTION 3　Company 삼성

삼성전자의 '모두를 위한 AI' 전략

삼성전자는 전 세계인의 눈길을 끌었다. 온디바이스 AI와 스마트싱스로 완벽한 스마트홈을 구현한 것은 물론 AI로봇 집사 볼리와 히만 전장 제품까지 깜짝 공개하며 삼성전자는 연일 이슈를 쏟아냈다.

KEYWORD 1
온디바이스AI, 모든 가전에 삼성OS 탑재

KEYWORD 2
스마트싱스로 진정한 스마트홈 구현

KEYWORD 3
TV는 가전 연결하는 허브

삼성전자는 CES 2024에서 '모두를 위한 AI(AI for All)'를 선언했다. 스크린, 노트북, 냉장고, 스마트싱스 등을 아우르는 소비자 가전 전체에 AI를 확대 적용, 온디바이스AI(on-device AI, 기기 자체에서 AI 연산) 전략을 강화한다는 계획이다. 여기에 스마트싱스를 기반으로 기기들을 연결하고 펫케어 등 다양한 서비스 계획도 내놨다. AI 동반자 로봇 '볼리'도 깜짝 공개해 이목을 끌었다.

삼성전자는 글로벌 미디어와 파트너 1200여 명이 참석한 가운데 진행된 행사에서 AI를 전면에 내세운 전략을 소개했다. 한종희 삼성전자 대표이사 및 부회장은 기자회견에서 "삼성전자는 기술을 넘어 산업계 전반을 재구성하고 삶을 보다 편리하게 하는 AI를 구현하고자 10년 넘게 투자해왔다"고 강조했다.

삼성전자는 CES 2024 라스베이거스컨벤션센터(LVCC)에 참가업체 중 가장 넓은 3934㎡(약 1192평) 규모로 전시관을 마련했다. 삼성의 이름에 걸맞게 대규모의 전시장을 마련해 수많은 방문객들의 참가로 행사 기간 내내 좋은 반응을 이끌어냈다는 평가다.

SECTION 3　Company 삼성

TV·노트북도 AI, 자사 OS 탑재

삼성전자는 새롭게 선보이는 TV, 가전 등 모든 신제품에 AI로 하나의 생태계를 구축했다. 진정한 '스마트홈'을 AI로 구현한다는 포부다. 그 핵심에는 온디바이스AI가 있다.
삼성전자는 올해 새롭게 선보인 갤럭시 스마트폰에도 실시간 통역 기능, 영상 콘텐츠 자막을 인식해서 자국어로 읽어주는 기능 등 제품의 핵심 기능을 AI로 구현했다.
차세대 프로세서 'NQ8 AI 3세대'를 탑재한 2024년형 TV 'Neo QLED 8K', 최초 AI 노트북 '갤럭시북4' 시리즈 등 NQ8 AI 3세대 프로세서는 전년비 2배 더 빠른 신경망처리장치(NPU)와 8배 향상된 뉴럴 네크워크를 탑재했다.
네오 QLED8K에 대해 한 부회장은 "'AI 스크린 시대'를 열겠다"고 강조했다. 이때 AI 프로세서와 자사 운영체제(OS) 타이젠을 통해 개인 맞춤형 콘텐츠도 추천해준다. 화질·음질을 자동으로 보정해주는 'AI업스케일링프로' 같은 기능도 실렸다.
삼성전자는 최신 AI 프로세스와 다이내믹 아몰레드(Dynamic AMOLED) 2X 터치 디스플레이를 적용한 '갤럭시북4 시리즈'도 처

AI탑재에 링까지, 스마트폰의 진화

갤럭시 S24 언팩 행사에 등장한 갤럭시 링. 갤럭시 S24는 최초로 생성형 AI를 탑재한 온디바이스 AI에 웨어러블 헬스케어 기기인 링을 선보였다.

음 선보였다. 갤럭시북4를 포함한 삼성 갤럭시 제품들은 마이크로소프트(MS)와 함께 새 지능형 연결 기능인 '코파일럿' 도입 계획도 내놨다. 오는 3월부터 갤럭시 북4 시리즈에서 스마트폰의 문자 메시지를 찾아서 읽고 간단하게 내용을 요약하거나 문자 메시지를 자동으로 작성하는 것도 가능해진다.

가전 기기 이어주는 스마트싱스에 AI 전면 탑재

삼성전자의 스마트홈 전략 중심에는 사물인터넷(IoT) 플랫폼 '스마트싱스(Smart Things)'가 있다. 스마트싱스에도 AI 솔루션을 적용해 편리하고 고도화된 서비스를 선보인다.
삼성전자는 공간 AI 기술로 집안 환경을 더 잘 파악하고 기기들을 통합적으로 사용할 수 있는 스마트싱스 '맵뷰'를 공개해 큰 관심을 끌었다. 로봇청소기에 탑재된 라이다(LiDAR)를 기반으로 정확하게 공간을 맵핑하고 연결된 기기들을 한눈에 파악할 수 있게 해주는 맵뷰는 오는 3월부터 3차원(D)으로도 제공된다.
스마트싱스는 빅스비와도 연동된다. 빅스비 음성 호출 경험과 명령 수행 경험을 개선해 최적의 기기에서 명령할 수 있다. 예를 들어 비스포크 AI 콤보 세탁기로 전화통화도 가능하다는 게 회사의 설명이다.
삼성전자는 현대차그룹과 함께 스마트싱스 플랫폼 연동을 통해 주거공간과 이동공간의 연결성을 강화하기 위해 양사의 '홈투카(Home-to-Car)·카투홈(Car-to-Home) 서비스' 제휴 파트너십도 실시할 계획이다.
사용자는 스마트싱스 플랫폼에 연동되는 현대차그룹의 소프트웨어 중심 자동차

AI 스마트폰 점유율 전망치

단위 백만대

4년 사이 11배 증가 예상

- 2023년 47
- 2024년 100
- 2025년 166
- 2026년 306
- 2027년 522

자료 더밀크

(Hyundai's Software Defined Vehicle)를 통해, 집에서 원격으로 자동차 시동을 켜거나 차안에서 집안의 기기들을 원격으로 제어할 수 있다. 테슬라와 새로운 협력을 통해 테슬라의 전기차, 태양광 패널, 가정용 배터리 '파워월(Powerwall)' 등과 스마트싱스를 연동할 수도 있다.

스마트싱스 '캄 온보딩(Calm Onboarding, 갤럭시 스마트폰에 자동 팝업 형태로 뜨는 신규 기기 연결 알림)'을 제품 구매 단계까지 확대 적용해 배송 과정을 고객에게 알려주고, 제품을 설치하면 바로 스마트싱스에 연결해 사용할 수 있게 된다. 또 QR 코드를 이용해 간편하게 스마트싱스 연결 경험을 공유할 수 있고 공간 AI 기술을 기반으로 한 맵 뷰(Map View)를 통해 집안의 기기, 온도, 공기질, 에너지 등의 상태를 더 쉽게 확인·제어할 수 있다. 사용자의 상황에 맞춰 필요한 기능을 알아서 추천·실행해주는 보다 업그레이드된 서비스도 지속해서 선보일 계획이다.

생활가전 곳곳에 온디바이스AI

스마트싱스에 이어 세탁기, 냉장고, 인덕션 등 개별 가전에도 모두 AI 기술이 들어갔다.

1.
자체 개발한 타이젠 운영체제(OS)를 인공지능(AI) 로봇 '볼리(Ballie)'에 적용했다.
2.
로봇청소기 비스포크 젯봇 콤보. AI를 탑재했다.
3.
전시회의 삼성전자 부스에 몰리는 관람객들.
4.
삼성전자의 새로운 OLED 모니터.

이른바 AI 기반의 '커넥티드 리빙(Connected Living)'을 구현한다는 것. 허브 역할은 TV가 맡는다. 올해 세탁기 및 인덕션 등에 7인치 대형 컬러 스크린을 탑재해 발전된 통합 연결 경험을 제공하고, 멀티미디어 활용과 맵뷰(MapView), MDE(Multi Device Experience) 등 기능을 심으면 TV 모니터는 AI 허브로 거듭나게 된다. 온디바이스AI 강화를 위해 가전 전용 AI 칩, 고도화된 타이젠 OS(운영시스템) 개발에 박차를 가하고, 연내 생성형 AI도 적용하면 가전 분야에서 이전에 없던 새로운 사용자 경험을 제공할 수 있게 된다. 새로운 사용자 경험을 제공할 가정용 로봇 '볼리', '뮤직 프레임(액자형 스피커)' 등이 대표적인 예다.

올해 내 기존 냉장고에 열전소자(펠티어)를 더해 냉매와 소비전력을 크게 줄인 하이브리드 냉장고, 필터 교체 없이 전기 집진 방식으로 먼지 포집과 탈취가 가능한 공기청정기 신제품도 소개할 예정이다.

SECTION 3　Company 삼성

1. 한 모델이 삼성과 하만의 공동 개발 전자장치 제품인 '레디'를 체험하고 있다.
2. 하만의 전시장에서 직원이 네오 LED 디스플레이를 활용한 '레디 비전 큐브'를 소개하고 있다.
3. 새로운 OLED 모델로 선보인 오디세이 게이밍 모니터.

대표적인 AI 냉장고로 2024년형 비스포크 냉장고 패밀리허브 플러스가 꼽힌다. 'AI비전 인사이드' 카메라 인식으로 식재료를 넣거나 뺄 때마다 푸드 리스트가 자동으로 업데이트된다. AI 맞춤 코스가 있는 세탁-건조기 일체형 '비스포크 AI 콤보'도 새로 선보였다. '비스포크AI세탁기'에는 AI가 세탁물의 무게, 재질, 오염도를 바탕으로 최적화된 세탁 방법을 제시해서 자율적으로 세탁을 수행해낸다. 사물·공간인식 기능을 갖춘 로봇청소기 '비스포크 제트봇 콤보'도 공개했다.

삼성은 집에서 발생할 수 있는 모든 영역을 커버한 것으로 보인다. 현장에서는 푸드 인플루언서를 초청해 삼성 AI 기능을 활용해 얼마나 손쉽게 만찬 요리를 만들 수 있는 지를 실제로 보여주기도 했다. AI가 맞춤형 레시피와 식이요법을 제안하면서 참가자들에게 삼성의 프리미엄 이미지를 다시 한번 강화했다.

삼성은 AI 허브 구축으로 집주인이 집을 비운 사이에 반려동물을 효과적으로 관찰하고 케어할 수 있다는 펫케어도 강조했다. 삼성의 제품군인 세탁기, 냉장고, 디스플레이 등에 카메라 센서가 탑재되어 집안 곳곳 반려동물의 움직임을 파악하고 이는 수의사에서 전달되어 효과적인 진단을 가능하게 한다는 설명이다. 삼성의 초연결과 AI 융합은 고객이 추가적으로 삼성의 세계관을 확장하는 록인효과(자물쇠효과)를 만들어냈다는 것이 현장 관계자들의 의견이다.

삼성전자, AI 집사 로봇 '볼리' 깜짝 공개

인공지능(AI) 컴패니언 '볼리'의 인기도 높았다. 회사는 지난 2020년 CES에서 볼리를 처음 소개했다. 수년간의 연구개발을 통해 가정에서 개인 맞춤형 서비스를 제공하는 제품으로 발전시켰다. 공 모양의 볼리는 앞뒤에 탑재된 카메라로 스마트싱스와 연동된 기기를 자동으로 인식·연결한다. 사용자의 패턴을 학습하고 이를 루틴화해 별도로 조작하지 않아도 사용자의 일과와 상황에 맞게 동작하도록 설정해준다. 평소 기상 시간에 맞춰 음악을 재생하고 커튼을 열고 당일 날씨나 일정을 사용자 근처의 벽이나 바닥 등에 화면을 투사해주는 식이다. 볼리는 원·근접 투사가 모두 가능한 듀얼렌즈 기술 기반의 프로젝터를 탑재했다. 벽, 천장, 바닥 어디든 최적의 화면을 제공할 수 있도록 렌

즈를 전환해 사용자는 필요한 정보나 영상 콘텐츠를 어디에서나 볼 수 있고, 사용자의 얼굴 각도를 인식해 정확한 화면을 제공하기도 한다.

하만 전장 솔루션 공개

삼성전자의 자회사인 하만의 등장도 이번 행사에서 관심을 끄는 대목이었다. 하만은 AI뿐 아니라 카메라, 딥러닝 기술을 바탕으로 운전자의 얼굴과 생체 신호를 인식하고 운전자의 행동과 패턴을 학습한 '레디 케어' 솔루션을 선보였다.

삼성전자의 하만 인수 후 첫 공개 자리라는 점에서도 의미가 깊다. 하만은 자동차 중심의 소비자 경험(Consumer Experiences. Automotive Grade)이라는 주제로 차별화된 차량 내 경험(In-Cabin Experience)을 위한 새로운 전장 분야 기술과 카오디오 체험을 제공한다

하만은 삼성 Neo QLED TV 기술을 접목한 차량용 디스플레이와 삼성 헬스 기능을 자동차 시스템에 적용해 운전자 맞춤형 안전운전과 차량내 운전환경 최적화 등의 기능을 갖췄다. 삼성전자와 하만은 지속적인 협력을 통해 홈-모바일-모빌리티가 매끄럽게 연결되는 사용자 경험을 강화할 예정이다.

카운터포인트리서치에 따르면 AI 기능은 스마트폰 뿐 아니라 PC, 가전, 자동차, 보안, 헬스케어 등 다양한 분야로 확대되며 온디바이스 AI 시장의 급성장을 예고하고 있다. 관련해 메모리 반도체는 물론 AI 칩 관련된 팹리스(Fabless) 및 디자인하우스(DSP) 업체들의 생태계 확장과 도약도 앞으로 주목해야 한다.

INSIGHT

한종희 삼성전자 부회장
AI 적극 도입하는 원년, 모든 것이 연결된다

"삼성전자는 기술 제공자로서 책임감을 갖고 보안 플랫폼 녹스(Knox)와 함께 온디바이스AI를 구현해 프라이버시, 개인정보 등을 엄격하게 보호할 수 있도록 하겠다."

한종희 삼성전자 부회장은 삼성전자의 갤럭시 스마트폰, 스마트 TV, 패밀리허브 냉장고 등의 보안을 위해 블록체인 기반 보안솔루션인 '녹스 매트릭스'를 제공하고 있다고 말했다. 사용자 개인의 지문·패스워드 등 민감한 정보는 '녹스 볼트'에 저장해 보호할 수 있다. TV가 중심이 돼 집안의 여러 기기를 연결하고, 실시간으로 기기들을 모니터링하는 동시에 에너지 소비도 최적화할 수 있는 미래 스마트홈의 표준을 제시한 것. 삼성전자는 TV와 가전에 탑재된 카메라와 센서들을 통해서 집안의 상황을 살피고, 위급 상황에 대한 알람을 받을 수 있는 등 새로운 라이프스타일 경험을 선사한다. 올해 세탁기 및 인덕션 등에 7인치 대형 컬러 스크린을 탑재해 발전된 통합 연결 경험을 제공하고, 멀티미디어 활용과 맵뷰(MapView), MDE(Multi Device Experience) 등의 서비스를 통해 집 안 AI 허브로서의 기능도 지원할 계획이다.

온디바이스AI 강화를 위해 가전 전용 AI 칩, 고도화된 타이젠 OS(운영시스템) 개발에 박차를 가하고, 연내 생성AI도 적용. 가전 분야에서 이전에 없던 새로운 사용자 경험을 제공한다는 계획도 발표했다. 새로운 사용자 경험을 제공할 가정용 로봇 '볼리', '뮤직 프레임(액자형 스피커)' 등이 대표적인 예다. 올해 기존 냉장고에 열전소자(펠티어)를 더해 냉매와 소비 전력을 크게 줄인 하이브리드 냉장고, 필터 교체 없이 전기 집진 방식으로 먼지 포집과 탈취가 가능한 공기청정기 신제품도 소개했다.

한 부회장은 "지난해 외부 환경은 어려웠으나, 신사업 투자와 M&A 등 미래 준비에 큰 노력을 기울였다"며 "그 일환으로 지난 연말 신사업 조직을 대폭 강화했다"고 밝히기도 했다. 부문 직속의 '신사업 TF'를 중심으로 각 사업부에도 유관 조직을 구축해 신사업 발굴 시너지를 강화하고, 최고기술책임자(CTO) 직속의 '미래기술사무국'과 각 사업부 미래기술전담조직을 연계해 혁신적 신기술 개발을 가속화해 나갈 계획이다. 또 향후 10년 이상의 미래 먹거리 아이템을 발굴할 부회장급 조직인 '미래사업기획단'도 신설했다.

SECTION 3　Company 현대자동차

현대자동차에게 차는 너무 좁다

CES 2024에서 현대자동차그룹의 존재감은 남달랐다. 현대차의 미래는 더이상 차량에 머물지 않는다. 정의선 회장이 제시하는 현대의 두 가지 청사진을 들어본다.

KEYWORD 1 모빌리티에서 스마트시티로

KEYWORD 2 'SDx(모든 것이 소프트웨어 기반인 차량)' 전략

KEYWORD 3 수소에너지 기반 사업 확장

앞서가는 현대자동차그룹

기존 완성차 업계에서 화두는 단연 소프트웨어중심차량(SDV)이다. 전기차(EV), 자율주행 시대로 자동차 제작이 간편해지면 자동차의 패러다임이 하드웨어에서 소프트웨어 중심으로 재편될 것이라는 진단에서다. 현대자동차그룹은 여기서 한 발 더 나아간다.

현대차의 큰 그림은 한 차량이 아닌 스마트 시티다. 차량을 인공지능(AI) 기반 소프트웨어로 혁신하고 맞춤형차량, 에어택시 등 다양한 형태의 모빌리티 혁신을 통해 스마트 시티 안의 일부가 되겠다는 구상이다.

현대차그룹은 CES 2024 미디어데이 프레스콘퍼런스에서 수소와 소프트웨어, 목적기반 모빌리티(PBV) 등 주력 모빌리티 산업과 미래항공모빌리티(AAM)로 대표되는 신사업에 이르는 그룹의 청사진을 내놨다.

정의선 현대자동차그룹 회장은 프레스콘퍼런스 직후 인터뷰에서 "모빌리티는 기아의 목적 기반차량(PBV)도 있고, 슈퍼널의 e-VTOL(전기 수직 이착륙기)도 보실 수 있을 것"이라고 했다.

SECTION 3　Company　현대자동차

1.
'현대차 미디어 데이' 발언하는 장재훈 사장.
2.
CES 2024 현대차 부스.
3.
공간부 교체가 가능한 모듈러 설계된 차.
4.
자율주행 자동차 포티투닷.

현대자동차그룹은 미국 라스베이거스에서 열린 세계 최대 가전·IT 전시회 'CES 2024'에 참가했다. 현대차가 2009년 CES에 처음 참가한 이래 최대 규모로, 주력 계열사인 현대차와 기아는 2019년 이후 5년 만에 함께 나섰다. 현대차, 기아, 현대모비스, 슈퍼널, 제로원이 총출동했다. 행사에는 정의선 회장을 비롯해 각 계열사 대표이사와 주요 임직원 등 1000여 명의 현대자동차그룹 구성원들이 참석해 모빌리티 기업 이미지에 힘을 실었다. 이날 행사에는 정 회장 이외에도 장재훈 현대차 사장, 호세 무뇨스 현대차 글로벌최고운영책임자(COO) 사장, 송창현 현대차 SDV 본부장 겸 포티투닷 대표, 팻 윌슨 미국 조지아주 경제개발부 장관 등이 참석했다.

SDV 그 너머, 모빌리티와 스마트시티의 만남

현대자동차그룹이 내건 비전은 소프트웨어 중심차량(SDV)를 넘어선 'SDx(모든 것이 소프트웨어 기반인 차량)' 전략이다. 인공지능(AI) 기술에 기반한 소프트웨어를 기반으로 차량을 '모든 것'(X·Everything)과 연결해 사용자 중심의 모빌리티 생태계를 구축하겠다는 구상이다.

SDx는 차량 개발 체계부터 소프트웨어 중심으로 바꾸는 전략이다. 모든 이동 솔루션 및 서비스가 자동화, 자율화하고 끊김 없이 연결되는 시스템이 목표다. SDV를 통해 이동 데이터를 축적하고, 이를 인공지능(AI) 기술과 접목해 이동 솔루션 전반으로 확장, 로지스틱스(물류), 도시 운영 체계와 연결된 미래 모빌리티 생태계를 구축한다는 계획이다.

이를 위해 현대차는 SDV로의 전환이 우선해야 한다고 봤다. 차체와 소프트웨어를 분리해 개발하던 기존 방식에서 벗어나 차량 아키텍처(구조)를 소프트웨어를 기반으로 바꾼다. 소프트웨어 기반 개발이 보편화하면 운송·물류·유통 등을 목적으로 하는 차량인 '플릿' 비즈니스 솔루션을 강화할 수도 있다. 차량의 정확한 위치와 상태를 정교하게 실시간으로 확인해 차량을 효율적으로 관리할 수 있어서다.

SDV로 전환해 차량 인포테인먼트 시스템을 강화하고 편의를 높일 수도 있다. AI 기능을 다양하게 구현하고 데이터 수집, 전처리, 모델 학습, 평가부터 배포까지 지속적으로 운영되는 머신 러닝 프로세스(MLOps)를 인포테인먼트에 적용하는 방법이 그 시작이다. 이를 위해 현대자동차그룹은 외부개발자들과 '소프트웨어개발키트(SDK)'를 공유한다고 밝혔다. 다른 사람들도 SDV용 '킬러앱'을 직접 개발할 수 있게 하기 위해서다. 자체 개발한 대형언어모델(LLM)기반 음성 어시스턴트와 AI내비게이션을 적용해 사용자가 보다 안전하고 편리하게 차량과 상호작용할 수 있는 사용자 경험(UX)을 구현하는 게 목표다.

사람과 디바이스, 도시를 연결

현대차는 향후 모빌리티 도시 인프라가 결합되는 '사람-디바이스-도시 연결' 생태계를 구축한다는 계획이다.
현대자동차그룹은 수요응답형 셔틀과 자율주행 택시 및 호출플랫폼 등 미래 모빌리티 서비스를 국내 여러 도시에서 운영하고 지역을 확대해가며 '클라우드 트랜스포테이션'의 구현을 위한 데이터 자산을 축적하고 있다. 행사에서 현대자동차그룹의 소프트웨어센터인 포티투닷(42dot)은 수소 사업과 함께 가장 비중 있게 다뤄졌다. 자체 개발 중인 소프트웨어 중심 자동차(SDV)의 방향성과 실증 기술을 개발하는 곳이다. 42dot은 기존 SDV 및 AI 기술에서 생성된 데이터를 활용해 차량 기능과 사용자 인터페이스를 향상한 자체 SDV OS 솔루션을 선보였다. 포티투닷이 이날 선보인 SDV 플랫폼은 'AI 머신'이다. 자동차를 주변 환경 정보를 끊임없이 학습하는 러닝 머신(learning machine)이자 사람이 주는 데이터에 의존하지 않고 스스로 데이터를 만들고 수집해 목표를 달성하는 데이터 머신으로 정의했다. 단순하게 소프트웨어를 통한 기능 확장이 아닌 생활을 바꾸는 플랫폼으로 확장했다.

송창현 현대차 SDV 본부장(42dot 대표 겸임)은 "SDx의 핵심은 사용자 중심으로 구현되는 것"이라며 "세상의 모든 이동을 지식과 혁신의 원천으로 삼아, 누구나 사용할 수 있는 최적화된 모빌리티 디바이스와 솔루션을 만들어 제공하는 것이 목표"라고 설명했다.

'친환경도 돈이 된다' 수소 전면에

현대차그룹이 모빌리티 혁신과 함께 내세운 건 수소에너지다. 기자회견 45분 중 절반 이상을 수소에 할애했다.

올해 CES에서 현대차는 기존 연료전지 브랜드인 'HTWO'를 현대차그룹의 수소 밸류체인 사업 브랜드로 확장하겠다는 선언과 함께 수소 사회로의 전환을 앞당길 HTWO 그리드 솔루션을 발표했다.

수소 에너지는 청정하고 무한하며 세상 어느 곳에서나 존재한다는 특징이 있다. 수소는 다양한 방식으로 생산·활용이 가능하고 다른 에너지원 대비 높은 에너지 밀도로 저장·수송에 강점이 있다. 동시에 특정 에너지에 대한 의존도를 줄여 에너지 안보 측면에서 안정적 확보가 가능하고, 지역 내 수소 생산으로 에너지 자립도를 높일 수 있는 잠재력을 지니고 있다.

현대차는 1998년 연료전지 연구 초기부터 수소 관련 기술을 집중 개발했다. 이후, 2013년 투싼 ix35 수소전기차의 세계 최초 양산을 거쳐 25년 넘게 수소 에너지 기술에 투자해 수소 분야 리더십을 지속 강화해왔다.

현대차그룹의 수소 밸류체인 사업 브랜드인 'HTWO'는 그룹내 각 계열사의 역량을 결합해 수소의 생산, 저장, 운송·활용의 모든 단계에서 고객의 다양한 환경적 특성과 니즈에 맞춰 단위 솔루션(그리드)을 결합해 최적화된 맞춤형 패키지를 제공한다. HTWO 그리드 솔루션으로 수소 산업의 모든 밸류체인을 연결함으로써 생산부터 활용까지 수소 사업의 성장을 견인한다는 계획이다.

현대차는 승용 수소전기차(FCEV)분야에서도 시장 리더 입지를 강화하기 위해 '넥쏘' 후속 모델을 2025년까지 출시할 계획이라고 밝혔다. 현대차는 '스마트 모빌리티 솔루션 프로바이더'을 내세워 단순 차량을 넘어 이동 서비스와 다양한 기술을 제공한다는 계획이다. 현대차·기아는 소재 과학 및 엔지니어링 기술을 보유한 글로벌 기업 고어와의 협약을 통해 차세대 연료전지 시스템에 적용될 최적의 전해질막을 개발하기로 했다. 현대차·기아는 차세대 전해질막을 적용한 연료전지 시스템을 탑재할 경우 기존 상용 수소 전기차보다 내구성 및 성능이 대폭 향상된 차량을 개발할 수 있을 것으로 기대하고 있다.

김창환 현대차·기아 수소연료전지개발센터장은 "우리는 연료 전지 연구 개발을 시작했다. 엑센트 연료 전지 트럭(Accent Fuel Cell Truck)은 진정한 게임 체인저"라면서 "연료 전지에서 그치지 않는다. 모든 종류의 건설 차량, 버스, 트램, 기타 프로그램 등 모든 하이퍼 모빌리티 솔루션으로 이어진다"고 말했다.

정의선 회장은 수소에 집중하는 이유에 대해 "저희 세대가 아닌 후대를 위한 것"이라며 "(미래 세대를 위해) 준비해 놓는 것이 맞다고 생각한다"고 말했다. 지난해 발언한 "기업보다 더 IT 기업다워야 한다"는 발언에 대

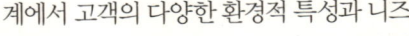

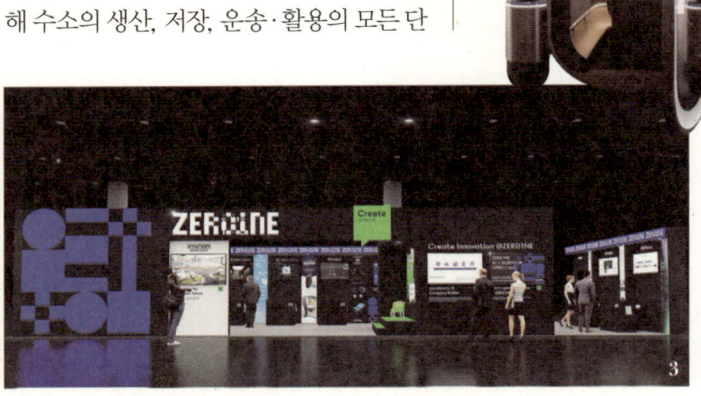

해서는 "안전을 위해 자동차에 IT을 많이 접목하고 있다"면서도 "아직 갈 길이 멀다"고 한발 물러섰다.

역대급 규모의 CES서 모빌리티 존재감 각인

이번 CES에서 현대자동차그룹의 존재감은 컸다. 일단 전시 공간이 역대급이었다. 총면적은 6437㎡로, 국제축구연맹(FIFA)이 규정한 국제경기 규격의 축구장 크기와 맞먹는다. 현대차는 라스베이거스 컨벤션센터(LVCC) 웨스트홀에 마련된 부스에서 '수소와 소프트웨어로의 대전환: 이즈에브리웨이(Ease every way)'를 주제로 전시를 열었다. 현대차그룹의 오픈이노베이션 플랫폼 제로원도 2년 연속 CES에 참가했다. 제로원이 스타트업 전시관인 유레카 파크에서 운영하는 부스에는 스타트업 11개 사가 개별 전시 공간을 꾸려 현지 네트워크 확보, 투자 유치를 위한 미팅을 전개했다.

현대차뿐만 아니라 현대건설, 현대엔지니어링, 현대로템, 현대글로비스, 현대제철 등 주요 그룹사가 함께했다. 이 밖에도 수소에너지, 소프트웨어, 로보틱스 기술이 접목된 미래 모빌리티 3종과 보스턴다이내믹스의 물류 상하차 로봇 '스트레치'가 현대차 부스에서 전시됐다.

모빌리티의 새로운 챕터, 에어모빌리티도 전면에

정의선 회장이 꼽은 또 다른 제품 에어택시는 항공기와 자동차의 장점을 결합한 새로운 교통수단이다. 기존의 교통수단보다 빠르고 편리하며, 도심의 교통 혼잡을 해결할 것으로 기대되면서 스마트시티 설계에서 자주 언급된다.

1. 자동 상하차 시연 중인 현대차의 로봇.
2. 수소 모빌리티 '다이스'
3. 현대차그룹 제로원 부스.
4. 슈퍼널 차세대 AAM 기체.

미국 도심항공교통(UAM) 법인 슈퍼널이 고급항공모빌리티(AAM) 생태계를 구축하고 있다. AAM은 급부상하는 분야로 이번 2024에 새롭게 추가됐다. 슈퍼널은 민간수송용 전기수직이착륙(eVTOL) 항공기 제작을 위한 제조공장 건립 계획을 밝혔다. 항공기용 연료 대신 전기를 사용해 상업용 항공기를 항공 택시화할 수 있는 가능성을 보고 있다.

슈퍼널은 2028년 상용화를 목표로 개발 중인 UAM 기체의 신규 디자인을 공개하고, 실제 크기의 모델을 전시했다. 특히 LVCC 외부에 UAM 정거장인 버티포트를 연상시키는 공간을 마련해 관람객이 실제로 UAM을 이용하는 듯한 경험을 제공하며 큰 인기를 끌었다.

이밖에 현대모비스는 자동차용 투명 디스플레이를 최초로 선보였다. 양산 적용이 가능한 모빌리티 신기술 20종을 선보였다. 고부가가치 기술이 집약된 '혁신 디스플레이' 시리즈와 고출력 통합 충전 제어 모듈(ICCU) 등이 대표적이다.

SECTION 3　Company 기아

기아, 차세대 모빌리티 솔루션의 기준을 제시하다

5년 만에 CES 2024에 참가한 기아는 차량 그 이상의 플랫폼인 PBV의 혁신적인 라인업을 선보이며 미래 모빌리티의 새로운 기준을 제시했다.

KEYWORD 1
목적기반차량 (PBV), 효율성, 맞춤형

KEYWORD 2
차량·소프트웨어· 미래 기술 통합

KEYWORD 3
차량 그 이상의 플랫폼

기아가 세계 최대 가전·정보기술(IT) 박람회인 CES 2024에 '준비된 기아가 보여줄, 모두를 위한 모빌리티 (All Set for Every Inspiration)'라는 주제로 참가했다.

또한, 본격적인 개막을 하루 앞둔 지난 8일 열린 프레스 콘퍼런스에서 목적 기반 차량(Purpose Built Vehicle, 이하 'PBV')의 비전과 미래 전략을 소개하고 5대의 라인업을 최초로 선보였다.

기아의 CES 참가는 2019년 이후 5년 만이다. 2021년 회사 로고 변경 후 새로운 브랜드로 참가하는 첫 행사인 만큼 기아는 새로운 PBV 비전 소개에 집중했다.

기아가 재정의한 PBV는 차량 그 이상의 플랫폼(Platform Beyond Vehicl)을 의미하는 약자다. 자유롭고 유연성을 갖춘 맞춤형 차량 설계와 혁신적인 공간 활용으로 효율적인 차량 내 경험을 제공한다는 것이 핵심이다. 아울러 현대자동차그룹의 소프트웨어-투-에브리씽(SDx) 전략에 따라 다목적형 전기차와 첨단 소프트웨어 솔루션을 결합한 토탈 모빌리티 솔루션을 선보였다. 이로써 모빌리티 산업을 혁신하는 동시에 로봇 공학, 항공 모빌리티(AAM), 자율주행 등 다양한 분야에서 현대자동차그룹의 비전을 앞당긴다는 목표를 세우고, 단계별 계획 또한 함께 제시했다.

송호성 기아차 CEO는 "차량을 넘어선 플랫폼인 PBV가 새로운 비즈니스와 라이프스타일을 열어갈 것"이라고 밝혔다.

목적에 따라 변신하는 PBV 라인업

기아는 새로운 모듈형 플랫폼을 기반으로 제작될 전기 밴, 트럭, 라이드 헤일링 및 라스트 마일 배송 차량 등의 향후 라인업을 공개했다. 이 라인업은 단순하고 직관적인 디자인을 기본으로 하면서도 강인한 캐릭터를 구현했다.

기본 전기 파워트레인은 업계에서 인기를 끌고 있는 스케이트보드 스타일을 유지했다. 스케이트보드 기반의 PBV 전용 EV 플랫폼 위에 다양한 수요를 반영할 수 있도록 상단을 모듈 즉 어퍼바디 식으로 체결하는 형태다.

설명에 따르면 고정된 운전인 드라이버 존 뒤에 교체 가능한 다양한 상체, 즉 라이프 모듈을 하이브리드 전자기 및 기계식 결합 기술로 기본 차량에 연결한다. 따라서 낮에는 택시, 밤에는 배달용 밴, 주말은 개인 레저용 차량 등으로 용도에 따라 PBV를 전환할 수 있다.

용접이 필요 없는 차체 구조 어셈블리는 차량 사용 목적에 따라 이동식 부재의 길이를 유연하게 조정할 수 있도록 설계되었다. 표준화되고 편리한 키트 형태로 제공되는 다이나믹 하이브리드 기술은 기아 PV5를 현장에서 신속하고 간단하게 변형할 수 있다.

1. 기아가 CES 2024에서 새로운 모듈형 플랫폼을 기반으로 제작될 라인업을 선보였다.
2. CES 2024의 기아 부스에서 소개된 PBV 라인 모델.

기아 최초의 전용 PBV 모델이자 PBV 라인업은 활용도를 극대화했으며, 모든 기능은 쉽고 직관적으로 사용 가능하도록 만들어졌다. 전용 EV 플랫폼과 확장된 휠베이스의 PV5는 ▲베이직(Basic) ▲딜리버리(Van) ▲딜리버리 하이루프(High Roof) ▲샤시캡(Chassis Cab) 등 다양한 버전으로 출시될 예정이다. 향후에는 모셔널과 함께 개발한 로보택시(Robotaxi)도 선보일 예정이다.

혁신을 구현하는 동시에 기준을 바꿀 미래 모빌리티의 등장

기아는 PV5 콘셉트 모델 외에 PV7과 PV1 콘셉트 실물도 공개했다. 대형 PBV인 PV7은 라인업 가운데 가장 넓은 공간을 제공하며 주행 거리 또한 길어 다양한 용도에 적합한 모델이다.

소형 PBV인 PV1는 단거리 물류 운송에 최적화

된 모델이다. 드라이빙 모듈을 사용해 좁은 공간에서 회전 반경을 최소화할 수 있다. 직각 운행, 사선 주행, 제자리 회전, 피봇 턴(PivotTurn, 원하는 위치로 차량을 자유롭게 회전시키는 방식) 등 자유로운 퍼포먼스가 가능해 좁은 공간에서도 빠르게 이동 가능하다. 이로써 장거리 주행이 가능하고 공간이 넓은 PV7과 민첩한 이동이 가능한 PV1이 물류, 특히 라스트마일 딜리버리(Last Mile Delivery)까지 포괄하는 최적의 운송 솔루션을 제공할 수 있을 것으로 기대하고 있다.

송호성 기아 대표는 "PBV가 머지않아 모빌리티의 세계를 혁신적으로 변화시킬 것이며, 많은 사람들이 PBV가 모빌리티의 표준이 되는 시대를 맞이하게 될 것"이라고 강조했다.

연간 30만 대의 생산 능력 확보…
2025년엔 미래지향형 PBV 첫 출시 예정

현재 2025년에 가동할 전용 공장을 건설 중인 기아는 연간 15만 대의 생산 능력을 예상하고 있으며 전 세계적으로 30만 대까지 생산량이 늘어날 것으로 전망했다.

가장 먼저 생산될 모델은 2025년에 약 3만 5000달러로 출시할 미래 지향적인 스타일의 3열 밴인 기아 PV5가 될 것이다. 또, 2027년에 선보일 더 큰 버전(PV7), 스마트카 크기의 옵션(PV1) 렌더링까지 공개했다. 더 나아가, 기아는 2028년에 로보택시 버전을 출시할 예정이며, 이 플랫폼을 기반으로 제작된 차량이 일반 소비자에게도 제공될 수 있을 것이라고 전했다.

3. 기아가 공개한 PBV라인업은 CES 2024관람객의 눈길을 사로잡았다.

> **PBV가 머지않아 모빌리티의 세계를 변화시킬 것이며 표준이 되는 시대를 맞이할 것이다.**

덧붙여 앞으로의 목표는 각 PBV가 견고한 특성을 반영하면서 일관된 디자인 품질을 공유해 더욱 신뢰할 수 있는 뛰어난 성능을 발휘하도록 하는 것이라고 밝혔다. 기존의 제한적이고 일차원적인 업계 제품 라인업을 극복하기로 결심한 만큼 PBV에 대한 새로운 접근 방식은 교통수단이 제한된 개인과 조직이 직면할 수 있는 다양한 모빌리티 문제를 해결하는 데 도움이 될 수 있다.

더 나아가 기아는 차량, 소프트웨어, 미래 기술을 통합한 PBV 실현으로 고객에게 부가가치를 제공한다는 비전을 밝혔다.

그에 따른 PBV 로드맵은 세 단계로 구분된다. 1단계로는 고객의 다양한 니즈에 맞춰 전환이 가능한 다목적 전기차로서 호출, 배달, 유틸리티 등 주요 영역에 최적화된 '기아 PV5'를 선보일 계획이다. 차량과 경로 및 배송 정보 등 외부 데이터 간 데이터 연결성을 강화해 여러 대의 차량을 소프트웨어 정의 플릿으로 편리하게 운영할 수 있도록 할 계획이라고 밝혔다.

2단계에 이르러서는 PBV 전용 모델 라인업을 완성한다. 목표는 데이터를 사용하여 사용자와 상호 작용하고 차량 업데이트를 지원하는 AI 기반 모빌리티 플랫폼으로의 진화다. 통합 PBV 솔루션은 디바이스와 소프트웨어 전반에 걸쳐 맞춤형의 원활한 경험을 제공할 수 있을 것이다.

마지막 3단계에선 미래 모빌리티 생태계와의 통합을 거쳐 기아 PBV가 고도의 맞춤형 모빌리티 솔루션으로서 진화할 것으로 기대하고 있다.

SECTION 3 ⏻ **Company LG**

연합뉴스

마음을 읽는 인공지능, LG전자만의 공감지능

LG의 이름을 단 7억 개의 제품은 AI 지원 지능형 센서를 통해 고객의 마음을 읽는다. 마음을 읽는 LG는 가전 기업에서 소프트웨어 중심의 모빌리티 사업에도 손을 뻗었다.

조주완 LG전자 CEO는 1월 8일 열린 프레스 컨퍼런스에서 AI 사업 올인을 선언했다.

LG전자의 차별화된 인공지능, 공감지능
조 대표는 "LG전자는 가전회사에서 모빌리티, 가상공간에 이르기까지 사업 영역을 확장하고 있다"며 "어느 공간이든 AI에 기반한 3C, 2S를 통해 고객 경험을 새로운 패러다임으로 끌어올리겠다"라고 말했다. 그가 강조한 3C, 2S는 관리(Care), 연결성(Connectivity), 맞춤화(Customization), 서비스화(Servitization), 그리고 지속가능성(Sustainability)이다. 또한 LG전자의 인공지능을 '공감지능(Affectionate Intelligence)'으로 재정의했다. 배려와 공감을 담은 인공지능이라는 의미다. 그러면서 공감지능의 차별적 특징으로 실시간 생활 지능(Real-Time Life Intelligence), 조율·지휘 기능(Orchestrated Intelligence), 그리고 책임지능(Responsible Intelligence)을 꼽았다.

조 대표는 "전 세계적으로 7억 개의 LG 제품

KEYWORD 1
관리, 연결성,
맞춤화, 서비스화,
지속가능성

KEYWORD 2
배려와 공감을
담은 인공지능,
공감지능

KEYWORD 3
LG
모빌리티의 중심은
전기화

127
CES 2024

SECTION 3　Company LG

이 AI 지원 지능형 센서를 통해 생활 데이터로 활용할 수 있다"며 "고객의 행동 패턴과 대화 뉘앙스, 감정 상태까지 파악할 수 있다"고 설명했다. 이어 자체 개발한 대규모언어모델(LLM) 기반의 'LG AI 브레인'이 오케스트레이션 지능을 갖춘 AI 엔진을 구동하고, 자체 데이터 보안시스템인 'LG쉴드'로 고객 데이터를 보호할 것이라고 강조했다.

가전 기업에서 SDV 중심 모빌리티 기업으로 사업 확장 가속화

LG전자의 모빌리티 사업에 대한 발표가 시선을 끌었다. 무대에 선 은석현 LG전자 VS사업 본부장은 진화하고 있는 자동차의 미래를 '바퀴 달린 생활공간'으로 소개했다. 최근 LG전자는 가전사업을 넘어 모빌리티로 비즈니스 영역을 확장하고 있다. 이 때문에 CES 2024에서도 LG전자의 전장사업은 많은 관심을 받았다.

LG는 SDV(소프트웨어 중심 차량) 솔루션 'LG 알파웨어(LG αWare)'를 공개했다. 'LG 알파웨어'는 기존 차량의 OS(운영체제) 성능을 강화하거나 소프트웨어 개발 프로세스 전반에서 개발자를 돕는 솔루션을 제공한다.

아울러 차량용 엔터테인먼트 솔루션, 증강현실(AR)·혼합현실(MR)과 AI 기술 등을 활용한 휴먼-머신 인터페이스 솔루션 등도 포함됐다.

LG전자 측은 "휠 위의 생활공간을 만들어내는 비전을 현실화

> 고객 경험을 완전히 새로운 패러다임으로 끌어올리기 위한 가장 중요한 요소는 인공지능(AI)이 될 것이다.

하고 있다"며 "모빌리티 분야는 미래 LG전자의 핵심 먹거리 사업으로 성장할 것"이라고 기대감을 내비쳤다.

마이클 코슬라 B2B 영업 부사장은 LG전자의 EV충전 솔루션을 강조했다. 코슬라 부사장에 따르면 연내 미국에서 세 가지 초고속 충전기를 선보일 계획이다.

실제 LG전자는 미국 텍사스주에 최초의 충전기 생산 공장을 설립할 계획을 발표한 바 있다. 텍사스주 포트워스에 들어설 전기차 충전기(EVC) 공장은 해외 최초의 생산 기지다.

코슬라 부사장은 "주요 사업자인 차지 포인트 운영자들과 파트너십을 구축하고, AI 기술을 활용해 EV 충전 솔루션 관리 운영에 효율성을 높이고 있다"고 설명했다. LG전자는 올해 전장사업에 이어 EV 충전 솔루션 사업까지 확장하면서 모빌리티 생태계 기반을 확대하려는 LG전자의 노력을 반영하는 것

1. LG전자 조주완 CEO.
2. LG 로봇 CLOi.
3. LG전자 투명 OLED TV.
4. LG 가전체험 공간 '어나더빌라'.
5. LG 스마트홈 인공지능(AI) 에이전트.
6. CES 2024 LG전자 부스를 찾은 관람객들.

프랭크 리 LG전자 HE마케팅 PR 담당은 세계 최초의 4K 무선 투명 올레드 TV 'LG 시그니처 올레드 TV'를 공개했다. 뛰어난 화질의 TV를 보면서도, 투명 올레드를 통해 스크린 너머를 볼 수 있다. 또 모듈형 솔루션을 통해 투명 스크린 주변에 모든 선을 없애면서 설치 장소의 제약을 줄였다. 이날 현장에서 올레드 TV의 기술이 시연되자 박수가 나오기도 했다.

LG전자의 미국 전기차 충전기 생산 공장 본격 가동 시작

LG전자는 11일 미디어 브리핑 행사에서 충전기 생산 공장 계획을 발표하고, 연내 미국뿐 아니라 아시아, 유럽 시장으로 EV 충전 사업 영역을 넓힐 계획도 밝혔다. LG전자는 최근 미국 텍사스(Texas)주 포트워스(Fort Worth)에 전기차 충전기 생산 공장을 구축했다. 연면적 약 5500제곱미터(㎡) 규모로 연간 약 1만 대 이상의 충전기를 생산할 수 있다.

으로 풀이된다.

그는 "LG전자는 스마트 라이프 솔루션 회사로의 새로운 비전을 통해 모빌리티를 포함한 모든 공간에서의 변화를 모색하고 있다"고 덧붙였다.

LG가 그리는 AI 기반의 미래 스마트홈

정기현 플랫폼사업센터장은 스마트홈 플랫폼 LG 씽큐(LG ThinQ)를 소개하고, AI 기반의 미래 스마트홈 청사진을 제시했다.

이어 헨리 김 LG전자 미국법인 씽큐플랫폼사업 담당은 '스마트홈 AI 에이전트'를 소개했다. 애완견처럼 생긴 에이전트는 전면에 디스플레이를 통해 감정을 표현하면서 소통한다.

또 가전과 IoT 기기를 연결, 제어하고, 카메라와 스피커, 센서 등을 통해 집안 환경 데이터를 수집하는 만능 도우미가 될 것이라고 LG전자 측은 설명했다.

SECTION 3 Company LG

1. LG 차량용 '48인치 필러투필러 LTPS LCD'와 '18인치 슬라이더블 OLED'로 구성된 디지털 콕핏.

2. LG전자가 2024년 상반기 내 출시할 11kW 완속 충전기 제품.

이날 브리핑 행사에서 장익환 LG전자 BS 사업본부장은 "안정적인 품질 기반의 충전기와 고도화된 관제 솔루션을 결합한 최적의 충전 솔루션을 선보일 것"이라고 말했다.

LG전자 미국 텍사스 공장은 북미 시장을 겨냥한 전기차 충전기 생산 거점이다.

특히, 지난해 LG전자가 자회사인 하이비차저(HiEV Charger)를 통해 국내에서 전기차 충전기 생산을 본격 시작한 이래 첫 해외 생산 공장이다. LG전자는 물류 효율성, 기존 유휴 시설 활용 등 시너지를 고려해 텍사스 지역을 미국 생산기지로 낙점했다. 자동차, 금융 등 다양한 산업이 발달한 텍사스 지역은 우수한 물류와 교통 인프라를 갖추고 있다. 공급망 관리에 이점이 있는 이번 신규 공장을 교두보로 삼아 북미 전기차 충전기 시장 수요를 적극 공략한다. 또한, 전기차 충전 사업 영역을 아시아, 유럽 등 글로벌 시장으로 지속 확장해 나갈 방침이다.

LG전자는 앞으로 미국에서 단기적으로는 신뢰성 있는 충전기 품질, 유지 보수 및 버티컬 영업 역량을 활용해 '충전기 판매 사업자'로 진입한다.

중장기적으로는 관제, 광고 등 차별화된 솔루션 기반의 '충전 솔루션 사업자'로서 전기차 충전 사업을 조(兆) 단위 사업으로 빠르게 육성할 계획이다. "연내에 아시아와 유럽 등 글로벌 시장으로도 EV 충전 사업을 확대할 것"이라고 예고하기도 했다.

최근 11킬로와트(kW) 완속 충전기 생산을 시작한 데 이어, 연내 175kW 급속 충전기, 350kW 초급속 충전기까지 생산을 확대할 계획이다. 상업용·장거리 이동에 적합한 급속충전기 라인업을 강화해 다양한 고객 니즈에 대응하고 제품 경쟁력을 강화한다.

11kW 완속 충전기는 벽에 부착하거나 세우는 등 자유로운 공간 활용이 가능하다. 전력 상황에 따라 출력을 자동으로 제어하는 부하관리 솔루션도 탑재됐다.

최근 글로벌 안전 인증 기관인 UL로부터 전

3. LG 본 보야지(Bon Voyage) 캠핑카.
4. LG 자율주행 통합 플랫폼 제품.
5. LG 알파블 콘셉트카.

기차 공급 장비 표준인 'UL2594'와 미국 환경보호국의 신뢰할 수 있는 에너지 및 성능 표준인 'ENERGY STAR®' 인증도 획득하며, 뛰어난 제품 안전성을 인정받았다. 또 올해 상반기 중 대표적인 전기차 충전 방식인 CCS1(Combined Charging System)과 NACS(North American Charging Standard)을 동시에 지원하는 175kW 급속 충전기 생산을 시작해 보다 편리한 충전이 가능해진다.

지난해 미국 정부는 2032년까지 생산되는 신차 중 전기차의 비중을 67%까지 확대하겠다고 발표한 바 있다. 또 지난 2021년 '국가 전기차 충전 인프라 확대를 위한 특별법(NEVI)'을 제정해 2030년까지 전기차 충전소 총 50만 개 구축을 목표로 하는 등 전기차 충전 인프라 확산에 속도를 내고 있다.

독일 컨설팅업체 롤랜드버거(Roland Berger)에 따르면, 글로벌 전기차 충전 시장 규모는 오는 2030년 1860억 달러 규모까지 성장할 것으로 전망된다. 친환경 규제 강화와 완성차 업계의 전동화 전략 가속화로 전기차 충전 솔루션 및 인프라 시장의 규모는 더욱 확대될 것으로 예상된다.

조주완 CEO는 지난해 미래 비전 발표에서 중·장기 미래 구간에서 주목해야 할 변곡점 중 하나로 '전기화(Electrification)'를 언급하며 전기차 충전기 사업을 조(兆) 단위 사업으로 빠르게 육성하겠다고 밝힌 바 있다.

LG전자는 단기적으로 뛰어난 제조 역량, 품질, 유지보수(AS), 영업 역량 등을 활용한 '충전기 판매 사업자'로 진입하고, 중장기적으로 관제, 광고 등 차별화된 솔루션 기반의 '충전 솔루션 사업자'로서의 입지를 강화한다. 미국 호텔 TV, 디지털 사이니지 등 B2B 사업을 통해 구축한 영업망을 기반으로 호텔, 쇼핑몰, 리테일 매장 등은 물론, 고속도로 충전소, 차고지 등 다양한 전기차 충전 인프라 수요를 공략할 계획이다.

SECTION 3 ⏻ Company SK

탄소감축 기술 망라한 '테마파크' 선보인 SK

SK그룹은 0 번 CES에서 탄소 감축 기술과 사업으로 기후위기가 사라진 '넷 제로(Net Zero)' 라는 주제를 강조했다.

KEYWORD 1
'넷제로'와 '지속가능성' 강조

KEYWORD 2
탄소감축 솔루션 패키지 기업 자리매김 목표

KEYWORD 3
글로벌 메모리 반도체 시장 선도

SK㈜, SK이노베이션, SK하이닉스, SK텔레콤, SK E&S, SK에코플랜트, SKC 등 7개 계열사가 CES 2024에 참가해 '행복'을 주제로 한 전시관을 공동 운영했다. 전시관의 이름은 'SK 원더랜드'로 명명됐다.

에너지, 모바일 인프라, 메모리칩, 배터리 등 다양한 산업을 영위하고 있는 SK그룹은 맑은 공기, 쾌적한 주거환경 등 기후위기가 사라진 넷제로 세상 속에서 느낄 수 있는 행복을 관람객들이 체험할 수 있도록 미래형 기차와 하늘을 나는 양탄자를 타고 AI로 운세도 볼 수 있는 테마파크 콘셉트의 전시관으로 꾸몄다. 전시관 규모는 1850㎡(약 560평)으로 작년 CES 2023 대비 627㎡(약 190평) 확대됐다.

SK그룹 관계자는 "기후위기가 사라진 넷제로 세상 속에서 느낄 수 있는 행복을 관람객들이 체험할 수 있도록 전시관을 구현했다."라며, "이를 통해 탄소 감축 여정에 동참하는 것이 행복한 일이고 지속 가능한 행복을 지키는 것이라는 메시지를 전달할 계획"이라고 말했다.

SECTION 3   Company SK

앞서, SK그룹은 CES 2022에서 2030년 기준 전 세계 탄소 감축 목표량의 1%(2억톤)를 줄이겠다고 공표하기도 했다. 최태원 SK 회장은 지난 10월 프랑스 파리에서 열린 '2023 CEO 세미나' 폐막 연설을 통해 새로운 글로벌 전략 방향으로 "그룹의 다양한 제품을 묶어서 고객의 문제를 해결한다면 새로운 시장이 열릴 수 있다"며, "그룹의 장점을 최대한 살려서, 제품을 패키지(package)화하면 글로벌 경쟁에서 생존할 수 있다"고 말하기도 했다.

SK는 고대역폭메모리반도체(HBM), 전기차 배터리, 도심항공교통(UAM), 첨단소재, 플라스틱 리사이클링(Plastic Recycling), 수소, 소형모듈원자로(SMR), 탄소포집·저장·활용(CCUS) 등 각 계열사의 탄소감축 기술과 사업들을 개별 전시하지 않고, 한곳에 모아 관람객들이 한눈에 보고 체험할 수 있도록 했다.

AI 산업 필수재, 메모리칩

SK 원더랜드에는 곳곳에 숨어 있는 기술들이 있었다. 그 중 하나가 바로 반도체 기술. SK그룹의 반도체 계열사 SK하이닉스는 SK 원더랜드 전시장 내부에 마련된 별도의 부스에서 AI 인프라의 핵심인 초고성능 메모리 기술력을 선보였다.

SK하이닉스는 다가오는 AI 시대의 중심에 메모리 반도체가 있음을 강조하고, 글로벌 AI 메모리 시장을 선도하는 회사의 경쟁력을 전 세계에서 온 관람객에게 알렸다. 이와 함께 AI를 위한 초고성능 메모리인 HBM3E,* CPU, 메모리, 스토리지 등 서로 다른 인터페이스를 통합해 처리 효율성과 용량 확장성을 높인 차세대 인터페이스 CXL(Compute eXpress Link) 기반의 메모리 제품, CXL 기반 연산 기능을 통합한 메모리 솔루션 CMS(Computational Memory Solution) 시제품, 프로세서처럼 연산 기능까지 갖춘 차세대 지능형 메모리 PIM(Processing-In-Memory) 기반의 AI 가속기용 카드 시제품 'AiMX(AiM based Accelerator)*' 등을 선보이며, 관람객들의 호응을 얻었다.

특히, SK하이닉스의 'AI 포춘텔러(AI Fortune Teller)'는 많은 관람객의 호응을 얻었다. 포춘텔러는 얼굴 인식 AI 기술을 통해

* HBM
(High Bandwidth Memory)

여러 개의 D램을 수직관통전극(TSV, Throungh Silicon Via)으로 연결해 고대역폭을 구현한 메모리로, 기존 D램보다 데이터 처리 속도를 혁신적으로 끌어올린 고부가가치, 고성능 제품. HBM3E는 HBM3의 확장(Extended) 버전이다

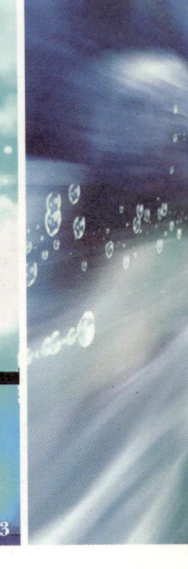

닉스는 DDR5 기반 96GB(기가바이트), 128GB CXL 메모리 솔루션 제품을 올 하반기부터 상용화한다는 계획이다.

특히, 이번 전시에서 눈에 띄었던 것은 AiMX였다. AiMX는 대규모 언어모델(Large Language Model, LLM)에 특화된 생성형 AI 가속기에 쓰이는 카드형 제품으로, 데이터 저장은 물론 연산까지 가능한 차세대 지능형 메모리인 GDDR6-AiM(Accelerator-in-Memory) 칩을 탑재했다. AiMX는 기존 GPU 중심의 생성형 AI 시스템과 비교해 데이터 처리 시간을 대폭 단축하면서도 더 낮은 전력을 소모한다는 장점이 있어, 많은 데이터를 처리해야 하는 AI 시스템 발전에 중요한 역할을 할 것으로 기대되고 있다.

이 밖에도 SK하이닉스는 서버용 DDR5 모듈과 새로운 형태의 D램 모듈인 LP CAMM2(Compression Attached Memory Module)*에 대한 품질 테스트 보드를 선제적으로 개발, 완성도 높은 차세대 제품을 적기에 공급할 수 있는 기반을 마련했다고 전했다. SK하이닉스는 "CES 2024를 통해 AI 시대를 선도하는 메모리 기업으로서 자사의 기술력을 AI의 본고장인 미국, 그것도 혁신의 중심인 CES에서 선보였다"며 "앞으로 글로벌 협력을 강화해 AI 메모리 리더십을 더욱 공고히 하겠다"고 밝혔다.

관람객 얼굴이 합성된 타로카드를 만들어주는 생성형 AI다. 포춘텔러에서 소개된 HBM3E는 SK하이닉스가 2023년 8월, 개발에 성공한 현존 최고 성능의 메모리 반도체로, 초당 1.18TB(테라바이트) 이상의 동작속도를 자랑한다.

방대한 데이터를 빠르게 처리해야 하는 AI, 클라우드, 고성능 컴퓨팅 분야에서 핵심적인 요소로 활용되고 있으며, 회사는 올해 상반기부터 본격적인 양산에 돌입해 AI 메모리 기술 리더십을 공고히 할 것으로 전망하고 있다.

또한, 사물의 이미지를 디지털 신호로 변환하는 CIS는 주로 스마트폰을 비롯한 카메라 등에 사용되며, 최근 AI 기반의 자율주행과 의학, 보안 등 이미지 데이터가 필요한 모든 곳에 적극 활용되고 있다.

SK하이닉스는 CXL 기술력이 방대한 데이터를 더 효율적으로 처리하려는 AI 고객들에게 큰 도움이 될 것으로 전망했다. SK하이

1.2.
반도체 기술을 결합한 SK하이닉스의 'AI 포춘텔러'.

3.
SK의 미래 모빌리티 체계를 체험할 수 있는 Magic Carpet.

4.
SK에코플랜트 그린수소 밸류체인과 친환경 소재들이 소개되는 Train Adventure.

*AiMX
(Accelerator-in-Memory based Accelerator)

SK하이닉스 최초의 PIM 제품인 GDDR6-AiM 칩을 사용해 대규모 언어 모델(Large Language Model)에 특화된 AI 가속기용 카드 시제품

AI 글로벌 파트너십 확장

SK그룹의 각 계열사들 임원들은 이번 CES 기간동안 글로벌 파트너들을 만나며 글로벌 시장 확장을 타진하기도 했다. 먼저 SK텔레콤의 유영상 사장과 주요 경영진은 AI 기반의 디바이스 및 소프트웨어 플랫폼 스타트업 휴메인(Humane)과 만나 스마트 웨어러

블 디바이스 'AI PIN' 기반의 협력을 모색했다. 휴메인은 마이크로소프트, 퀄컴, 샘 올트먼, 소프트뱅크 등 빅 플레이어를 비롯해 한국의 SK네트웍스 등 글로벌 유수 기업들에게 가능성을 인정받고 투자를 유치한 기업으로, 휴메인이 처음으로 선보인 GPT-4 기반의 대화형 웨어러블 디바이스 AI PIN은 AI 비서(PAA) 및 메시징, 헬스케어, 실시간 통역 등 다양한 기능을 제공하며 온디바이스 AI 시장을 선도할 제품으로 주목받고 있다.

SKT는 AI PIN의 국내 시장 진출을 비롯해 에이닷(A.)과의 시너지 창출 방안 등 온디바이스 AI 경쟁력 강화를 위한 협업을 추진한다. 미국 수의 X-ray영역에서 글로벌 톱 티어(Top Tier)로 평가받고 있는 베톨로지(Vetology)와는 SKT가 개발한 엑스칼리버(X Caliber) 기술과 적용 사례를 소개하고 양사의 협력 가능성을 타진하기도 했다. SKT는 AI 기술 역량으로 만들어 낸 엑스칼리버가 베톨로지와 협력을 통해 진단 정확도, 진단 커버리지 등을 더욱 업그레이드 할 것으로 기대하고 있으며, 이를 바탕으로

LP CAMM2
(Low-Power Compression Attached Memory Module)

데스크톱/노트북/태블릿용 메모리를 차세대 모듈 규격(CAMM)에 맞춰 개발한 제품. 기존 모듈 대비 단면 구성으로 두께가 반으로 줄고, 고용량 저전력의 특성을 지니고 있다.

AI 진단 영역의 글로벌 No.1 사업자로 도약한다는 계획이라고 밝혔다.

유 사장을 비롯해 SKT, 국내 AI반도체 기업 사피온의 주요 경영진은 글로벌 서버 제조사 슈퍼마이크로(Supermicro)와 만나 최근 사피온이 공개한 AI 반도체 X330의 판매 확대를 위한 협력을 논의했다.

SKT와 사피온은 슈퍼마이크로가 생산하는 AI서버에 X330을 탑재하는 등 전략적 협업을 통해 X330의 글로벌 판매 확대에 나선다는 방침이며, 향후 차세대 AI DC(데이터센터) 관련 사업 협력도 추진한다.

SKT가 결성한 K-AI얼라이언스의 결속력도 이번 CES 2024를 통해 더욱 강화되었다. 유 사장은 몰로코, 팬텀AI, 마키나락스, 사피온 등 K-AI 얼라이언스 주요 멤버사들과 만나 향후 협력 강화 및 시너지 확대 방안에 대해 심도있는 논의를 진행했다.

SKT 유영상 사장은 "이번 CES를 통해 SKT가 보유한 다양한 AI 기술과 역량이 글로벌 시장에서 인정받고 있다는 것을 다시 한번 확인할 수 있었다"며, "SKT는 자강과 협력 기반의 AI피라미드 전략을 중심으로 명실상부 글로벌 톱 수준의 AI컴퍼니로 변모해 나갈 것"이라고 밝혔다.

배터리에 진심인 SK온

SK그룹의 전기차 배터리 사업을 총괄하는 최재원 SK온 대표이사 수석부회장도 CES 2024 현장을 찾아 파트너사들과 경쟁업체들의 기술들을 살펴보기도 했다.

전기차 업체 테슬라를 필두로 점차 도입이

확대되고 있는 원통형 배터리에 대한 개발 다변화도 이룰 것이라고 전하기도 했다.

최 수석부회장은 개막 첫날인 지난 1월 9일 이스라엘 자율주행 센서 업체 '모빌아이' 부스를 가장 먼저 찾았다. 모빌아이는 첨단운전자 보조시스템(ADAS)를 세계 최초로 개발한 업체로 인텔이 18조원에 인수한 자율주행 기술 기업이다. 테슬라의 오토파일럿 초기 버전에 사용한 자율주행 칩을 설계한 곳이 바로 모빌아이다.

해당 부스에서 최 수석부회장은 정의선 현대차그룹 회장을 만나 인사를 나누기도 했다. 이에 앞서 정 회장이 SK그룹 부스 'SK원더랜드'를 방문해 최 수석부회장이 직접 맞이하기도 했다. 해당 만남에서 최 수석부회장은 정 회장에게 SK그룹이 추진 중인 '넷제로(Net Zero) 사업을 직접 소개하고 양사 간 협력 확대 의지를 다지기도 했다.

SK온 최 수석부회장은 앞으로 개발예정인 배터리에 대한 이야기를 전하기도 했다. 현재 파우치형 배터리만 양산하는 SK온이 완성차 업체의 다양한 폼팩터 수요에 부응하기 위해 각형 배터리 개발을 했고 시제품 생산에도 성공한 상태이다. CES 2024에 참석하며 폼팩터 다양화를 위해 "원통형 배터리도 개발 중"이라고 전한 것이다.

원통형 배터리는 제조비용이 낮고 안정성이

1.
SK 기술로 완성된 넷제로 세상 속 다양한 행복을 표현한 Wonder Globe.

2.
SK 폐플라스틱 리사이클링 기술을 확인할 수 있는 Rainbow Tube.

3.4.
SK에코플랜트의 EV배터리 순환 체계를 담은 Dancing Car.

5.
SK에코플랜트의 EV배터리 리사이클링 기술과 글로벌 폐배터리 수거 거점이 등장한 Dancing의 장면.

높지만, 둥근 형태 탓에 모듈이나 팩으로 모아 놓으면 공간 효율성이 떨어지는 단점이 있다.

또한 에너지 밀도도 낮아 전기차 시장에서 선호되는 유형은 아니었다. 하지만 테슬라가 최근 에너지 용량과 출력을 높여 주행거리를 늘릴 수 있는 4680형(지름 46㎜·길이 80㎜) 배터리 양산에 성공하면서 관심이 커지고 있다. BMW, 볼보, 스텔란티스 등도 원통형 배터리 적용을 추진 중이다.

최 수석부회장은 "고객마다 요구하는 사양이 다 달라 이에 대응하고자 3개 폼팩터를 모두 개발하는 것"이라며 "앞으로도 여러가지 소재를 이용해 개발하고 고객 베이스를 넓히려 한다"고 전했다.

그는 원통형 배터리 개발에 착수한 시기는 이미 오래 됐으며 각형 개발을 완료했고, 원통형은 고민하다가 개발 진행을 많이 했다고 덧붙이기도 했다.

SECTION 3　　Company 롯데

메타버스·전기차 등 신사업 가시적 성과

올해 CES에서 롯데정보통신은 메타버스와 전기차 사업 분야에서 글로벌 시장에서의 경쟁력을 확인했다.

KEYWORD 1 메타버스서 전자 음악 페스티벌 구현

KEYWORD 2 LS일렉트릭과 전기차 충전기 협력

KEYWORD 3 AI 트랜스포메이션 기술 도입 모색

롯데정보통신은 해외 페스티벌의 메타버스 개최 독점 계약하고 전기차 충전기 및 플랫폼에 대한 문의를 세계 각국에서 받는 등 신사업 분야에서 성과를 거뒀다.

이번 CES에서 메타버스 플랫폼과 전기차 충전기·플랫폼을 내세운 롯데정보통신은 "메타버스 플랫폼 칼리버스는 역대 최다 관람객 수를 기록했고, 전기차 충전기 및 플랫폼은 세계 각국에서 계약 문의가 들어왔다"고 설명했다.

롯데정보통신과 메타버스 자회사 칼리버스는 CES기간동안 글로벌 전자 음악 페스티벌 투모로우랜드와 독점적 파트너십을 체결했다. 양사는 메타버스 플랫폼인 '칼리버스'에서 전자 음악 페스티벌을 구축하게 된다. 사용자들이 스스로 콘텐츠를 제작하는 'UGC(User-Generated Content)'도 적극 활용해 관객이 전자 음악을 소재로 자유롭게 콘텐츠를 만들어낼 수 있도록 한다. 투모로우랜드는 벨기에, 브라질, 프랑스 알프스를 무대로 열리는 세계 최대 규모의 일렉트로닉 음악 페스티벌로, 벨기에의 경우 약 60

SECTION 3　Company 롯데

만 명의 팬들이 찾았다. CES 2024서 공개된 칼리버스는 정교한 그래픽의 초실감형 메타버스 플랫폼으로, 실제 인물을 가상공간에 구현해 실시간으로 소통할 수 있게 하는 등 현실감과 사용자 경험에 방점을 두고 있었다.

다양한 성과 얻은 롯데

롯데정보통신은 또한 전기차 충전 사업을 전개하고 있는 자회사 이브이시스(EVSIS)를 통해 LS일렉트릭과 차세대 충전기 개발을 위한 업무 협약을 체결했다.

고두영 롯데정보통신 대표는 "칼리버스 플랫폼은 현존하는 그 어떤 메타버스보다 현실감 있는 가상현실을 경험할 수 있다"라며 "웹3.0 기반의 가상세계와 현실 세계의 경제활동이 연결돼 보다 몰입감 있는 서비스를 제공할 것"이라고 설명했다.

롯데정보통신의 전시 부스에는 이

> '라이브 메타버스 기술'은 세계적인 그래픽 엔진 '언리얼엔진5'를 사용해 움직이는 인물 그대로를 사실감 있게 표현할 수 있도록 했다.

토추, 포르쉐, 로레알, ABM 등 글로벌 기업을 비롯해 SK그룹, 포스코 그룹, 현대자동차, LG전자, 삼성SDS, 에스오일 등 많은 국내외 기업들이 찾아와 기술을 둘러보기도 하고 협력을 타진하기도 했다.

중소벤처기업부, 문화체육관광부, 인천광역시, 성남시, 창원시 및 국회의원단, 상공회의소 등 정부 부처 관계자들도 대거 방문했으며, K팝 스타 지드래곤도 롯데정보통신의 부스를 방문해 눈길을 끌었다. 지드래곤은 메타버스와 음반 산업의 융합에 높은 관심을 보이며 칼리버스 플랫폼을 체험하기도 했다.

초실감형 메타버스 플랫폼 칼리버스

롯데정보통신이 선보인 메타버스 플랫폼의 이름은 '칼리버스.' 칼리버스는 롯데정보통신의 자회사인 칼리버스가 개발한 메타버스 플랫폼이다.

칼리버스는 쇼핑, 엔터테인먼트, 커뮤니티 등을 구현한 초실감형 메타버스 플랫폼을 지향하고 있다. 3D 아바타의 키, 체형, 눈 크기, 미간, 코 높이 등 개인에 취향에 맞게 섬세한 설정이 가능한 아바타 커스터마이징은 물론 건물에 반사되는 빛 묘사까지 구현한 다. '칼리버스'에 적용된 UGC(User-Generated Content)는 사용자가 가상 공간에 자신만의 콘텐츠를 쉽게 생성하여 참여할 수 있도록 하는 기술이다. '라이브 메타버스 기술'은 실제 인물의 모습을 가상공간에 구현해 사용자들과 실시간으로 소통할 수 있도록 돕는 기술로 칼리버스에 적용됐다. 세계적인 그래픽 엔진 '언리얼엔진5'를 사용해 움직이는 인물 그대로를 사실감 있게 표현할 수 있도록 했다고 한다.

단 몇 초 내에 현실 속 인물을 가상 공간의 디지털 오브젝트에 합성하기 때문에 메타버스 속 인물과 사용자가 공간의 제약없이 서로 소통할 수 있다고 롯데정보통신 측은 밝혔다. 롯데정보통신 간담회에서 고 대표는 칼리버스가 "오프라인과 가상세계가 융합한 메타버스"라고 정의했다. 고 대표는 칼리버스에 대해 "다양한 사업이 가상 세계로 올라가고, 여기서 활동이 오프라인 보상으로 순환하는 초연결이 궁극적인 목표"라고도 강조했다.

롯데정보통신은 2022년부터 매년 CES에서

1.
롯데정보통신은 벨기에, 브라질, 프랑스 알프스를 무대로 열리는 세계 최대 규모의 일렉트로닉 음악 페스티벌 투모로우랜드와 독점 파트너십을 체결했다.

2.
첫 글로벌 대외 행사로 CES를 방문한 신유열 롯데지주 미래성장실장.

3.
섬세한 아바타 커스터마이징이 가능한 롯데정보통신의 메타버스 플랫폼, 칼리버스.

SECTION 3   Company 롯데

'롯데 메타버스'라는 가칭으로 칼리버스 시제품을 공개해 오기도 했다. 실제 완성도 있는 제품을 선보인 것은 이번 CES 2024가 처음이었다.

특히 올해 CES에서는 생성형AI 등을 적용해 사용자들이 참여할 수 있는 기술도 전시해 큰 관심을 받기도 했다. 'AI 모바일 스캐닝'은 누구나 모바일 기기로 자신의 제품을 촬영하여 가상 공간에 나만의 디지털 오브젝트를 5분 이내로 생성할 수 있는 기술이다. 촬영 시 가려진 부분까지도 AI가 자동으로 이미지화하며 디지털트윈을 빠르게 구현할 수 있었다.

또한 '라이브 메타버스 스트리밍'은 실제 인물의 모습을 가상공간에 구현해 사용자들과 실시간으로 소통할 수 있도록 만든 기술이다. 향후 쇼핑, 콘서트, 팬미팅, 교육, 면접 등 다양한 방면으로 활용될 전망이다.

1.
언리얼엔진5를 활용해 가상 공간에 현실 세계를 사실적으로 구현한 칼리버스. 가상공간 속에서 아바타가 세븐일레븐에서 식음료를 사서 먹으면 특수 능력을 부여하는 등의 요소를 추가했다.

2.
CES 2024에 마련된 롯데정보통신의 전시 부스 현장.

3.
아이돌 그룹 엔믹스가 나오는 K-팝 메타버스 콘텐츠.

4.
CES 2024 현장의 롯데정보통신의 전시 부스 조감도.

메타버스 붐은 '아직' 오지 않았다

기존 메타버스 서비스는 사용자 스스로 게임을 만드는 장점이 있지만 현실 반영에는 한계가 있었던 반면, 칼리버스는 가상공간에 현실 세계를 사실적으로 구현해 몰입도를 높였다는 것이 롯데정보통신의 설명이다.

이번 CES 2024에 맞춰 공개된 칼리버스 얼리엑세스 버전에서는 대체불가토큰(NFT)을 무료로 발급받은 5000명만 접속이 가능했다.

칼리버스는 여름에는 완전 개방형 버전을 내놓을 계획이라고 한다. 롯데정보통신 고대표는 30여개 롯데그룹 계열사의 경제활동을 칼리버스라는 가상세계에서 구현하는 것이 목표라고 밝히기도 했다. 칼리버스에서 구매하며 발생하는 온라인 포인트와 할인 쿠폰을 오프라인에서 실제 물건을 살 때 사용할 수 있도록 호환성을 갖추겠다는 설명이다. 현재는 코리아세븐과 롯데하이마트, 롯데면세 등 유통 채널과 온오프라인 결합 서비스를 개발하고 있다.

고 대표는 "롯데정보통신은 정보기술(IT), 디지털 변환(DT), 디지털 인프라로 고객사의 비즈니스 혁신을 이끌어왔고 신사업으로 메타버스를 준비했다"며 "현실의 삶과 연결되는 가상세계로 롯데와 파트너사를 지속 경험하도록 이끌겠다"고 말했다.

김동규 칼리버스 대표는 "EDM은 나이, 종교, 인종, 성별을 초월하고 메타버스로 모두가 즐길 수 있는 최적의 장르"라며 "지드래곤이 관심을 표한 만큼 좋은 협업 기회와 시너지 효과가 창출되지 않을까 기대한다"고 말하기도 했다.

AI먹거리 찾아 CES 찾은 신유열

"AI 트랜스포메이션을 한발 앞서 준비한다면 새로운 게임체인저가 될 수 있을 것이다." 신동빈 롯데 회장이 신년사를 통해 밝힌 내용이다. 신 회장은 신년사를 통해 'AI 트랜스포메이션'을 화두로 제시했다. 이에 부응하듯 새로운 먹거리를 찾기 위해 신유열 롯데지주 미래성장실장(전무)가 CES 2024 현장을 찾기도 했다.

지난해 말 승진 이후 첫 글로벌 대외 행보라 언론에서 많은 주목을 받았다.

신 전무는 지난 1월 9일(현지시간) CES 현장을 찾아 계열사인 롯데정보통신 부스를 비롯해 SK와 LG 부스를 참관했으며, 샤프, 파나소닉, 소니, 캐논 등 일본 기업의 부스를 돌아봤다. 우선 신 전무는 롯데정보통신 부스에 약 30분간 머물며 메타버스 플랫폼 '칼리버스', 전기차 충전기 '이브이시스' 등을 체험했다.

그는 JYP엔터테인먼트의 아이돌 그룹 '엔믹스'가 나오는 K팝 콘텐츠를 VR 헤드셋을 착용해 보며 메타버스 콘텐츠를 체험했다. 그는 HD현대 전시관에서 VR 관련 전시물을 체험했으며 정기선 HD현대 부회장의 기조연설행사에 참석하기도 했다.

신동빈 롯데 회장의 장남인 신 전무는 그룹의 미래먹거리를 책임지고 있다. 특히 올해는 신 회장이 제시한 'AI 트랜스포메이션'을 적용하기 위한 기술 등을 찾는데 집중할 것으로 보인다.

신 회장은 "롯데는 그동안 그룹 전반에 디지털 전환을 이뤄 왔다"며 "이미 확보된 AI 기술을 활용해 업무 전반에 AI 수용성을 높이고, '생성형 AI'를 비롯한 다양한 부문에 기술 투자를 강화해줄 것"을 언급했다.

SECTION 3 Company HD현대

바다에서 육지로 올라온 사이트 트랜스포머 HD현대

HD현대가 인공지능의 물결을 타고 바다에서 육상으로 올라오겠다는 포부를 밝혔다. 육상에서의 혁신을 통해 도약하는 HD현대의 이야기를 들어봤다.

▲HD현대

KEYWORD 1
사이트트랜스포메이션

KEYWORD 2
무인 자율화 기술 활용

KEYWORD 3
IT 글로벌 기업과 협력

HD현대는 지난해 CES 2023에서 바다를 강조했다. 올해는 인공지능(AI) 물결에 올라타 육상에서도 혁신을 이룰 것이라는 비전을 제시했다. 정기선 HD현대 부회장은 10일 CES 2024 기조연설에서 나섰으며, 건설기계 장비를 생산, 판매하는 것뿐만 아니라 인공지능(AI) 데이터 기반 솔루션을 제공하는 소프트웨어 기업으로 도약한다는 계획을 발표했다.

HD현대는 2023년 기존 조선업 위주의 사업 모델에서 친환경 에너지 생산부터 육지 이동까지 확장하는 '오션트랜스포메이션(Ocean Transformation)' 비전을 내세웠다. 올해 비전은 이른바 육상에서 기술로 혁신한다는 '사이트트랜스포메이션(Xite Transformation)'을 실행할 계획이다.

건설업으로 본격 진입하는 HD현대의 AI산업

이동욱 HD현대사이트솔루션 CTO(최고기술책임자) 사장은 8일 라스베이거스 컨벤션센터(LVCC) 웨스트홀에서 열린 사전 부스 투어를 진행했다. 이동욱 사장은 참석자들

SECTION 3　　Company HD현대

에게 "올해 CES 핵심 주제인 AI 분야의 트렌드는 '사람과 경쟁하는 AI'에서 '인간을 도와주는 AI'로 바뀌고 있다. HD현대사이트솔루션은 수십년간 축적한 AI 기술을 통해 건설기계 분야에서 안전하고 편안한 인간의 삶을 만들 수 있는 혁신을 보여드리고자 한다"라고 HD현대의 AI활용 계획에 대해 밝혔다.

HD현대는 CES 2024에서 991㎡(약 300평) 규모의 전시장을 열었다. 지난해(약 180평)보다 두 배 가까이 확대된 규모로 글로벌 시장에 더욱 박차를 가하려는 모습이었다.

이 사장은 "HD현대사이트솔루션의 장비에 들어가는 AI는 데이터를 분석하고 사람 대신 자동으로 파워를 최적화시키는 등의 기술을 탑재했다"며 "어제 면허를 딴 장비 기사도 AI의 도움을 받으면, 5~10년 경력의 기사의 숙련도를 보일 수 있다"고 말하며 AI기술이 진화하고 있으며 실제 현장에서도 사용되고 있다는 점을 강조했다.

앞서 밝혔듯이 HD현대는 이번 전시의 핵심 주제를 '사이트 트랜스포메이션(Xite

> **HD현대사이트솔루션은 수십년간 축적한 AI 기술을 통해 건설기계 분야에서 안전하고 편안한 인간의 삶을 만들 수 있는 혁신을 보여드리고자 한다.**

Transformation)'였다. 사이트 트랜스포메이션은 안전과 안보, 공급망 구축, 기후 변화 등 인류가 직면한 문제 해결을 위한 육상 혁신 비전이다. 이를 보여주기 위해 전시관에서 무인 자율화 기술을 활용한 미래 건설현장의 청사진을 구현하도록 했다. 이동욱 사장은 "해상 혁신을 통해 만들어진 밸류(가치)들이 실제 육지에 상륙해서 '인프라스트럭처(사회적 간접자본: 항만, 댐 등)'의 사업에 어떠한 영향을 미칠 것인가, 그것이 어떻게 진보해 나갈것인가 보여드리고자 한다"고 전했다.

전시 구역은 퓨처 사이트(Future Xite), 트윈 사이트(Twin Xite), 제로 사이트(Zero Xite) 등 3가지 테마로 운영됐다. 약 3000km 떨어진 애틀랜타의 휠로더(공사 현장에서 흙과 모래를 옮기는 장비)를 원격조종하는 전문가 시연을 하기도 하고, 관람객들이 직접 시뮬레이터를 이용해 휠로더를 운전해 볼 수 있었다. VR트윈 체험 등을 통해 미래 건설현장을 직접 체험할 수 있도록 한 것이다.

가로 18m, 세로 4.5m 규모의 LED 화면에서는 AI와 머신러닝 기술을 토대로 현장 정보를 분석해 최적의 작업 계획을 수립하고 장비 운용과 안전 관리 기능을 제공하는 무인 자율화 건설현장(Autonomous Site)을 보여주기도 했다.

4.5미터 크기의 무인 굴착기가 관람객을 맞이하도록 꾸미기도 했다. 운전석이 없는 무인 굴착기는 광각 레이더센서와 스마

트 어라운드 뷰 모니터링 시스템을 통해 주변 장애물을 인식하고 스스로 안전하게 작업을 할 수 있다. 4개의 독립형 바퀴로 높은 언덕도 오를 수 있고 사고위험이 있는 현장은 작업자를 분리해 안전을 확보할 수 있는 미래형 장비라고 HD현대 관계자는 설명했다. HD현대는 무인 자율화 기술 등 미래 기술영역에서 기회를 찾고 글로벌 시장에서 톱-티어 기업으로 도약하겠다는 계획이다. 지난 2018년 세계 최초로 국가 간 건설기계 5G 원격제어 기술을 선보였으며, 2019년에도 세계 최초로 지형 측량부터 건설기계 운용까지 건설 현장의 모든 작업을 무인·자동화한 종합 관제 솔루션 '콘셉트 엑스(Concept-X)' 시연에 성공했다.

HD현대 관계자는 "이번 CES 2024에서는 미래 건설 현장에 적용될 다양한 스마트 건설 솔루션을 한 공간에서 볼 수 있도록 준비했다"며 "HD현대는 지속가능한 인류의 인프라 건설을 위한 기술 혁신에 앞장설 것"이라고 말했다.

1. 이동욱
HD현대사이트솔루션 사장.
2. 무인 굴착기.
3. HD현대 부스 체험 중인 HD현대 정기선 부회장과 지드래곤.
4. HD현대 정기선 부회장과 구글 클라우드 필립 모이어 부사장.

AI, 자율주행 위해 글로벌 기업과 협력

건설업과 조선업을 주 사업으로 영위하고 있는 HD현대가 기술기업으로 변모하기 위해 글로벌 IT기업과 손을 잡는 모습을 볼 수 있었다. 소프트웨어 영역에서 강점을 보이고 있는 글로벌 기업들과 손을 잡고 비전으로 삼고 있는 사이트트랜스포메이션을 이룬다는 계획이다.

먼저, 구글 클라우드는 필립 모이어 구글 클라우드 글로벌 인공지능(AI) 비즈니스 및 솔루션 부사장이 미국 라스베이거스에서 진행된 CES 2024 HD현대 기조연설에 연사로 참여했다.

HD현대는 기조연설을 통해 인류의 지속가능성을 위한 육상 혁신 비전 '사이트 트랜스

포메이션(Xite Transformation)'을 전 세계에 선보이고 인프라 건설의 종합적인 혁신 전략과 비전을 강조했다.

정기선 HD현대 부회장의 연설에 이어 무대에 오른 모이어 부사장은 이정민 HD현대 AI 전략팀 책임 매니저와 함께 양사의 전략적 협력에 대해 설명했다.

그는 구글 클라우드의 '버텍스 AI(Vertex AI)'에 구글의 최첨단 범용 AI 모델 '제미나이(Gemini)'가 탑재된 점을 강조했다. 이어 HD현대는 구글 클라우드 버텍스 AI를 기반으로 건설현장 특화 AI 모델 '엑스-와이즈(X-wise) 사이트'를 구축 예정이라고 한다.

버텍스 AI는 구글 클라우드의 기업 맞춤형 AI 플랫폼으로 기업이 생성형 AI 모델을 안전하게 개발 및 커스터마이즈할 수 있도록 지원한다. 구글 모델 뿐 아니라 오픈소스, 타사 모델 등 수백 개 이상의 모델을 제공해 기업은 필요로 하는 작업에 가장 적합한 AI 엔진을 선택할 수 있다.

HD현대는 '엑스-와이즈 사이트'가 제공하는 정보와 인사이트를 전 세계 건설 현장에서 자유롭게 공유할 수 있는 점을 조명했다. '엑스-와이즈 사이트'는 구글의 AI 기술력을 기반으로 133개 이상의 언어로 구동되며, 건설 현장에서 발생하는 문제에 답하고 추론할 수 있다. 이용자와의 지속적인 상호작용으로 행동 패턴과 선호도를 파악해 보다 개인화된 답변을 제공한다.

모이어 부사장은 향후 구글의 음성 AI 모델 '처프(Chirp)'와 이미지 생성 모델 '이마젠 AI(Imagen AI)'를 통합해 음성과 컴퓨터 비전을 함께 활용할 수 있는 기회를 만들어갈 예정이라고 설명했다.

아울러 엑스-와이즈 사이트는 HD현대를

1.
CES 2024 HD현대 부스.
2.
HD현대사이트솔루션, CNH사와 미래 기술 협력 MOU 체결.
3.
HD현대중공업, 한국형 차기 구축함 KDDX 기본설계.

비롯해 다른 업체 및 현장 운영자들도 활용할 수 있는 플랫폼임을 강조했다.

모이어 부사장은 "구글은 생성형 AI가 등장하기 훨씬 전부터 7000편 이상의 논문을 발행하고 트랜스포머 알고리즘을 오픈소스로 공개하며 AI 생태계 발전을 이끌어 왔다"며 "이번 협업을 통해 공유 인텔리전스를 구축하고 건설 산업이 한 단계 더 발전할 수 있도록 적극 지원하겠다"라고 말했다.

AWS와는 무인 자율기술 협업

HD현대는 글로벌 클라우드 기업 아마존웹서비스(Amazon Web Services·AWS)와 손잡고 미래 건설현장의 무인 자율화 혁신을 이룰 계획도 발표했다.

CES 2024 기간 AWS와 '스마트 건설기계를 위한 연결(Connectivity) 플랫폼 및 무인 자

율화 건설 현장 (Autonomous site) 구축을 위한 플랫폼 개발 협력식'을 진행한 것이다.

협력식 행사에는 HD현대사이트솔루션 이동욱 사장과 AWS 엔지니어링 야세르 알사이드 부사장 등 관계자들이 참석했다.

이번 협력을 통해 우선 HD현대사이트솔루션은 AWS와 협력해 HD현대사이트솔루션이 개발하고 있는 스마트 건설 장비에 대한 연결 플랫폼을 구축하기로 했다. 개발된 플랫폼은 차세대 건설 장비에 적용, 건설 장비의 안정성과 생산성을 향상시키는 핵심 스마트 기능을 지원하게 된다.

AWS는 플랫폼 구성에 있어 사물인터넷(IoT) 기술 및 서비스와 AI(인공지능)·머신러닝 기능을 지속적으로 개선하기 위한 기술을 지원할 예정이다. 이 플랫폼은 HD현대건설기계와 HD현대인프라코어가 2025년부터 출시할 차세대 통합모델에 적용될 계획이다.

또한, 양사는 HD현대가 CES 2024에서 선보인 AI 기반 건설 현장 관리 솔루션인 '엑스와이즈 사이트(X-Wise Xite)'에 대해 협력하기로 했다.

HD현대는 양사가 구축할 솔루션을 통해 건설 현장의 생산성을 30~70% 가량 끌어 올리고, 건설 현장 무인화를 통해 현장의 안전도 대폭 향상할 수 있을 것으로 기대하고 있다. 또 이번 협력을 계기로 클라우드 활용을 조선해양 등 여러 계열사에 확대 적용해 나갈 것도 검토 중이다.

이동욱 HD현대사이트솔루션 사장은 "세계 최대 클라우드 기술력을 보유한 AWS와 함께 미래 건설 현장의 무인 자율화 혁신에 더욱 속도를 낼 수 있을 것이라고 믿는다"며

모든 장치에 AI 기능을 제공하려면 여러 컴퓨팅 엔진이 필요한데, 우리(AMD)는 필요한 엔진을 모두 갖춘 세계 유일한 회사 중 하나다.

"이번 협력이 HD현대가 제조업뿐 아니라 종합 솔루션 업체로 도약하는데 새로운 분수령이 될 것"이라고 밝혔다.

AWS IoT 부문 야세르 알사이드 부사장은 "지속 가능한 인류의 미래를 위해 해상을 넘어 육상 분야로 혁신의 범위를 넓히는 HD현대와 함께 협력할 수 있어 매우 기쁘다"며 "향후에도 다각도로 협력의 범위를 넓혀 갈 수 있을 것"이라고 밝혔다.

HD현대는 나흘간 열린 CES 2024에서 인프라 건설의 종합적인 전략을 전 세계에서 온 관람객에게 선보였다. 행사 기간 동안 세계 톱-티어 농기계 업체 CNH와 파트너십을 체결하는 등 글로벌 유수 기업들과 협력을 맺기도 했다.

CNH와의 협약을 통해 양사는 올해 상반기까지 양사의 스마트장비개발 및 디지털솔루션 연구진으로 구성된 공동연구센터 'CE Innovation Lab'(가칭)을 북미에 설립하고 시장을 선도할 미래 기술 조사와 개발전략 수립을 공동으로 수행할 계획이다.

향후 양사는 공동연구센터를 통해 AI·자율화 등 미래 기술 관련 스타트업에 공동으로 투자하는 등 협력 범위를 확대할 계획이다. 이 외에도, 양사는 각 기업이 보유한 디지털 혁신 기술을 상호 공유해 제품에 적용한다.

CNH의 스테파노 팜팔로니 사장은 "HD현대사이트솔루션과 협력관계를 확대하게 돼 기쁘다"면서 "이번 협력을 통해 CNH의 건설 사업을 성장시키기 위한 의지를 다지고, 양사 모두 업계의 미래 기술을 주도하는 기업으로 자리매김하게 될 것"이라고 말했다.

SECTION 3 Company 두산

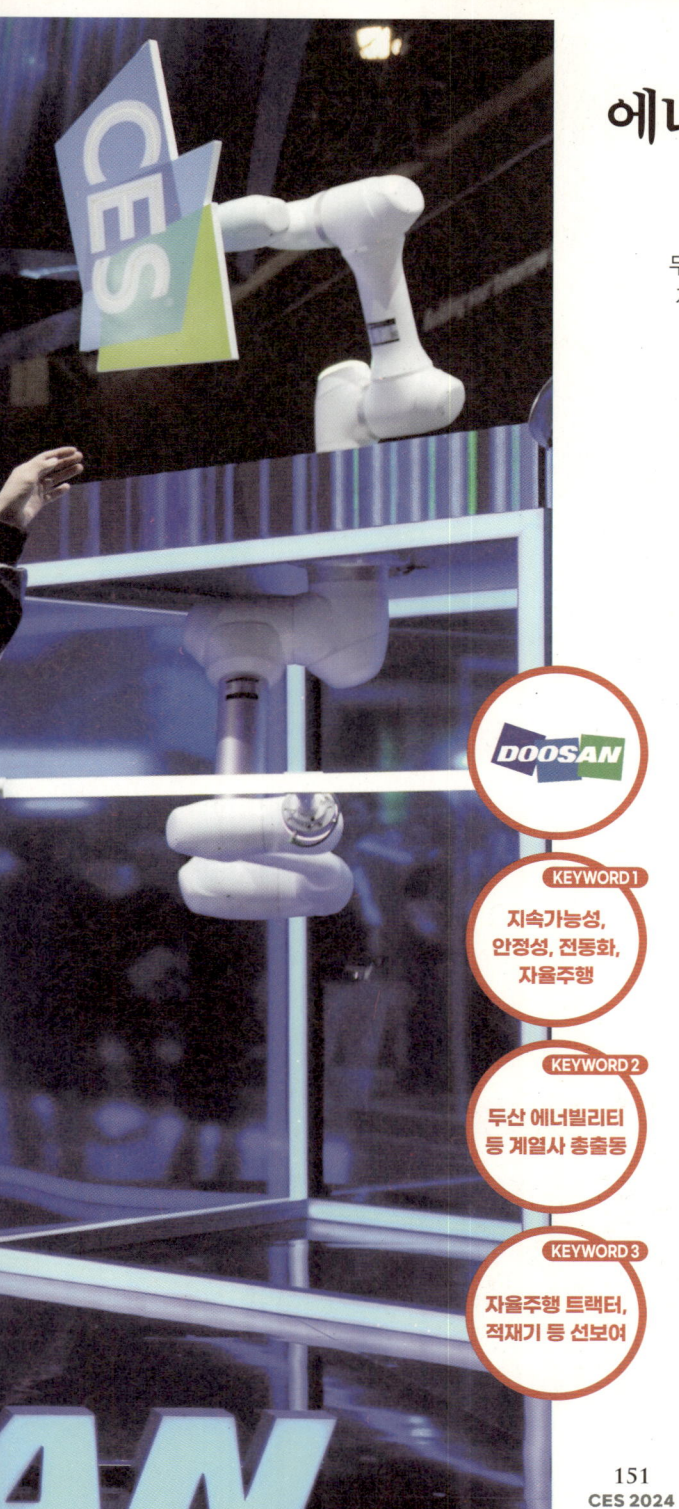

에너지, 로봇, 자율주행…
두산이 그리는 미래

두산 에너빌리티, 하이엑시옴, 두산 로보틱스, 두산 밥캣 등 두산 계열사가 CES 2024 현장에 한데 모여 두산의 비전을 공유했다.

KEYWORD 1
지속가능성, 안정성, 전동화, 자율주행

KEYWORD 2
두산 에너빌리티 등 계열사 총출동

KEYWORD 3
자율주행 트랙터, 적재기 등 선보여

두산그룹은 지난 8일 CES 2024에서 신기술 및 미래 비전을 소개하는 미디어데이를 개최했다.

이날 행사에서는 미디어, 업계 관계자들이 참석했으며, 두산 그룹의 에너지, 건설기계 분야의 계열사 임원들이 총출동해 글로벌 시장에서 두산 알리기에 나섰다.

먼저 두산그룹 김도원 최고전략책임자(CSO)가 무대에 등장하며 미디어데이 시작을 알렸다. 128년 전 시작된 두산의 시작과 현재, 미래 청사진을 제시한 김도원 CSO는 "이번 CES 2024에서는 더욱 지속가능하고 안전한 세상을 만들기 위한 두산의 약속을 보여 주려고 한다"라고 말하며 두산그룹에 대해 소개했다.

미디어데이에는 수소연료전지 분야를 이끄는 하이엑시옴(HyAxiom)의 정형락 대표, 수소터빈, 소형모듈원전, 풍력발전 등 에너지 발전 사업에 앞장서는 두산에너빌리티의 송영진 전략/혁신부문장, 로봇사업을 담당하고 있는 두산로보틱스 류정훈 대표, 산업 장비 제조회사 두산 밥캣의 스캇 박 대표와

SECTION 3 Company 두산

조엘 허니먼 글로벌이노베이션 부사장이 나와 직접 사업을 설명하고 비전을 제시했다.

지속가능성과 연결, 그리고 자율주행

두산이 전달하고 싶은 핵심 키워드는 간결했다. 에너지 분야의 키워드는 지속가능성과 안전성, 로봇 분야와 장비 부문을 관통하는 키워드는 연결, 전동화, 자율주행이었다. 두산에너빌리티는 오는 2027년까지 세계 최초 400MW급 초대형 수소전소터빈을 개발하겠다는 계획을 밝혔고, 하이엑시움은 세계 최고 수준의 에너지 효율을 달성한 양성자 교환막(Proton Exchange Membrane)

1.
두산 프레스 콘퍼런스에서 발표 중인 김도원 ㈜두산 지주부문 CSO(최고전략부문) 사장.

2.
CES 2024 현장에 마련된 두산 전시관에서 머신러닝 기반 재활용품 분류 솔루션 '오스카 더 소터'를 살펴보고 있는 박정원 두산그룹 회장.

3.
프레스 콘퍼런스에서 발표한 두산의 제품 및 이용.

수전해 시스템을 공개했다. 수전해 시스템은 물을 전기 분해해 수소를 추출하는 기술이다. 즉, 이산화탄소 등 전통 발전기술에서 논란이 되는 대기 중 오염 물질을 최대한 줄이고, 효율성 높은 기술을 이용해 깨끗한 에너지를 생산한다는 것이다.

두산로보틱스는 인간의 움직임을 학습해 다양한 현장에서 활용되고 있는 협동로봇을 소개했다. 또한, 개발자와 사용자들이 쉽게 이용할 수 있도록 자체 개발 소프트웨어 플랫폼 '다트 스위트(Dart Suite)'를 선보였다. 다트 스위트를 이용한 한 물류업체의 경우 기존엔 물류 창고 자동화를 완성하는 데 6개

월이 걸렸지만, 다트 스위트를 이용해 소요되는 시간의 약 80% 정도 줄일 수 있었다고 소개하기도 했다.

장비계의 테슬라

전기차의 아이콘인 테슬라의 사업모델을 도입하는 곳이 점점 늘어가고 있다. 농기계의 테슬라 존 디어, 바다 위 테슬라 HD현대 등은 모두 테슬라와 비슷하게 수직화된 사업모델과 전동화, 자율주행을 도입하고 있는 대표적인 기업들이다.

이런 움직임은 두산의 발표에서도 볼 수 있었다. 산업용 장비를 개발하는 두산 밥캣의 발표에서는 연결, 전동화, 자율주행이 혁신을 위한 키워드라고 밝혔다. 사용자들의 상태, 장비의 위치 등을 정확히 파악할 수 있는 연결성, 조용하고, 깨끗하고, 강력하며, 다재다능한 전동화, 인력 효율성을 늘릴 수 있는 자율화가 바로 그

4. 자율주행 잔디깎이 기계 ZT6200.
5. CES 2024 전시회 두산 부스에 전시돼 있는 AT450X.

것이다.

스캇 박 대표는 "밥캣의 미션은 사람들이 더 많은 것을 이룰 수 있도록 하는 것"이라고 밝히며, 기업들과의 전략적인 파트너십을 통해 고객들의 가장 어려운 과제를 해결하고, 장비 솔루션을 발전시키기 위해 노력하고 있다고 전했다.

조엘 허니먼 부사장은 "두산 밥캣은 단순 장비 회사를 넘어선 소프트웨어 회사"라며, 장비 기계를 다루기 위한 소프트웨어 개발에도 전력을 다하고 있다고 밝혔다.

아울러 연결, 전동화, 자율주행 세 가지 키워드를 모두 결합한 자율주행 잔디깎이 기계 'ZT6200,' 조종석을 없앤 무인 콘셉트 로더 'RogueX2,' 전동식 스키드 로더 'S7X,' 농업용 트랙터 'AT450X'를 소개했다. 사용자가 직접 장비들을 작동할 필요 없이 스마트폰으로 명령을 내리고 자율주행으로 작동가능한 기술이 결합된 장비다.

AI 기술을 적용한 무인 전기 굴절식 트랙터 AT450X가 좁고 비탈진 와이너리를 자율주행하는 영상이 공개되자 일부 청중이 기립

SECTION 3 · Company 두산

박수를 보내기도 했다.

두산로보틱스는 AI 탑재 재활용품 분류 솔루션 '오스카 더 소터'를 선보였다. 해당 로봇은 종이컵과 플라스틱 컵을 집을 때마다 용기의 특성을 학습해 분류하는 모습을 보여 줬다.

미래 먹거리는 AI

두산은 이번 CES에서 '우리 지구, 우리 미래(Our Planet, Our Future)'라는 주제로 라스베이거스 컨벤션센터 웨스트홀(West Hall)에서 전시장을 운영했다. CES 2024에 참석한 박정원 두산그룹 회장은 박지원 그룹 부회장을 비롯한 경영진과 함께 행사 현장을 방문해 최신기술 트렌드를 살피고 미래사업 방향을 구상했다.

두산그룹 박정원 회장은 10일 두산의 CES 2024 전시 부스를 찾아 "AI 기술과 두산의 비즈니스와의 연계를 살피고, 사업기회를 찾겠다"고 말하며, "AI 발전이 어디까지 왔는지, 전통 제조업에 어떤 변화가 있을지 관심 있게 지켜보고 있다"고 전했다.

1, 2. 칵테일 제조 로봇 '믹스마스터 무디'.

3. 최대 150분간 비행하며 최대 5kg의 페이로드를 장착할 수 있는 두산의 드론 DT30X.

4. CES 2024 두산 부스에서 AI 플랫폼 글로벌 기업 데이터이쿠와 진행한 패널토의 현장.

5. 하이엑시엄(HyAxiom)의 세계 최고 수준 에너지 효율을 달성한 양성자 교환막(Proton Exchange Membrane, PEM) 수전해 시스템.

박 회장은 박지원 그룹 부회장, 스캇박 두산밥캣 부회장, 정연인 두산에너빌리티 부회장 등과 함께 현장을 찾았다.

박 회장은 두산 부스를 살펴본 뒤 "AI 기술은 IT 기업들의 전유물이 아니다"라며 "두산도 이번에 선보인 협동로봇, 건설기계 분야에서 AI를 적용한 기술과 제품을 갖고 있고, 높은 경쟁력을 갖추고 있다"고 덧붙였다. 또한 "다른 모든 사업 분야에서도 AI 기술을 적극적으로 활용해야 한다"고 말했다. 박 회장은 웨스트홀에 있는 두산 부스 참관 후 LVCC 센트럴홀로 이동해 삼성전자, LG전자 등 국내기업 그리고 벤츠, 모빌아이와 같은 글로벌 기업의 부스를 둘러보기도 했다.

박 회장은 "생성형 AI가 등장한 이후 전 산업과 제품에 걸친 AI 현주소를 확인할 수 있는 첫 대형 전시회였다"고 밝히며 "앞으로의 경영에 참고할 만한 인사이트를 얻을 수 있어 좋았다"고 전했다.

데이터이쿠와 혁신 도모

두산의 종합IT서비스 계열사인 두산디지털이노베이션(DDI)은 11일 인공지능(AI) 플랫

폼 글로벌 기업 데이터이쿠(Dataiku)와 AI 혁신에 대한 패널토의를 진행하기도 했다.

이날 토의에는 DDI 로버트 오 부사장과 데이터이쿠 플로리안 두에토 대표, 데이터이쿠 에린 맥고완 글로벌 기술영업 부사장이 패널로 등장해 AI 에브리웨어 시대를 준비하기 위한 각 사의 전략과 사례에 대해 공유했다.

양사는 두산그룹 계열사에 AI 기술을 도입한 사례를 다뤘으며 두산에너빌리티의 '전기로 용강 생산량 AI 예측' 프로젝트와 두산에서 운영하는 인터넷 백과 '두피디아(Doopedia)'의 '백과사전 생성형 AI 도입' 프로젝트에 대해 언급했다.

백과사전 생성형 AI 도입 프로젝트는 초등학생도 쉽게 이해할 수 있는 콘텐츠를 빠르게 구현하는 것으로 기존 1~2일이 소요되던 콘텐츠 제작 시간을 획기적으로 줄인 것이다.

전기로 용강 생산량 AI 프로젝트는 다양하고 복잡한 철강제품을 생산하는 과정에서 예상 생산량과 실제 생산량 간의 차이를 최소화하기 위해 전기로 용강 생산량 AI 예측 모델을 구축한 것으로 높은 예측 정확도를 확보함으로써 소비 에너지를 절감하고 탄소 배출을 줄인 대표적인 글로벌 성공 사례다.

이어 양사는 업무협약(MOU) 체결을 통해 두산그룹의 디지털 전환과 데이터 기반 문화 확산에 지속적인 협력을 진행하기로 했다.

데이터이쿠 플로리안 두에토 대표는 "두산과 데이터이쿠는 기업과 조직이 AI를 빠르게 적용할 수 있도록 적극적으로 협력 중"이라며 "앞으로도 DDI와 함께 두산그룹 전반에 AI를 빠르게 도입할 수 있도록 적극적인 협업을 진행할 예정"이라고 전했다.

로버트 오 부사장은 "이번 패널 토의는 제조업 현장에서의 AI 도입 방향성, 사전 고려사항 등을 점검할 수 있는 인사이트를 제공했다는 점에서 의미가 크다"며 "AI가 기업의 혁신과 지속가능경영을 위한 요소로 자리잡고 있는 만큼 많은 관심 부탁드린다"고 말했다.

두산에너빌리티 전기로 용강 생산량 AI 예측 프로젝트는 지난 9월 AI 및 머신러닝 분야 글로벌 선도기업 데이터이쿠가 선정하는 데이터이쿠 프론트러너 어워드의 제조업 AI 부문 최우수기업으로 선정됐다.

지난해 10월에는 IDC 퓨처 엔터프라이즈 어워드 시상식에서 국내 '미래의 인텔리전스' 부문 최우수기업에 선정됐다. 또한 지난 12월에는 '디지털 엔지니어링 어워드' 시상식에서 '올해의 디지털 엔지니어링 프로젝트/프로그램' 부문 최우수기업(Champion)에 선정된 바 있다.

SECTION 3 　Hot Topic

엔비디아, 온디바이스 핵심 'RTX 슈퍼' 시리즈 공개

엔비디아는 CES 2024 개막에 맞춰 '특별 발표(Special Address)' 행사를 개최, 강력한 성능을 갖춘 신제품 '지포스 RTX 40(GeForce RTX 40) 슈퍼' 시리즈를 공개했다.

"앞으로는 클라우드와 PC 컴퓨팅의 하이브리드(hybrid, 혼합)를 통해 AI 경험이 제공될 것입니다."
제프 피셔 엔비디아 지포스(GeForce) 부문 부사장(SVP)은 지난 8일 "우리는 이미 하이브리드 AI가 작동하는 것을 보고 있다"며 이같이 말했다.
클라우드에서 엔비디아 GPU(그래픽처리장치)를 사용해 대규모 언어 모델(LLM)을 실행하는 한편, 개인용 컴퓨터에서는 'RTX(엔비디아 그래픽 카드 브랜드명)' 텐서 코어를 활용, 지연 시간에 민감한 앱(application) 서비스를 실행할 수 있다는 것이다.

지포스 RTX 4080 슈퍼

2배
RTX 3080 Ti 대비
2배 빠른 성능

1.7배
빠른 속도로 이미지
생성 가능

지포스 RTX 40 슈퍼 시리즈 공개
1월 31일에 출시하는 '지포스 RTX 4080 슈퍼'는 23Gbps로 실행되는 세계에서 가장 빠른 GDDR6X 비디오 메모리(VRAM)를 탑재했다. 전작(RTX 3080 Ti) 대비 2배 빠른 성능을 자랑한다. 큰 연산 능력이 필요한 '4K 풀 레이 트레이싱(ray tracing, 그림자 등 빛에 의한 변화를 현실처럼 표현하는 기법)' 게임, 이미지 생성 작업 등 생성형 AI 애플리케이션에 적합하다. 예컨대 RTX 4080 슈퍼를 탑재한 데스크톱을 사용하면 이미지 생성 AI 모델 스테이블 디퓨전 XL(Stable Diffusion XL) 사용 시 1.7배 빠른 속도로 이미지를 얻을 수 있다.
1월 24일 출시된 '지포스 RTX 4070 Ti 슈퍼'는 전작(RTX 3070 Ti) 대비 2.5배 빠르며 1월 17일에 출시한 가장 저렴한 모델(599달러) '지포스 RTX 4070 슈퍼' 역시 전력 소모는 줄고, 성능은 향상됐다.
제프 피셔 부사장은 "생성형 AI는 인터넷보다 훨씬 더 큰 기회를 제공한다"며 "엔비디아는 최신 기술 혁신의 중심에 있다"고 했다.

'하이브리드 AI' 투트랙
엔비디아가 이날 하이브리드 AI 시대를 선언

3

한 건 투트랙 전략의 일환으로 해석된다. 아마존, 마이크로소프트, 구글 등 클라우드 서비스 업체에 제공하는 엔비디아 AI 가속기 시장과 개인용, PC 제조회사 탑재형(embed)으로 제공하는 지포스 GTX 시장 두 가지 모두 지배하겠다는 목표다.

클라우드에서 엔비디아 GPU(그래픽처리장치)를 사용해 LLM(대규모 언어 모델)을 실행하는 한편, 개인용 컴퓨터에서는 'RTX(엔비디아 그래픽 카드 브랜드명)' 텐서 코어를 활용, 지연 시간에 민감한 앱, 서비스를 실행할 수 있다는 것이다.

엔비디아의 AI 가속기인 A100, H100, H200 등은 클라우드 서비스 업체, 생성형 AI 개발 스타트업의 필수 하드웨어 인프라로 자리 잡았다. 수요가 폭증해 시장에서 제품을 쉽게 구하기 어려울 정도다. 오픈AI가 출시한 AI 챗봇 '챗GPT(ChatGPT)' 등장 이후 생성형 AI 열풍이 불면서 엔비디아의 관련 사업부(데이터센터) 매출은 2023년 3분기 기준 전년 동기 대비 279% 폭증했다.

스마트폰, 컴퓨터 등으로 대표되는 온디바이스 AI의 핵심 인프라(PC용 그래픽 칩) 역시 엔비디아 RTX 제품이 강세를 보이고 있다. 엔비디아가 이날 RTX 슈퍼 제품 기반으로

1.
제프 피셔 엔비디아 지포스(GeForce) 부문 부사장.
2.
지포스 RTX 4080 슈퍼.
3.
엔비디아 피카소 기반으로 작동하는 게티이미지의 이미지 생성 AI 도구 '아이스톡'.

어떤 생성형 AI 서비스, 앱을 사용할 수 있는지 강조한 배경도 여기에 있다.

생성형 AI 기술로 디지털 아바타에 생명을 불어넣는 플랫폼 '에이스 AI(ACE AI)' 모델을 활용, 게임 캐릭터가 사용자와 매번 다른 대화를 나누는 장면을 시연한 게 대표적인 사례다. 엔비디아 에이스 AI는 클라우드 또는 PC에서 로컬로 실행되도록 설계됐다. 이와 관련 엔비디아는 CES 2024에서 엔비디아 게임 개발업체가 활용할 수 있는 '에이스 프로덕션 마이크로서비스'도 출시했다.

지포스 RTX가 탑재된 AI PC로 어도비의 생성형 AI 기반 이미지 생성 도구 '파이어플라이(Adobe Firefly)'를 사용하면 콘텐츠 생성 시간을 줄일 수 있으며 크리에이터들이 라이브 방송을 할 때 적용하는 노이즈 제거 효과, 고화질 실시간 가상 배경 등 AI 기반 기능 역시 개인용 컴퓨터(local)에서 원활하게 구동된다.

게티이미지와 이미지 생성 AI 도구 선봬

엔비디아 자체 이미지 생성 모델인 '피카소(Picasso)' 기반의 새로운 생성형 AI 이미지 도구도 관심을 끌었다.

사진·이미지 공유 업체 게티이미지와 협업, 저작권의 보호를 받는 생성형 AI 이미지를 사용할 수 있게 한 것이다. 게티이미지 '아이스톡(iStock)'을 사용하면 사용자가 문자(text) 기반으로 최대 4K의 사진 품질 이미지를 생성할 수 있다. 엔비디아 피카소 모델 기반이며 수백만 장의 독점 사진, 일러스트레이션, 동영상 등 라이선스 콘텐츠가 포함된 게티 이미지의 방대한 데이터로 학습됐다는 게 특징이다.

SECTION 3 Global Company

CES가 주목한
글로벌 테크 기업&기술 20

현장에서 연일 사람들을 몰고 다녔던 글로벌 기업들의 혁신적 제품 중 20가지를 추렸다.
소니와 혼다의 콜라보 전기차부터 에실로룩소티카의 청각장애인을 위한
안경까지 미래가 한 눈에 그려진다.

01

보쉬 Bosch

보쉬는 글로벌 에너지 수요 충족을 위해 "디지털화, 전기화, 수소"에 집중하겠다고 밝혔다.
보쉬 그룹 이사회 멤버 타냐 뤼케르트는 "보쉬는 미래의 글로벌 에너지 수요를 보다 자원 효율적인 방식으로 충족하기 위해 에너지 사용을 재고하고, 전기화와 수소라는 두 가지 접근 방식에 집중하고 있다"고 설명했다.
탄소 저감의 미래를 위해 보쉬는 모빌리티, 상업용 건물 및 가정에서 전기화를 추진해 기존 에너지원의 사용을 최적화하고 있다. 또한 수소가 중심적인 역할을 하는 새롭고 지속 가능한 에너지원을 활용한다고 설명했다.
보쉬가 선보인 내용 중 특히 주목을 받은 주제는 '소프트웨어 중심 자동차(Software-Defined Vehicle, SDV)'였다. 소프트웨어 중심 자동차란, 기존 하드웨어 중심의 자동차가 아닌 소프트웨어를 중심으로 작동하는 미래형 모빌리티 기술을 지칭한다. SDV는 소프트웨어 중심으로 '움직이는 컴퓨터' 또는 '바퀴 달린 스마트폰'으로 작동하며, 모빌리티의 개인 맞춤화와 자율주행 가속화를 가능케 한다. 전문가들은 이러한 소프트웨어 중심의 발전 방향은 미래 모빌리티의 주도가 소프트웨어에 의해 이뤄질 것으로 예측했다.
보쉬의 '오토 발레 파킹 시스템(Automated Valet Charging)'을 장착한 전기차는 스마트폰에서 버튼 하나를 사

BOSCH
글로벌 에너지 수요
충족을 위한 '디지털화,
전기화, 수소'가
보쉬의 중심

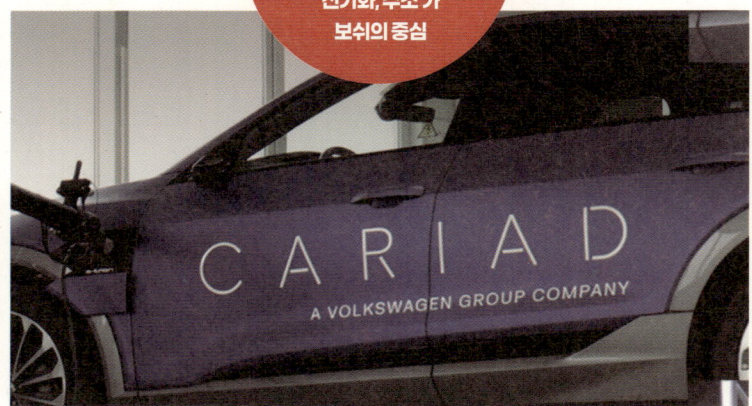

용해 주차 및 충전이 가능하다. 특히 로봇 팔이 전기 충전을 자동으로 수행하는 기능이 돋보였다. 차량은 충전기가 마련된 빈 주차 공간을 스스로 찾아가고, 충전이 완료되면 사람의 개입 없이 다른 주차 공간으로 이동하는 스마트한 시스템을 갖췄다.

한편, 보쉬는 아마존 웹 서비스(AWS)와의 협력을 통해 새로운 기술과 서비스 개발에 나서고 있다. 이 협력을 통해 클라우드 데이터를 기반으로 한 생성 AI(인공지능) 등을 통합한 기술과 서비스를 선보일 예정이다. 예를 들어, 자동차 배터리 사용량 등의 데이터를 클라우드에 전송하여 현재 상태를 점검하고 차량 고장 진단을 제공하는 서비스가 있다.

보쉬는 이를 통해 배터리 수명을 최대 20%까지 연장할 수 있다고 밝혔다. 이러한 데이터 기반 서비스는 차량의 성능 최적화와 고장 예방에 기여할 것으로 기대된다.

또, 보쉬가 선보인 800 시리즈 전자동 에스프레소 머신은 세련된 디자인과 스마트 기술의 조화로 많은 주목을 받았다. 이 머신은 스마트 홈 부문에서 혁신상을 수상하며 기술력을 인정받았다.

새로운 800 시리즈는 전자동 에스프레소의 새로운 기준을 제시하며 맛과 기술을 동시에 만족시키는 현대적이고 세련된 선택지로 자리매김할 것으로 보인다.

02

소니 SONY

소니는 아필라(Afeela) 전기 콘셉트카의 최신 버전을 선보였고, 이는 엔터테인먼트에 초점을 맞춘 콘셉트이었다. 플레이스테이션5 컨트롤러를 사용해 콘셉트카를 무대에서 주행했다.

소니는 혼다의 공동 개발로, 소니 혼다 모빌리티(Sony Honda Mobility)는 2026년형 모델을 위해 2025년부터 아필라 EV를 생산할 계획이라고 밝혔다. 아필라가 개정된 연방 세금 공제 혜택을 받을 수 있을지는 아직 확실하지 않지만

SONY
소니가 자동차를 만든다고? 혼다와 콜라보한 차별화된 전기차 생산 예정

차는 미국에서 제작될 예정이다. 아필라를 선보인 것은 올해가 처음은 아니지만 이제 생산에 가까워진 것으로 보인다.

소니는 CES 무대에서 PS5 컨트롤러를 활용하여 원격으로 구동되는 새로운 소니-혼다(Sony-Honda) 전기차를 소개했다. 소니는 이러한 전기 자동차를 돋보이게 하기 위해 광범위한 엔터테인먼트, 게임 및 기술 브랜드를 효과적으로 활용하고 있다. 이는 소니가 자동차 산업에서 차별화된 경험을 제공하고자 하는 의지를 반영한 것이며, PS5 컨트롤러를 통한 원격 조작은 차량의 특별한 기술적 기능을 강조하는 흥미로운 시연 중 하나였다.

아필라(Afeela)는 PS5와 놀랍게도 더 많은 공통점을 가지고 있었다. 먼저, 에픽 게임

즈(Epic Games)의 언리얼엔진 5.3(Unreal Engine 5.3)을 활용했으며, 거대한 초광각 대시보드 디스플레이를 통해 3D 그래픽과 비주얼을 향상시켰다. 이로써 운전자와 승객은 아필라 주변의 세계를 상세한 3D 지도, 가상 공간, 그리고 증강 현실 뷰로 확인할 수 있다. 인터넷 소스 메타데이터를 오버레이하여 더욱 풍부한 경험을 제공한다.

소니는 크기가 더 작고 무게가 더 가벼운 새로운 슬림형 PlayStation 5 콘솔을 공개했다. 이 업그레이드된 콘솔은 이전 모델에 비해 부피가 30%, 무게가 18%, 24% 감소한 형태를 자랑한다. 이 새로운 모델은 이전과 마찬가지로 디스크 드라이브 유무에 관계없이 구매할 수 있지만, 차이점은 분리형 디스크 드라이브 기능이 추가된 것이다. 이로써 디지털 전용 콘솔을 구매한 사용자도 필요 시 나중에 디스크 드라이브를 추가로 구매할 수 있는 편리한 기능이 제공된다.

플레이스테이션 5(PlayStation 5, 이하 PS5)는 강력한 게임 콘솔로서 다양한 멀티미디어 기능을 제공한다. PS5에서는 다양한 스트리밍 앱을 활용하여 집에서 편안하게 비교할 수 없는 시청 경험을 즐길 수 있다. 플레이스테이션 스토어에서는 다양한 영화, TV 프로그램, 다큐멘터리, 라이브 스포츠와 관련된 스트리밍 앱을 제공하여 모든 사용자의 관심사에 부합하는 콘텐츠를 찾을 수 있다.

03
TCL

TCL Electronics는 현재 전 세계 160여 개국에 진출해 다양한 분야의 혁신적인 기술 포트폴리오를 선보여왔다. TV, 오디오, 가전제품, 모바일 디바이스, 스마트 글라스, 상업용 디스플레이 등 다양한 제품의 연구, 개발, 제조에 앞장서는 한편 한국 법인을 설립해 국내 소비자들에게도 제품력을 인정받고 있다.

TCL은 이번 CES 2024에서 세계 최초의 115인치 QD-Mini LED TV를 발표했다. 향상된 홈 시어터 환경을 제공하기 위해 Tutti Choral 기술과 Dolby Atmos를 갖춘 S55H/S45H 사운드바, 27R83U/34R83Q 프로페셔널 모니터 시리즈 등도 전시됐다.

주력 상품인 스크린, 모니터 외에도 스마트 홈 리빙 환경을 구현할 수 있는 Breathable Two-way Fresh Air를 탑재한 FreshIN 2.0 에어컨, Matter 프로토콜을 갖춘 창문 에어컨, TCL Eco Care 세탁기 및 건조기 등 가전 제품도 전시됐다. 지속가능한 생활을 위해 고안된 One-Stop Residential Smart Energy System도 선보였다.

TCL은 경쟁사인 삼성, LG, 소니와 맞먹을 프리미엄 플레이어로 자리매김하려는 시도를 보여주었다.

행사에서는 전례 없는 홈 엔터테인먼트 솔루션을 위한 새로운 TV와 사운드 바를 발

업계를 선도하는 TCL의 스마트한 커넥티드 모바일 기기 엔터테인먼트 솔루션

표했으며, 이번 행사에서 TCL은 세계 최초로 대형 스크린 퀀텀닷 TV와 미니 LED TV를 선보이며, 자체 개발한 강력한 TCL AIPQ 프로세서를 강조했다. 2024년에 출시된 TCL의 스마트 S 클래스 및 QLED Q 클래스 TV 라인업은 이전 제품군보다 더 발전된 기술을 활용하여 고객에게 프리미엄 사양의 스크린을 제공한다.

TCL은 대규모 부스를 마련해 한층 진보한 기술력을 드러냈다. 이번에 선보인 QD-Mini LED TV '115인치 QM891G'는 세계 최초로 2만개 이상의 로컬 디밍 존을 구현해 최대 5000니트의 최고 밝기를 자랑한다.

이 제품은 퀀텀닷(Quantum Dot) 기술이 적용된 가장 큰 MiniLED TV로 소개됐다. 퀀텀닷 기술은 광학 소자에 적용되어 디스플레이의 색상 표현과 명암비를 향상시키는 기술이다.

115QM89는 TCL의 QM8 라인에서 파생된 제품으로, 이전 QM8 TV의 몇 가지 기능을 계승하면서 홈 시어터 경험을 높이기 위해 서라운드 사운드와 같은 기능을 갖춘 6.2.2 채널 스피커 시스템을 추가했다.

올해 CES 2024에서 큰 트렌드는 증강 현실(AR)이며, 이를 나타내는 한 예로 TCL의 RayNeo X2 사양이 소개됐다. 업계 최초로 스마트폰, 태블릿, 스마트 글라스 등을 결합해 완성한 스마트 커넥티드 모바일 디바이스 엔터테인먼트 솔루션을 공개했다. Snapdragon® AR1 Gen 1 플랫폼을 사용한 세계 최초의 풀 칼라 3D 디스플레이 스마트 글라스인 "RayNeo X2 Lite AR 글라스"와 "RayNeo Air 2 XR 글라스" 등을 소개했다.

TCL은 X2 Lite AR 안경을 기반으로 하는 RayNeo로 일찍부터 주목을 받았다. Mashable은 TCL RayNeo를 "세계에서 가장 가벼운 풀 컬러 증강 현실 안경"으로 소개했다. 현재, X2 Lite를 통해 무게가 상당히 감소한 상태다. 초기 X2의 무게는 120g이었지만, 이번 새로운 버전에서는 약 60g으로 줄었다.

한편, 새로운 온라인 스트리밍 서비스인 TCL tv+는 300개 이상의 FAST(Free Ad-supported Streaming TV) 채널과 세계 최고의 콘텐츠 스튜디오에서 제작한 수천 개의 블록

Hisense
전 세계 2위 TV 업체 하이센스, 인공지능(AI) 기능을 더한 차세대 TV 공개

버스터 영화를 제공한다.
"IDEO" 기술을 통해 북미 사용자는 무료 엔터테인먼트 프로그래밍을 즐기면서 대화형 기능에 액세스할 수 있다. NFL(National Football League) 라이브 채널이 2024년에 출시될 예정이므로 이 지역 팬들은 TCL tv+를 통해 NFL 이벤트를 즐길 수 있다. TCL의 북미 시장 진출 의지를 확인할 수 있는 부분이다.

04

하이센스

중국 업체 하이센스는 이번 CES 2024에서 작년에 저조했던 중국의 참가를 만회하려는 듯이 대규모의 행사장과 시연으로 많은 참가자들의 눈길을 끌었다.

하이센스와 TCL은 자사가 세계 TV

시장 점유율 2위라고 주장했다. 데이비드 골드 하이센스 미국 지사장은 "하이센스가 명백히 전 세계 2위 TV 업체가 됐다"며 "지난해 북미 시장 점유율을 확대한 것에 따른 성과"라고 말했다. 시장조사업체 트렌드포스의 2023년 전 세계 TV 시장 조사 보고서에 따르면 지난해 TV 시장은 삼성전자가 출하량 기준 1위 (3630만대), 하이센스(2700만대)와 TCL(2620만대)이 근소한 차이로 2·3위를 기록했다.

하이센스는 'See.Connect. Experience'라는 주제로 미디어 콘퍼런스에 참여해 미니 발광 다이오드(LED) TV에 인공지능(AI) 기능을 더한 차세대 TV를 처음으로 공개했다. 많은 참가자들로 전시장은 행사 내내 북적였다.

CES 2024 혁신상을 수상한 자동차 레이저 디스플레이는 차량 내 경험을 혁명적으로 변화시켰다. TriChroma™ 삼중 레이저 프로젝션 시스템을 탑재하여 기존 LED에 비해 48% 더 우수한 색상 성능을 제공하면서도 80% 더 작고 컴팩트한 형태를 유지하고 있다. 200% 발광 효율로 돋보이는 이 제품은 자동차 디스플레이에 가장 적합한 선택지다. 레이저 홀로그램 AR-HUD는 앞 유리를 홀로그램 스크린으로 변환하여 가상 및 현실 요소를 통합하여 보다 안전한 운전 환경을 제공한다.

커넥트라이프(ConnectLife) 스마트 플랫폼 및 VIDAA TV 운영 체제와 결합된 자사의 다양한 가전제품이 소비자가 가정에 참여하는 방식을 어떻게 변화시키고 있는지 보여줬다. ULED X TV를 통한 엔터테인먼트이든 주방의 스마트 스크린이든 Hisense의 스마트 홈은 시나리오 기반 기술을 소비자의 일상적인 요구와 원활하게 연결한다.

110인치 110UX는 4만개의 로컬 조광 영역을 제공하고 1만니트의 밝기와 BT.2020 색 공간의 95% 범위를 지원한다. 대부분의 4K TV가 약 80% 범위만 달성한다는 점을 고려하면 인상적인 성과다.

새로운 Dolby Atmos FlexConnect 무선 오디오 기술로 강화된 내장형 4.2.2채널 스피커 시스템을 갖춘 110UX의 오디오 사양도 훌륭하다.

05 애보트

Abbott
소비자 편의성 극대화를 가장 중요하게 생각하는 애보트의 헬스케어 서비스

디지털 헬스케어장도 인산인해를 이뤘다. 즉 건강과 행복을 추구하는 '웰니스' 수요가 늘어남에 따라 헬스케어 서비스가 참관객들의 눈길을 끌었다. 특히 최고혁신상을 받은 미국 헬스기업 애보트(Abbott)는 심장 이상 증세를 곧바로 점검할 수 있는 심박조율기를 선보이며 주목받았다.

CES 2024 혁신상을 수상한 애보트의 인공심장박동기 '어베어'는 건전지보다 얇게 디자인됐으며, 부정맥이나 심장 박동이 불규칙한 사람이 사용하기 위한 제품이다. 통상적인 인공 심장 박동기보다 훨씬 크기를 줄여 환자들의 편의성을 극대화한 것으로 평가받는다.

조율기를 우심방 또는 우심실에 각각 삽입하면, 임플란트 간 통신 방식을 통해 장치의 조율 기능을 동기화할 수 있다.

이번 전시회에서 애보트는 어베어 외에도 휴대용 뇌손상 검사기(i-STAT TBI 플라즈마), 코로나19 자가테스트기(비나나우), 연속혈당 모니터링시스템(프리스타일 리브레 포트폴리오) 등을 전시했다.

애보트는 소비자 중심의 링고(Lingo) 연속 혈당 모니터 기술도 선보였다. 링고는 이미 영국에서 한 달에 150 파운드(약 190달러)에 판매되고 있다. 링고는 바이오 센서를 착용해 포도당 증가를 모니터링해 정보를 이용자에게 전달해 준다.

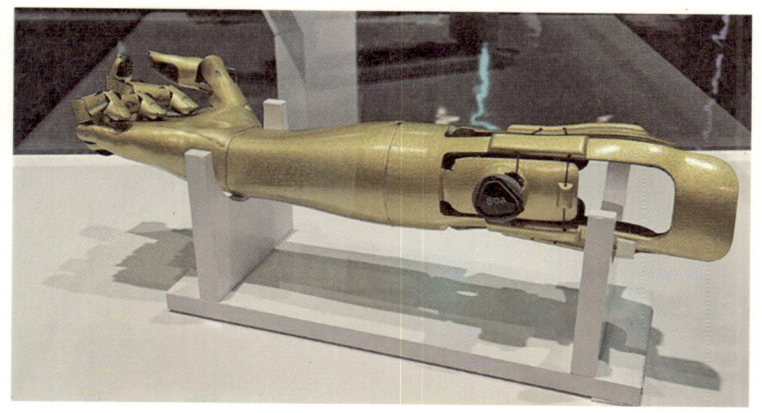

06

지멘스

지멘스는 기조연설에서 산업용 메타버스 솔루션을 중심으로 한 다양한 신제품을 소개했다. 소니 뿐 아니라, 레드불레이싱·언리미티드투모로·블렌드허브 등 파트너사들을 차례로 무대로 불러 구체적인 협업 사례를 시연했다. 지멘서는 건강 관리, 지속 가능성, 환경 영향 등 다양한 분야에서 기술의 변혁적인 힘을 강조했다. 특히 지멘스가 전 세계적인 도전 과제를 해결하고 인간안보를 강화하기 위해 기술을 활용하는 데 전념하고 있다고 소개했다.

지멘스는 건강 관리(전 세계 MRI 및 CT 스캐닝 기술의 절반), 에너지(스마트 전기 그리드 및 재생 에너지 전환), 산업 자동화(건물 및 교통 시스템 자동화) 등 여러 분야에서 선도적인 역할을 하고 있다.

특히 이번 전시에서 지멘스는 황금빛 자태를 뽐내는 의수를 전시해서 참가자들의 호기심을 자아냈다.

고급스러운 디자인 뿐만 아니라 시뮬레이션 기술 및 3D 프린팅 생산 활용으로 가격을 혁신적으로 절감한 것이 특징이다. 기존 의수가 8만 달러인 것에 반해 지멘스에서 새롭게 개발한 의수는 8천 달러로 가격이 10분의 1로 혁신적으로 줄어들었다. 뿐만 아니라 AI가 의수에 적용되어 스마트한 기능을 수행해 내는 것을 차별점이라고 지멘스는 강조했다. 의수에 내장된 센서가 착용자의 근육 움직임을 읽어내고 AI가 이를 학습해 착용자가 원하는 움직임을 자연스럽게 구현해낸다는 것이 지멘스의 설명이다. 독특한 디자인과 색상으로 많은 참가자들의 포토존이 되기도 했다.

SIEMENS
인간안보 강화를 위한 기술 활용에 전념하는 헬스케어 브랜드, 지멘스

07

아마존

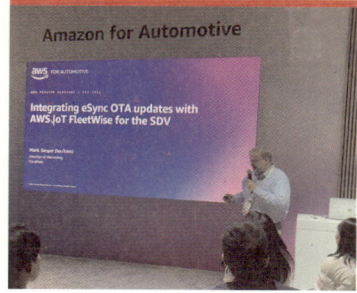

이번 아마존 전시는 오토모티브 파트 중심으로 모빌리티 소프트웨어 중심의 시연이었다고 평할 수 있다. 아마존의 대표 음성 비서인 알렉사부터 클라우드 시스템이 이르기까지 기존의 강력한 자사의 모델들이 자동차 시장에 어떻게 융합될 수 있는 지를 보여줬다는 평가를 받고 있다. 또 아마존의 스마트글라스인 에코 프레임과 어린이용 AI로봇 목시에도 알렉사를 접목시켜 CES 2024 관람객들의 관심

amazon
오토모티브 파트 중심으로 모빌리티 소프트웨어 중심의 시연이었던 아마존

SECTION 3 Global Company

supernal
신형 UAM 기체 첫 공개,
미래
AAM(미래항공모빌리티)
생태계 구축 전략 제시

을 집중시켰다. 하지만 소프트웨어에 전적으로 의존하는 전시로 인해 고객들이 실질적으로 체험해 볼 수 있는 현장이 부족했다는 것이 아쉬움으로 남는다.

이번 CES의 화두중 하나였던 소프트웨어 중심 차량(SDV) 단어를 아마존의 전시장에서도 발견할 수 있었다. 아마존은 자신들의 강점인 언어 모델 알렉사를 내세워 기존 하드웨어 차량의 지능화와 사용자 대화형 인터페이스를 만드는 것에 앞장설 것이라는 선전포고를 한 것으로 평가된다. 다만 전시장에서 실질적으로 하드웨어 기기와 같은 피지컬한 시연이 부족한 편이어서 많은 관람객들의 주목을 끌어내지는 못했다.

아마존과 BMW의 파트너십은 이번 전시에서 관람객들의 가장 큰 주목을 받았다. 아마존의 음성 비서로 잘 알려진 알렉사가 BMW의 차량 내에 탑재된다는 사실은 많은 사람들의 관심을 끌어내기에 충분했다. 이를 통해 BMW는 자체적으로 LLM 모델을 개발해서 사용하는 것보다 대중에게 널리 알려지고 품질이 입증된 알렉사를 사용하면서 자동차의 음성 비서 기능을 소비자가 만족할 수 있는 수준으로 단기간에 끌어올리겠다는 전략을 드러냈다.

자동차 시장에서는 상대적으로 인지도가 낮던 아마존이 이번 CES 전시를 통해 모빌리티 분야도 더욱 공격적으로 진출하겠다는 의지를 참가자들에게 드러냈다는 평이다.

08
슈퍼널

현대자동차그룹의 미국 도심항공모빌리티(UAM) 법인 슈퍼널은 컨벤션센터의 내부 전시장이 아닌 외부 전시장에 독립적으로 배치했다.

슈퍼널은 신형 UAM 기체를 처음 선보였으며, 미래 AAM(미래항공모빌리티) 생태계 구축 전략을 CES 2024에서 제시했다. 기체 디자인은 슈퍼널과 현대차·기아 글로벌디자인본부의 협업 결과물이다. 슈퍼널의 AAM 전략 발표에는 기체 운영을 비롯해 UAM의 공항 역할을 하는 버티포트 등 AAM 생태계 전반에서 슈퍼널과 현대차그룹이 담당하고자 하는 역할을 밝혔다. 이날 현대차 그룹 수뇌부가 모두 출동해 첫 기체 공개를 지켜봤다.

슈퍼널 전시는 전기 수직 이착륙 항공기를 스테이지 중간에 집중 배치하면서 관람객들의 이목을 받기에 충분했다. 특히 이 항공기를 대형 곡면 디스플레이들이 둘러 싸게 하면서 화려한 시각화와 항공기의 주요 성능들을 단숨에 캐치할 수 있도록 구성해서 좋은 반응을 얻었다.

슈퍼널이 선보인 S-A2라는 이름의 항공기는 5명이 탑승 가능하다. 에어 택시의 형태로 기존의 우버나 카카오 택시와 같은 서비스를 이제는 하늘에서 이용할 수 있다는 것이 슈퍼널에 제시하는 비전이다.

기존의 헬기와 비행기와는 차별화된 메커니즘과 디자인을 보이는 것이 특징인데, 드론의 구조에서 더욱 발전한 것으로 보면 된다.

슈퍼널이 또 하나 강조한 것은 강력한 소음 제어다. 식기 세척시 소음 수준의 노이즈만이 발생해서 도심에서 잦은 이착륙을 한다고 해도 도시의 생활자들에게 큰 소음 스트레스를 주지 않는다는 점을 주장했다. 기존 헬기나 비행기의 강력한 소음이 부동산에까지 영향이 가는 것을 고려할 때 이러한 소음 감소 기능은 매우 혁신적이고 매력적이라는 평가다.

09 모빌아이

모빌아이는 자율 주행 자동차에 들어가는 핵심 소프트웨어 엔진을 탑재하는 선도적인 회사 중 하나로 알려져 있다. 이번 CES 2024에서도 전시장 부스를 통해 화려한 존재감을 과시했다. 모빌아이의 주요 고객은 자동차 제조회사로 일반 대중고객을 대상으로 하는 B2C 비즈니스보다는 B2B 비즈니스에 초점을 맞추고 있는 것이 핵심이다.

전시장에서 폭스바겐의 차량을 전시하면서 관람객들에게 폭스바겐과의 파트너십이 활발히 진행되고 있다는 것을 직관적으로 파악할 스 있도록 유도했다. 소프트웨어 중심의 회사지만 실제 협업 차량과 같은 피지컬 적인 요소를 전시하면서 관람객들이 좀 더 다채로운 시각 경험을 얻을 수 있도록 하려는 시도가 돋보였다.

또 모빌아이의 슈퍼 비전 기반의 자율 주행 기술이 어떻게 차별화가 있는 지를 디스플레이를 통해 전시하고 있었다. 상대적으로 환경 변수가 적은 고속도로 뿐 아니라 복잡한 환경과 제약이 있는 도심 도로에서도 높은 자율주행 신뢰성을 보여준다는 것을 시각 자료를 통해 소개했다.

모빌아이가 추구하는 소프트웨어의 핵심은 기업 고객사별 니즈에 맞는 맞춤형 소스를 제공한다는 것이다. 나아가 기업이 추구하는 니즈, 제약, 방향성에 맞춰 다양한 매개변수를 제거하고 최적화 함으로써 기업의 브랜드 이미지를 유지하면서 자율화된 차량을 구현할 수 있도록 한다는 것이 모빌아이의 경쟁 전략이다.

복잡한 환경과 도심에서의 높은 자율 주행 신뢰성이 모빌아이의 차별성

10 벤츠

집 안에서의 엔터테인먼트 경험을 차에서도? 벤츠의 인포테인먼트 시스템에선 가능

벤츠 전시장은 화려한 차량과 엔터테인먼트의 결합을 강조하는 인포테인먼트 시스템을 전면적으로 강조하며 방문객들의 시선을 사로잡는데 성공했다.

기존의 하드웨어 위주의 차량 디자인을 넘어서 소프트웨어의 역할이 더욱 강조되고 있음을 내세웠다. 실제로 전시장 참가자들은 차량 내에서 AI와 대화도 가능하고, 게임도 할 수 있으며, 음악 제작 앱까지 추가 되어 집 안에서 할 수 있던 다양한 엔터테인먼트 경험들을 고스란히 차량을 옮겨 놓았다는 평가를 받는다. 차세대 MBUX 시스템은 '헤이 메르세데스' 음성 비서 기능을 새로운 차원으로 끌어올렸다. 운전대에서 손을 떼지 않고도 자동차 기능을 작동할 수 있는 탑승자와의 상호 작용을 제공한다. 벤츠에 따르면 MBUX는 자사가 자체 개발한 운영체제 MB.OS 상에서 작동하며, 다양한 디지털 혁신을 제공한다.

기존의 럭셔리한 이미지와 차량 내부 대시보드의 화려한 디지털 UI가 벤츠의 주요 프리미엄 이미지였다면, MZ 세대를 겨냥한 더욱 친밀한 디자인과 콘텐츠를 추가했다는 것이 이번 전시장에서 주목할 만한 트렌드였다.

11 캐터필러

전기 중장비 및 에너지 솔루션을 선보인 캐터필러는 작년과 마찬가지로 실제 크기의 거대한 중장비들을 전시장에 직접 시연하면서 존디어와 양대 산맥을 이뤄 참가자들의 눈길을 끌었다. 또, 트레이드 색상인 노란색을 전면에 내세우며 친환경적인 전기 기계를 통해 앞으로 에너지 효율에 앞장서겠다는 회사의 비전을 참가자들에게 전달했다.

아울러 이번 전시회에서는 고객이 더 좋고 지속 가능한 세상을 구축하면서 작업 현장을 전기화할 수 있도록 돕기 위해 설계된 캐터필러의 광범위한 통합 솔루션 포트폴리오를 공개했다.

캐터필러는 '배터리에너지저장시스템'(BESS)에 저장할 전력을 생산할 수 있는 여러 현장 발전기를 선보였다. BESS는 거의 모든 전기차와 호환되며 약 20~40분 안에 충전할 수 있는데 캐터필러는 기계에 배터리를 장착하는 것이 퍼즐의 한 조각에 불과하다는 점을 강조했다.

또한 캐터필러는 여러 개의 소형 DC 충전기와 함께 '캣 301.9'(Cat 301.9)라는 전기 미니 굴삭기도 선보였다. 이는 총 32킬로와트시(kWh)의 용량, 3시간의 작동 시간 등을 제공하는 48볼트(V) 온보드 배터리 팩과 함께 전시됐다.

가장 주목을 받은 것은 배기가스 배출이 전혀 없는 '캣 R1700 XE LHD'라는 대형 지하 로더로, 무려 16.5톤의 적재 하중과 시속 17km 이상의 최고 속도를 자랑한다. 하지만 이처럼 배터리로 구동되는 기계에는 더 많은 현장 지원과 리소스가 필요하다.

캐터필러는 어디서 충전할 것인가? 적절한 전력 용량을 확보하는 방법은 무엇인가? 에너지 비용은 어떻게 관리하나? 저탄소 에너지는 어디서 조달하나? 와 같은 문제들을 해결하는 게 목표라고 설명했다. 이들은 고객에게 친숙한 디젤 연소 구동 장비만큼 생산적으로 작동할 수 있는 전기 기계를 제공하는 것이 비결이라고 밝혔다.

캐터필러의 수석 부사장인 로드 셔먼은 "이 행사는 획기적인 기술과 글로벌 혁신가의 입증 장소로 알려져 있으며, 이는 전력 시스템 및 통합 서비스 솔루션 분야의 리더십을 선보일 수 있는 이상적인 장소다"라고 밝혔다.

CATERPILLAR
지속 가능한 세상을 뒷받침하는 캐터필러의 광범위한 통합 솔루션

12 파나소닉

Panasonic
그린 임팩트 기반의 파나소닉 디스플레이가 선사하는 탁월한 시청 경험

파나소닉은 쇼에 앞서 발표한 성명에서, 지속

가능한 에너지가 쇼케이스의 주요 관심사가 될 것이라고 밝힌 바 있다. 또한 "천연 자원의 사용을 최적화하기 위해 고안된 순환 경제 이니셔티브"에 대해서도 논의할 계획이고, 사람들이 더 건강하고 편안한 삶을 살 수 있도록 돕는 것이 파나소닉의 목표라고 설명하면서 이산화탄소 배출을 줄이는 "그린 임팩트(Green Impact) 이니셔티브"를 강조했다.

파나소닉의 Z95A 제품군에 탑재된 최신 Micro Lens Array WRGB OLED 패널과 다층 열 관리 구성인 새로운 'Master OLED Ultimate' 패널은 자체 엔지니어가 개발한 것으로 완전히 독자적인 기술이다. 이는 뛰어난 디스플레이 성능을 발휘할 것으로 예상하며, 65인치 및 55인치 모델에 적용되어 사용자에게 탁월한 시청 경험을 제공할 것으로 기대한다.

110인치 110UX는 4만개의 로컬 조광 영역을 제공하고 1만니트의 밝기와 BT.2020 색 공간의 95% 범위를 지원한다. 대부분의 4K TV가 약 80% 범위만 달성한다는 점을 고려하면 인상적인 성과다.

새로운 Dolby Atmos FlexConnect 무선 오디오 기술로 더욱 강화된 내장형 4.2.2채널 스피커 시스템을 갖춘 110UX의 오디오 사양도 인상적이었다.

지속가능성에 초점을 맞춘 농업 실현에 나선 존 디어의 도전

13

존디어

존 디어는 지속 가능성, 에코 디자인 및 스마트 에너지 부문에서 혁신상을 5년 연속 수상하는 쾌거를 거뒀다. 또한 작년과 마찬가지로 올해에도 압도적인 규모의 행사장 전시로 많은 참가자들의 인기를 끌었다.

실제 크기의 농기기들을 배치한 전시장은 관람객이 존 디어의 자율 트랙터 기기들을 가까이서 볼 수 있는 경험을 제공했다. 이외에도 로고와 색깔이 들어간 모자를 기념품으로 제공해서 높은 호응을 이끌어냈다.

존 디어 운영 센터는 농부들이 언제 어디서나 효율적인 작업 계획을 수립하고, 작업 품질을 모니터링하며, 데이터를 분석하고 통찰력을 얻을 수 있는 선택형 클라우드 플랫폼이다. 이 플랫폼을 통해 농부들은 탄소 밀도와 연료 배출에 대한 데이터를 제공받아 연간 생산량을 향상시킬 수 있다. 또, 토양 질을 모니터링하고 작물 품질도 최적화할 수 있다. 이처럼 존디어의 플랫폼은 농부들에게 지속 가능성에 초점을 맞춘 다양한 기능에 대한 액세스를 제공하고, 자발적인 수익 창출 프로그램에 등록할 수 있도록 하며, 통찰력을 서로 공유할 수 있다.

행사 기간 중 존 디어는 텍사스주 오스틴 외곽의 테스트 농장에서 운영되고 있는 자율 트랙터의 작동 모습을 직접 시연했다. 아울러 쇼 참석자들에게 CES 전시장에서 직접 원격으로 트랙터를 작동하고 정지시킬 수 있는 체험을 제공했다.

이러한 시연을 통해 존 디어는 자사의 농업 기술이 어떻게 현장에서 실제로 작동하며 농부들에게 어떤 혜택을 제공하는지를 참석자들에게 몸소 보여주었다.

ExactShot은 농부들이 경제적이고

환경적으로 지속 가능하도록 도와준다. 이 기술을 사용하면 농부는 파종 중에 필요한 종비료의 양을 60% 이상 줄일 수 있다는 설명이다. ExactShot은 센서와 로봇 공학을 활용하여 종자 전체에 비료를 지속적으로 공급하는 대신 토양에 심을 때 정확하게 종비료를 뿌리는 것이 특징이다.

14
빈패스트

베트남 전기차제조업체 빈패스트(VinFast)는 자사 최초의 전기 픽업 트럭 VF와일드(VF Wild)를 공개해 주목받았다.

빈패스트에 따르면 콘셉트 카로 선보인 VF와일드는 호주 디자인회사 고모티브(GoMotiv)와 8000시간 협력 끝에 탄생했다. VF와일드는 동급 차종 중 가장 긴 전장을 채택해 내부에서 휴식을 취하거나 오락을

신속하게 변화하는 전기 픽업 트럭 시장에 등장한 빈패스트의 혁신

즐길 수 있게끔 실내 공간 활용성을 극대화했다. 특히 1.5m인 짐칸 길이는 뒷좌석 자동 접힘 기능을 통해 최대 2.4m까지 늘릴 수 있어 매력적인 외관은 물론 실용성까지 겸비했다는 평가를 받고 있다.

쩐 마이 호아(Tran Mai Hoa) 빈패스트 글로벌영업·마케팅 부사장은 "VF와일드는 단순한 시제품이 아니라 빠르게 변화하고 발전하는 전기 픽업트럭시장에 진출하려는 빈패스트의 열망을 보여주는 것"이라고 말했다.

또한 작년 CES 전시와 마찬가지로 모터쇼를 연상시키는 화려한 차량 시연을 통해 차량에 관심이 있는 사람들의 이목을 집중시키는 데 성공했다. 스파이더 맨 콘텐츠를 적용해 화려한 컬러를 차량 외부에 입히면서 차량이 이제는 콘텐츠 엔터테인먼트의 영역으로 확장되고 있다는 것을 알렸다. 이로써 자동차가 동반자적인 지능형 기기의 이미지로 진화하고 있는 추세를 확인할 수 있었다. 하지만 2023년과 비슷한 느낌의 모터쇼 형태의 전시와 상대적으로 줄어든 전시 규모에 조금은 식상했다는 일부 참가자들의 평이 있다.

최근 빈페스트에서 적용하기 시작한 AI 기반

샤오펑이 선보인 항공 모빌리티, 하늘과 지상을 달리다

자동 미러 조정 기술과 같은 혁신 기술들이 더욱 돋보일 수 있는 전시는 기업의 혁신성을 참가자들에게 더욱 직관적으로 전달할 수 있을 듯하다는 현장 관계자들의 의견이다.

15
샤오펑

중국 전기차 스타트업 샤오펑의 항공 모빌리티 자회사 샤오펑 에어로흐트(XPeng Aeroht)는 슈퍼 플라잉 카 콘셉트를 공개했다.

샤오펑 에어로흐트는 지난 2022년부터 플라잉 카 프로토타입을 공개해 왔으며 CES2024 전시 모델은 세계 최초의 양산을 위한 최종형에 가까운 것으로 알려졌다.

샤오펑 에어로흐트 콘셉트는 상단에 수직 이착륙을 위한 거대한 로터를 탑재했으며 하단은 일반적인 자동차 외형을 갖고 있다. 지상 주행을 할 때 모든 로터

는 루프와 상단 패널 사이로 접혀 넣을 수 있는 구조다.
미래 지향적인 실루엣을 가진 디자인과 일반 차량으로 사양하기에 거부감이 없으면서 하늘을 날 수 있는 항공 모빌리티 기능이 탑재됐다.
도어가 날개 형태로 열리고 닫히는 형태로 테슬라 차량을 연상시키기도 했다. 더 나아가 도어가 열린 경우 날개 역할을 해 수직 이착륙 항공기의 역할을 수행하며, 날개 도어가 접히면 일반 자동차럼 운행이 가능하도록 설계됐다. 초기 버전보다 디자인과 성능이 크게 향상됐다는 평가다.
플라잉 카 분야에서 한국과 미국, 유럽 외에도 중국 역시 강력한 기술을 가지고 있다는 것을 세계에 알려려는 의지를 엿볼 수 있었다. 특히 2023년엔 지정학적 상황으로 인해 중국의 CES 참여가 거의 미미했던 것을 만회하려는 듯이 올해 CES는 중국의 강한 촌전과 기술력 전시를 볼 수 있는 자리였다는 것이 참가자들의 평이다.

HONDA
출발점으로 돌아가 혁신을 완성할 혼다의 전기차 개발

16
혼다

혼다는 새로운 글로벌 브랜드 슬로건 "The Power of Dreams — How we move you."를 선보였다. 혼다의 꿈을 형상화한 "시간과 공간과 같은 다양한 제약으로부터 사람을 해방하는 모빌리티"와 "사람의 능력과 가능성을 확장하는 모빌리티"라는 의미가 내포돼 있다. 혼다는 이를 통해 더 많은 사람의 꿈을 실현을 뒷받침하고 사회 발전의 원동력이 되어가고자 하는 생각을 담았다고 설명한다.
이런 비전 슬로건 아래 새로운 전기차 시리즈와 'H'마크를 공개했다. 혼다는 오는 2026년 전 세계 출시 예정인 새로운 전기차 시리즈 '제로(0) 시리즈(Honda 0 Series)'를 선보이며 살룬(Saloon)과 스페이스-허브(Space-Hub) 두 가지 콘셉트 모델을 세계 최초로 공개했다.
제로(0) 시리즈란, 혼다가 자동차 제조업체로서 다시 출발점으로 돌아가 제로에서부터 완전히 새로운 전기차를 만들어내고, 신형 전기차 시리즈 개발에 도전한다는 목표를 담았다. 2026년부터는 북미를 시작으로 일본, 아시아, 유럽, 아프리카, 중동 및 남미 등 전 세계에 혼다 제로(0) 시리즈의 첫 번째 모델을 선보일 예정이다.

17
브런스윅

Brunswick
브런스윅, 환경 친화적인 혁신 항해를 제시하다

해상 모빌리티 기술을 선보이는 마린 테

크의 대표적인 주자 중 하나인 브런스윅(Brunswick)은 미국 해양선박 업체다. 브런스윅은 혁신적인 기술과 미래 지향적인 제품 개발에 중점을 두고 있음을 강조했다.

작년과 동일하게 실제 크기의 보트를 전시장에 배치시킴으로써 많은 참가자들의 이목을 집중시켰다. 녹색과 파란색은 톤을 적극 활용하며 해상의 이미지와 환경 친화적인 브랜드 이미지를 살렸다. 레저 보트 업계의 강자로 자율 운항과 운항 보조 장비 관련 기술을 선보였다.

CES 참여는 온라인 플랫폼을 통한 노출과 함께 회사를 광범위한 가상 청중에게 직접 소개할 수 있는 기회를 제공한다.

브런스윅은 CES를 통해 보트 산업에서의 혁신과 미래 전망을 공유했다. 자동 도킹 및 주변 카메라 시스템은 보트 운전을 향상시키고 조작을 더욱 편리하게 만들 수 있다. Fathom 리튬 이온 전력 관리 시스템은 기존 배터리를 대체하여 전기 보트의 성능과 효율성을 향상시킨다. Veer 전기 보트 브랜드와 Mercury Avator 전기 선외기는 전기 동력을 기반으로 한 혁신적인 솔루션이다. 이는 기존의 환경 친화적인 동력 전환이나 차세대 보트 기술에 대한 흥미로운 개발로 평가받는다.

브런스윅의 최근 R&D 투자는 회사가 기술 혁신과 자동차 산업의 변화에 적극적으로 대응하고 있다는 것을 시사한다. 이번 CES에 참가함으로써, 브런스윅은 기술 산업의 선두주자로 자신을 자리매김하고 있으며, 다양한 분야에서 자사 제품과 기술의 미래 비전을 전시했다.

특히 "물 위의 혁신과 영감" 및 "Next Never Rests"와 같은 슬로건으로 브런스윅이 혁신을 중시하고 지속적인 발전을 추구하고 있다는 메시지를 전했다.

18
위딩스 (Withings)

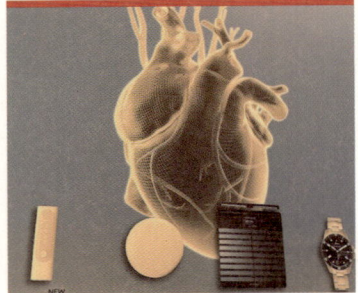

WITHINGS
위딩스의 흥미로운 콘셉트는 원격 진료 활성화로 가는 첫 걸음

프랑스 메디컬 헬스 스타트업 위딩스는 늘 흥미로운 콘셉트로 주목을 받는 스타트업이다. 올해 위딩스는 재택검진이 가능한 가정용 건강관리 기기를 선보이며 많은 관심을 받았다.

'빔오(BeamO)'는 만능 의료기기로, 4개 제품이 하나에 통합된 것이 특징이다. 하나의 제품에 심전도(ECG), 산소포화계, 청진기, 체온계가 결합돼 있다.

빔오(BeamO)는 광파 센서와 음향 정보를 사용해 혈류 패턴을 감지하고, 단일 리드 ECG를 통해 혈중 산소 포화도(SpO2) 심박수를 측정한다.

위딩스는 "심장음과 폐음을 들을 수 있는 디지털 청진기가 들어 있지만 해석은 의사만 할 수 있다"며 "천식이나 폐질환 등을 진단하는 의사에게 도움이 될 수 있다. 따라서 원격 의료가 가능해질 것"이라고 강조했다. 다만 현재 이 기기의 EKG(심전도)와 AFib(심방세동) 감지 기능은 FDA 승인 절차를 거쳐야 하는 단계가 남아있다.

19
다쏘시스템즈

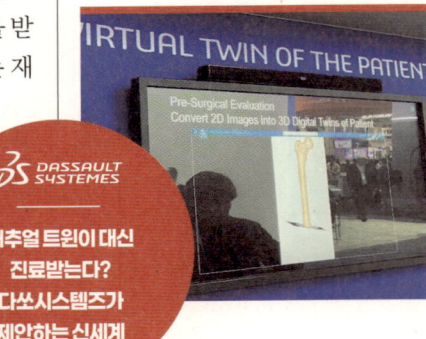

DASSAULT SYSTEMES
버추얼 트윈이 대신 진료받는다? 다쏘시스템즈가 제안하는 신세계

다쏘시스템(DASSAULT SYSTEMS)은 CES 2024에서 AI를 활용해 정밀 의료의 새로운 표준을 제시했다. 또 의료 연구 및 임상시험 효율성의 획기적인 발전을 가속화하는 최신 인체 버추얼 트윈 혁신 기술을 선보였다.

인체 버추얼 트윈 참가자들은 기술과 의료가 융합된 가상 세계로 들어가 심장, 뇌, 폐, 장, 눈 등을 살펴보고 개인용 버추얼 트윈이 음식 섭취, 운동 방법 등을 안내할 수 있는지 배울 수 있다.

인체 버추얼 트윈 경험은 세상을 표현하는 새로운 방식이다. 버추얼 트윈은 물리적 제품이나 시스템의 모양, 치수, 속성을 나타내는 3D 모델에서 시작된다. 시뮬레이션을 실행하여 제품이나 시스템이 조립, 작동 또는 다양한 이벤트에 노출되었을 때 어떻게 작동하는지 살펴볼 수 있다. 버추얼 트윈이 오늘날의 의료 서비스를 어떻게 변화시키고 있는지 알아보는 과정에서 관람객은 관찰자에서 참여자로 인체를 이해할 수 있었다.

인체 버추얼 트윈은 심장학, 신경학, 종양학, 바이러스학, 안과에서 기존의 동물 실험을 대체하는 것부터 임상에서 정밀 의학을 제공하는 것까지 영향을 미치고 있다.

3D EXPERIENCE 플랫폼은 인체 버추얼 트윈 경험을 생성해 모델링, 시뮬레이션, 정보 인텔리전스, 협업이 통합된 공간을 제공함으로써 인간의 삶에 대한 이해를 발전시키고 변화시키는 데 도움을 줄 수 있을 것으로 기대한다.

연구자, 의사, 환자까지 약물이 질병에 미치는 영향부터 수술 결과에 이르기까지 눈에 보이지 않는 부분을 치료받기 전에 시각화, 테스트, 이해 및 예측이 가능하다.

20
에실로룩소티카

EssilorLuxottica
소외가 아닌, 화합에 시선을 둔 에실로룩소티카의 디지털 신기술

에실로룩소티카(EssilorLuxottica)는 세계 최대 안경 제조업체인 이탈리아의 룩소티카와 세계 1위 안경렌즈 업체 프랑스 에실로(Essilor)가 2017년 합병해 탄생한 초대형 안경업체다. 레이벤(Ray-Ban), 오클리(Oakley) 등 글로벌 선글라스 브랜드를 보유하고 있으며 2022년 244억 9400만 유로(약 35조 원)에 달하는 매출을 올린 회사다.

에실로룩소티카의 청력 강화 안경은 '뉴앙스 오디오' 시제품이다. 경증에서 중등도의 난청을 가진 소비자를 위해 설계된 뉴앙스 오디오는 독점적인 최첨단 개방형 보청기 기술을 패션 안경에 통합해 기존 보청기 채택에 걸림돌이 되었던 심리적 장벽을 제거할 것이라고 밝혔다.

2024년 하반기에 출시 예정이며, 스마트폰앱과 연동, 데이터 기반으로 사용 시간 및 대화 시간 확인, 눈 건강 측정 기능까지 제공한다는 설명이다.

게리 샤피로 CTA 회장은 "청력 강화 안경은 보청기 착용으로 인한 사회적 낙인 등 부정적 효과를 줄이고, (문제에 대한) 사회적 관심을 높이는 효과가 있다"며 "CES 같은 큰 기술 전시회에 에실로룩소티카가 제품을 전시한 사례는 처음"이라고 강조했다.

에실로룩소티카 부스에서는 카메라, 오픈 이어 오디오, AI 기반 솔루션, 라이브 스트리밍 및 핸즈프리 통화 기능이 내장된 아이코닉한 레이벤 안경인 레이벤 메타(Ray-Ban Meta)와 함께 그룹의 새로운 HELIX 사업부인 비전(X)를 통해 안경원 현대화를 지원하는 지능형 상호 연결 플랫폼인 비전(X)을 공개했다.

에실로룩소티카 광학계를 위한 원격 검안 및 빅데이터 서비스를 포함해 모든 혁신적인 디지털 솔루션을 제공할 것이라는 비전을 밝혔다.

SECTION 3 Innovation Award

혁신상으로 보는 CES 3대 키워드…
AI·지속가능성·인간안보

세계 최대 테크 전시회 'CES 2024'의 핵심 키워드는 무엇일까.
CES 주최 기관 CTA(미국소비자기술협회)가 발표한 혁신상 수상 제품, 배경 설명에서 발견한
핵심 키워드는 AI·지속가능성·인간안보 세 가지였다.

CES 2024 최고혁신상 수상제품 27개를 더밀크가 분석한 결과 지속가능성 부문에 포함된 제품이 3개로 가장 많았다. 인공지능(AI), 인간안보, 사이버보안에 속하는 제품 역시 각각 2개로 다른 부문에 비해 높은 비중을 차지했다.

CTA에 따르면 29개 부문에 걸쳐 총 3000개 이상 제품이 올해 출품됐다. CES 2023 대비 40% 늘어난 역대 최대 규모다. AI 부문이 신설됐으며 지속가능성, 디지털 헬스 부문으로 제출된 제품이 가장 많았다는 게 특징이다.

CES 혁신상은 1976년에 제정됐다. CTA 전문가 그룹이 출품 제품의 기술력과 디자인, 소비자 가치 등 혁신성을 종합 평가해 수상작을 선정한다. 이번에도 웨어러블 디바이스, 임베디드 기술(내장형) 등 소형 제품부터 TV를 비롯한 가전, 헤드폰과 컴퓨터 주변기기, 자동차 및 로봇 관련 솔루션, 스마트홈에 이르기까지 다양한 제품이 혁신상을 받았다.

삼성전자, LG전자, HD현대, 두산,

Point box

① 3000개 이상 출품…
40% 늘어 '역대 최대'

② AI 부문 신설…
전체 응모작 7% 차지

③ 지속가능성 부문 출품작 최대…
최고혁신상 비중도 커

④ 인간안보 부문 처음으로 포함…
"기술로 세계 문제 해결"

⑤ 사이버보안·디지털 헬스 부문도
주목

SK에코플랜트, 아모레퍼시픽, 코웨이 등 대기업부터 스타트업에 이르기까지 국내 기업이 다수의 혁신상을 수상했다는 점도 눈여겨볼 특징이다. 코트라(KOTRA, 대한무역투자진흥공사)에 따르면 현재까지 공개된 CES 2024 혁신상 수상기업 310개 중 한국 기업이 143개를 차지(46%)했다. 혁신상 수상작 전체 목록과 수상 기업은 CES 2024 전시 기간 중 발표된다. 라스베이거스 '베네치안 엑스포(Venetian Expo)' 전

1

전체 혁신상 수상 제품 471개 중 한국기업 134개

시장에 마련된 이노베이션 어워드 쇼케이스(Innovation Awards Showcase)에서 수상작을 직접 만나볼 수 있었다. 혁신 제품을 실제로 만져보고 체험하길 원하는 전 세계 IT업계 관계자들의 이목이 라스베이거스로 쏠렸다.

AI 올인…CES 2024도 지배하다

2023년은 생성형 AI 제품의 출현과 확산으로 어느 때보다 AI 기술이 주목받은 한해였다. 오픈AI가 개발한 AI 챗봇 챗GPT(ChatGPT)가 2022년 11월 30일 공개됐고, 2023년 3월 14일 최신 대규모 언어모델(LLM) GPT-4가 출시되며 AI 기술 및 제품 경쟁이 가속화됐다.

2024년의 문을 여는 CES 2024에서도 이런 추세가 이어졌다. CTA가 최초로 혁신상 부문에 AI를 추가했다는 사실이 이를 뒷받침한다. AI 부문은 새롭게 추가됐음에도 전체 출품작의 7%를 차지했을 정도로 뜨거운 관심을 모았다.

그중에서도 CTA가 최고혁신상으로 선정, 주목한 제품은 보쉬의 총기 감지 시스템이었다.

보쉬의 총기 감지 시스템은 비디오와 오디오 AI를 결합, 학교에서의 총

1. CES 2024 현장의 이노베이션 어워드 쇼케이스.
2. 보쉬의 총기 감지 시스템.
3. 스튜디오랩의 셀러캔버스.

기 관련 사건을 사전 예방할 수 있도록 돕는 최초의 제품이다. 금속탐지기와 달리 기존 CCTV 카메라와 유사한 형태로, 수업이나 학교 활동에 방해가 되지 않는 선에서 총기를 감지할 수 있도록 설계됐다.

총을 소지한 사람이 학교에 접근하면 이미지로 총기를 확인해 관련 직원에 즉시 경고하는 방식이다. AI 이미지 인식 기능을 활용하며 오디오로는 소리가 나는 방향을 추정할 수 있다. AI 처리를 클라우드가 아닌 엣지(기기)에서 수행, 개인 정보 보호가 가능하며 간단한 설치 및 통합 작업이 가능하다는 점도 장점으로 평가된다. 보쉬의 총기 감지 시스템은 인간안보 부문에서도 최고혁신상으로 선정됐다.

한국 스타트업 스튜디오랩(STUDIO LAB)도 AI 부문에서 최고혁신상을 수상, 1차 수상작 발표 명단에 포함되며 업계의 이목을 끌었다.

수상작 '셀러캔버스(SellerCanvas)'는 상품 이미지를 바탕으로 상세 페이지와 커머스 콘텐츠를 자동 생성하는 서비스다. 이미지를 인식하는 비전 AI와 머신러닝 기술을 활용, 의류의 색상·스타일·특징 등을 분석하고, 이를 바탕으로 상품과 어울리는 디자인과 상품 설명이 있는 마케팅 콘텐츠를 제작해 준다.

스튜디오랩은 삼성전자 사내벤처(C랩) 스핀오프 기업이다. 서울 AI 허브의 지원을 받아 글로벌 진출을 준비하고 있으며 한국과학기술원(KAIST) 기술가치창출원으로부터 시제품 제작 지원 및 CES 부스 전시를 지원받았다.

지속가능성 부문 출품작 최대… 최고혁신상 비중 커

지속가능성, 친환경 디자인 및 스마트 에너지 부문은 CES 2024 혁신상 부문 중 가장 많은 제품이 출품된 분야다. 대기업, 중견기업, 스타트업 가릴 것 없이 '기업의 지속가능성 추구'가 글로벌 거대 트렌드로 자리 잡았다는 사실을 보여주는 데이터다. 환경을 해치거나 에너지를 낭비하는 기업은 살아남기 어려운 시대가 됐다. 세계 최대 자산운용사 블랙록의 래

리 핑크 CEO는 올해 3월 공개한 연례 서한에서 "우리가 환경 경찰이 되려는 것은 아니다"라고 밝히면서도 "수년 동안 블랙록은 기후 위기를 투자 위기(risk)로 간주했고, 지금도 마찬가지다. 캘리포니아, 플로리다, 파키스탄, 유럽과 호주, 세계 여러 곳에서 자연재해가 더 빈번히 일어나고 있으며 이런 날씨 패턴 변화에 따라 이미 보험료가 상승하고 있다"고 강조한 바 있다.

지속적이고 장기적인 투자 수익을 창출하기 위해서는 정부의 규제 등을 반영, 저탄소, 에너지 절감 기업을 눈여겨볼 수밖에 없다는 게 래리 핑크 CEO의 설명이다.

아이텐(I-TEN)은 이런 트렌드를 반영한 대표 기업 중 하나다. 프랑스 기업 아이텐의 솔리드 스테이트 마이크로 배터리(SMD, 고체 전극, 전해질 사용) 'ITX181225'는 이번 CES 2024 최고혁신상 지속가능성 부문 수상작으로 선정됐다.

아이텐은 2011년 회사 설립 후 현재까지 1억2000만달러의 자금을 모금했고, 전 세계에 300개 이상의 특허를 보유한 기술 기업이다. 이 마이크로 배터리의 크기는 4.5 x 3.2mm에 불과하며 8분 내 80% 충전이 가능하고, 100ms 동안 30mA 이상의 피크 전류를 흘려보낼 수 있다.

아이텐의 배터리는 특히 저전력 IoT(사물인터넷) 솔루션을 혁신할 제품으로 평가된다. 기존에 사용되던 배터리의 크기와 용량을 최대 1000분의 1로 줄일 수 있을 것으로 예측되기 때문이다. 이에 따라 탄소 발자국도 크게 낮출 수 있다는 관측이 나온다.

일본 기업 inQs(inQs Co.)의 태양열 기반 발전 유리 SQPV도 업계의 관심을 끌고 있다. 지속가능성 부문 최고혁신상 수상작으로 선정된 이 제품은 기존 제품과 비슷한 투명 유리 형태이지만, 태양광을 받아 전기를 생산할 수 있다는 게 특징이다.

inQs에 따르면 SQPV는 태양광뿐 아니라 눈에 보이지 않는 광원에서도 에너지를 생산할 수 있다. 조명이 어두운 실내나 흐린 환경에서도 잘 작동한다는 설명이다. 두 개의 전도성 유리 시트 사이에 나노 물질을 배치, 빛을 전기로 효과적으로 변환하며 양쪽 유리 표면에서 모두 빛을 포착할 수 있다.

인간안보 부문 처음으로 포함…
"기술로 세계 문제 해결"

첨단 기술이 인간의 안전을 위해 활용돼야 한다는 원칙 '인간안보(Human Security for All, HS4A)'는 CES 2023에 처음으로 도입된 주요 주제 중 하나였다. HS4A는 1994년 UN이 처음 도입한 개념으로 모든 산업, 모든 국가가 인간의 경험을 개선하기 위해 협력과 혁신을 촉진해야 한다는 의미를 포함하고 있다.

최근 전쟁, 환경 위기, 자연재해, 전염병 등 전 인류를 위협하는 위기가 계속되면서 기술업계에서도 이 문제에 공감하는 전문가

1.
아이텐의 솔리드 스테이트 마이크로 배터리.

2.
inQs의 태양열 기반 발전 유리 SQPV.

3.
농업 스타트업 미드바르의 에어팜.

Achieving Sustainability
We work for sustainable coexistence of Earth and agriculture

들, 업계 관계자들이 많아지는 추세다. 유엔 산하 기관 WAAS(World Academy of Art and Science)의 게리 제이콥스 회장은 "COVID19 팬데믹, 지구 온난화, 높은 교육비, 우크라이나 전쟁으로 인한 식량 부족 등은 휴먼 시큐리티 문제 전반에 대한 혁신적인 솔루션 개발이 중요하다는 걸 보여준다"며 "이 문제를 해결하기 위해 CTA와 협력하게 된 것을 자랑스럽게 생각한다"고 밝힌 바 있다.

게리 샤피로 CTA 회장은 이와 관련 "CES의 전반적인 주제는 지속 가능성, 그리고 기술을 통해 세계 문제를 해결하는 것"이라며 "깨끗한 공기와 물을 확보하거나 의료 서비스를 받을 수 있다는 개념이 인간안보다. 2023년에 이어 2024년에도 강조될 것"이라고 말하기도 했다.

한국 스타트업 미드바르(Midbar Co.)의 '에어팜(Air Farm)'은 CES 2024 인간안보 부문에서 최고혁신상을 수상, 주목을 받은 대표 제품 중 하나다.

미드바르는 이스라엘에서 출원한 특허 기술 기반의 에어로포닉스 재배 시스템을 기반으로 친환경적이고 신선한 고품질 작물을 재배, 공급을 돕는 농업 스타트업이다. 에어로포닉스는 땅이 아니라 공기 중에서 식물을 기르는 기술이다. 지지대를 세우고 식물의 뿌리만 노출되도록 고정한 후 물과 영양제를 섞어 안개처럼 뿌리는 방식이다. 넓은 토지, 농장 없이 식물을 기를 수 있도록 해준다.

미드바르에 따르면 에어팜은 단위 면적당 설치 비용이 기존 스마트팜 대비 절반에 불과하다. 에어로포닉스 용법을 활용하면 기존 수경재배 대비 생장속도는 150% 빠르고 물 사용량을 최대 95% 줄일 수 있다.

> **INSIGHT**
>
> ### 사이버보안·디지털 헬스 부문도 주목
>
> 사이버보안 및 개인 정보 보호(Cybersecurity & Personal Privacy)도 꾸준히 강조되는 부문이다. 생성형 AI 기술의 등장으로 무기화된 딥페이크 기술 및 피싱 공격 등을 통해 더욱 정교해지고 있다는 우려가 나오고 있기 때문이다. 한국 스타트업 로드시스템의 '트립패스'는 이번 CES2024 사이버보안 및 금융 기술 부문 최고혁신상을 수상했다. 트립패스는 모바일 여권으로 안전한 DID(Decentralized Identifier, 탈중앙화 신원증명) 신분인증 확인 솔루션을 제공한다.

SECTION 3 — Innovation Award

눈에 띄는 CES 2024
최고 혁신상 수상 기업 24

CES 혁신상 프로그램은 매년 열리는 연례 행사로, 뛰어난 디자인과 엔지니어링을 자랑하는 소비자 기술 제품들을 기리기 위해 마련됐다. 이 프로그램은 다양한 소비자 기술 제품 범주에서 우수한 제품들을 선정하며, 각 범주에서 가장 높은 평가를 받은 제품을 특별히 구별한다.

CES 혁신상 수상작(Honoree)은 각 카테고리에서 최고 점수를 받은 제품들이 수상작으로 선정된다. 이는 해당 카테고리에서 높은 수준의 혁신과 성과를 보인 제품들을 대표하는 것을 의미한다.

최고 혁신상(Best of Innovation)은 각 카테고리에서 가장 높은 평가를 받은 제품이며, 최고 혁신은 모든 수상작 중에서도 더 높은 수준의 인정을 받는다. 이를 통해 CES 혁신상 프로그램은 다양한 분야에서 우수한 소비자 기술 제품을 선정하고, 그중에서도 가장 높은 평가를 받은 제품을 특별히 두드러지게 인정하여 혁신과 기술 발전을 촉진한다.

CES 2024 혁신상&최고혁신상

CTA는 28개 부문에서 혁신상(Innovation Awards)과 최고혁신상(Best of Innovation Awards)을 시상했다. 8일 기준, 313개 기업, 379개 제품이 혁신상을 수상했다. 최고혁신상 총 27개 기업의 제품 및 서비스가 수상했다. 수상 기업 중 국

CES 혁신상과 최고 혁신상

내 기업은 지크립토·미드바르·스튜디오랩·탑테이블·원콤·로드시스템·만드로 등 8개 기업이다.

디지털 헬스 분야에서 12.2%로 혁신상을 가장 많이 수상한 것은 이 분야에서의 기술적 발전과 혁신이 높이 평가되고 있다는 것을 보여준다. 지속 가능성 부문에서 8%의 혁신상을 수상한 것과, AI 부문에서 7.7%로 두 번째로 혁신상 수상작이 많은 것을 보면 환경적 지속가능성과 AI 기술이 CES 2024에서 주목받고 있는 분야임을 알 수 있다.

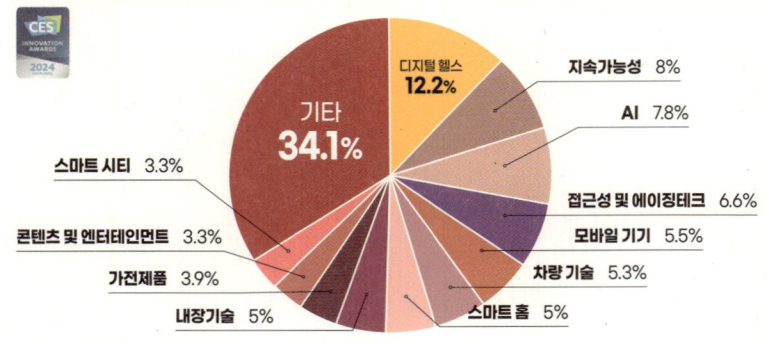
혁신상 데이터로 살펴본 주요 트렌드
자료: 더밀크

이는 기술이 사회적 문제에 대응하며, 다양한 산업 분야에서 혁신을 가져오고 있다는 증거로 이해할 수 있다. 또한, 모든 카테고리에 혁신상이 고르게 분포되어 있다는 점은 CES 2024에서 산업 영역 전반에 걸쳐 기술 혁신이 일어나고 있다는 것을 시사한다.

27개의 최고 혁신상 중 25%의 수상 기업이 한국 기업이다. 이러한 성과는 한국의 기술 경쟁력이 급부상하고 있으며, 미래 산업 발전에 대한 기대감을 크게 높이고 있음을 나타낸다.

최고혁신상 카테고리에서 사이버시큐리티 및 개인정보 보호 분야가 10.7%로 가장 높은 비율을 차지한 것은 현재 디지털 환경에서 사이버 보안 문제와 개인정보 보호의 중요성이 더욱 부각되고 있다는 것을 시사한다.

특히, AI의 고도화 시대에서 생성 AI와 같은 신기술의 등장으로 사이버 범죄에 대한 경각심이 높아지고

CES 2024 최고혁신상 받은 한국 기업

기업	부문	제품명	내용
로드시스템	금융기술	트립패스 모바일여권	모바일 여권 QR코드 생성
만드로	노인 및 접근성	마크 7D	부분 손 절단장애인용 로봇 손가락 의수
미드바르	인류 안보	에어팜	공기중 농작
스튜디오랩	인공지능	셀러캔버스	커머스 콘텐츠 생성 솔루션
지크립토	사이버보안·개인정보	지케이보팅 투표소	블록체인 기반 투표 시스템
윔콤	모바일 디바이스	핀틴 V1	세계 최초 '블라인드 타이핑'
탑테이블	푸드&애그테크	잉크(IINK)	개인 맞춤 영양·식품 제작
텐마인즈	스마트홈	모션슬립	수면 테크, 코골이 방지 베개
삼성전자	게임&e스포츠	삼성 2D/3D 게이밍모니터	게이밍 모니터
	컴퓨터 주변기기&액세서리	The Link	모니터 연결 무선 포트
LG전자	디지털 이미징·사진	83인치 4K OLED 제로 커넥트 TV	무선 송신 TV
	사이버 보안·개인정보	4K 투명 OLED TV	투명 무선 TV

자료 미국 소비자 기술협회(CTA)

최고 혁신상에서 한국기업이 차지하는 비율

한국기업 25% | 최고혁신상 75%

자료 더밀크

최고혁신상 데이터로 살펴본 주요 트렌드

- 기타 40.7%
- 헤드폰&개인 7.4%
- 가전제품 7.4%
- 컴퓨터 하드웨어 7.4%
- 사이버시큐리티 및 개인정보 보호 7.4%
- 접근성 및 에이징테크 7.4%
- AI 7.4%
- 웨어러블 기기 3.7%
- 차량기술 3.7%
- XR기술 3.7%
- 지속가능성 3.7%

자료 더밀크

있음을 나타내고 있다.

AI, 가전, 헤드폰 및 개인 오디오 분야 등 여러 분야가 7.1%로 두 번째로 높은 비율을 차지한다.

이는 혁신의 중심이 AI, 가전제품, 오디오 기술 등 여러 분야로 확장되고 있음을 나타낸다. 전반적으로 최고혁신상은 모든 분야에 고르게 분포돼 있어, CES 2024에서는 각종 산업 분야에서 혁신이 일어났으며, 기술 발전이 급진적이라는 것을 확인할 수 있다.

SECTION 3 — Innovation Award

카테고리 인공지능
기업명 보쉬
제품명 총기 감지 시스템

보쉬의 총기 감지 시스템은 학교에서 총기와 관련된 사전 보안 및 안전을 강화하기 위해 비디오와 오디오 AI를 최초로 결합한 제품이다. 눈에 띄지 않는 시스템은 캠퍼스의 보안과 안전을 향상시키는 다층적인 접근 방식을 제공한다. 이 기술은 총기와 관련된 위협에 대응하기 위해 선진된 인공지능 기술을 활용해 학교 환경에서의 안전을 강화하고 있다.

카테고리 인공지능
기업명 스튜디오랩
제품명 셀러캔버스

AI 기반 마케팅 콘텐츠 창작 서비스. 패션 제품 판매자가 제품 사진을 업로드 하면 15초 만에 자동으로 상품 판매 상세 페이지를 기획, 디자인해주는 AI 기반 마케팅 콘텐츠 서비스다. 이미지를 인식하는 비전AI와 머신러닝 기술을 활용해 의류의 색상과 스타일, 특징 등을 분석하고, 이를 바탕으로 상품과 어울리는 마케팅 콘텐츠를 제작해 수작업을 90% 이상 줄일 수 있다.

카테고리 차내 엔터테인먼트
기업명 AUO
제품명 인터랙티브 투명 창

AUO의 인터랙티브 투명 창은 투명 디스플레이를 측면 창문과 컨트롤러에 매끄럽게 통합해 조종석에서 놀라운 시각적 경험을 선사한다. 이 창은 엔터테인먼트 기능 및 온라인 회의부터 대화형 AR/MR 경험에 이르기까지 다양한 요구 사항을 충족하며, 기내 환경을 넘어서는 확장성을 제공한다. 이 제품을 통해 자동차는 기존의 교통수단에서 엔터테인먼트와 안전이라는 두 가지 측면을 강화한 만능 제3의 생활 공간으로 진화했다.

카테고리 스마트 홈
기업명 모션슬립
제품명 모션필로우&모션시스템, 모션링

모션슬립은 움직이는 AI 스마트 베개 '모션필로우&모션시스템'과 코골이 해결 반지 '모션링'을 결합하여 슬립테크 혁신과 편안한 수면 경험을 제공한다. 모션링은 수면무호흡 등 수면 상태를 실시간으로 측정하고, 모션시스템에 공유하는 모션필로우를 통해 고개를 돌려 산소포화도를 높인다. 이 기술은 특허 출원 중이며, 전세계 최초의 개발로 평가되고 있다.

카테고리 디지털 헬스
기업명 애보트
제품명 AVEIRTM DR

AVEIRTM DR은 애보트의 독점 i2TM 통신 기술이 적용된 세계 최초의 이중 챔버 무연 심박조율기다. 이 심박조율기는 2023년 7월 미국 식품의약국(FDA) 승인을 받았으며 실신, 실신 전, 피로, 방향 감각 상실 등 하나 이상의 만성 질환 관리에 권장한다.
기존 심박조율기와 달리 무연 심박조율기는 최소 침습적 시술을 통해 심장에 직접 삽입되며 심장 리드와 피하 펄스 발생기가 필요하지 않다.

카테고리 XR기술 & 액세서리
기업명 어퍼런스
제품명 Phantom

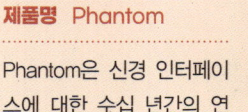
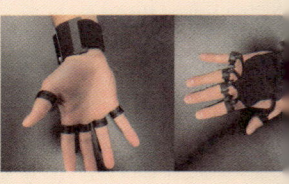

Phantom은 신경 인터페이스에 대한 수십 년간의 연구를 공간 컴퓨팅 시대로 전환한 신경 엔지니어들이 설립한 회사인 어퍼런스의 제품이다. Phantom은 신경계와 직접 인터페이스해 손가락 수준의 세분성으로 촉각 피드백을 제공한다. 자동 정렬 링은 투명한 인터페이스를 제공해 디지털 세계와 실제 세계 사이의 원활한 전환을 가능하게 한다.

카테고리 스마트시티
기업명 inQs
제품명 에너지 수확 투명 태양광 유리(SQPV 유리)

inQs는 효율적인 에너지 수확 투명 태양광 유리(SQPV 유리)를 개발했다. 이 유리는 햇빛으로부터 전기를 생성하는데 그치지 않고, 어두운 실내 환경이나 흐린 날에도 빛을 에너지로 활용할 수 있다. SQPV 유리는 두 장의 전도성 유리 사이에 샌드위치 구조로 다양한 전기 발생에 기여하는 나노 물질을 적층해, 빛을 효과적으로 전기로 변환한다.

카테고리 스포츠&피트니스
기업명 가민
제품명 Venu 3 GPS 스마트 워치

Venu 3 GPS 스마트 워치는 건강과 피트니스 목표를 달성하기 위한 탁월한 도구로서, 손목 코치처럼 다양한 맞춤형 웰니스 통찰력과 피트니스 기능을 제공한다. 이 스마트 워치는 사용자가 자신의 건강을 더욱 완벽하게 이해하고 관리할 수 있도록 도와준다. Venu 3는 다채로운 AMOLED 디스플레이를 통해 시각적으로 풍부한 정보를 제공하며, 30개 이상의 내장 스포츠 앱을 통해 다양한 운동 활동을 추적할 수 있다.

카테고리 웨어러블 기술
기업명 시그니아
제품명 Silk Charge&Go IX

세계 최초이자 유일한 충전식 즉시 착용형 CIC(완전히 근관 내 삽입) 보청기로, 작고 눈에 띄지 않는 폼팩터를 가지고 있으며 소음 환경에서도 뛰어난 음성 성능을 제공한다. 이 제품은 시그니아의 완전히 새로운 Integrated Xperience 보청기 플랫폼을 기반으로 구축됐으며, 이동 중에도 충전할 수 있는 편리함을 제공하며 시끄러운 환경에서 대화 지원을 제공하는 고급 사운드 기능을 특징으로 한다.

카테고리 가전제품
기업명 Sevvy
제품명 Smart Cooker

Sevvy Smart Cooker는 저온에서 고속으로 음식을 조리하는 스마트 쿠커다. 특허받은 펄스 전기장과 음가열 기술이 탑재되어 있어 기존 조리 방식에 비해 90%의 에너지를 절약하고, 영양분 손실을 40%나 줄였으며 정확한 조리 제어를 통해 음식물 쓰레기도 거의 배출되지 않는다. 조리 시간과 영양분, 쓰레기 배출까지 세 마리 토끼를 다 잡은 제품이다.

카테고리 헤드폰&개인 음향기기
기업명 보스
제품명 QC 울트라 헤드폰

보스는 현대화된 프리미엄 디자인과 Bose Immersive Audio의 데뷔로 청취 경험을 새로운 수준의 성능으로 끌어올리는 완전히 새로운 QuietComfort Ultra 헤드폰을 선보였다. QC 울트라 헤드폰은 몰입형 사운드, 업계 최고의 소음 제거, CustomTune 오디오 보정의 강력한 조합을 제공하여 오버이어 헤드폰의 탁월한 성능을 사용자에게 제공한다.

카테고리 차량기술&고급 모빌리티
기업명 혼다
제품명 모토콤팩토

혼다 모토콤팩토는 완전히 새로운 디자인과 접이식 기능을 갖춘 저렴한 전기 개인 운송 수단을 공개했다. 이 차량은 세련되고 단순한 스타일과 혁신적이며 초소형 디자인으로, 도시 이동성의 현대적인 요구에 부합하도록 설계됐다. 모토콤팩토는 배출가스 없이 운행돼 친환경적이며, 탁월한 편의성을 제공하고 있다.

SECTION 3 Innovation Award

카테고리 오디오 비디오 구성요소 & 액세서리
기업명 NAD
제품명 마스터즈 M66 블루OS 스트리밍 DAC-프리앰프

마스터즈 M66 블루OS 스트리밍 DAC-프리앰프는 오디오 애호가급 DAC와 고해상도 멀티룸 음악 스트리머를 결합한 혁신적인 하이파이 구성 요소다. 7인치 터치스크린은 Dirac Live Room Correction과 Dirac Live Bass Control을 갖춰 품질과 품격을 자랑한다. NAD의 M23 파워 앰프와 결합해 놀라운 음향 경험을 제공한다.

카테고리 모바일 기기, 액세서리 & 앱
기업명 ONECOM.CO.,LTD.
제품명 Fintin V1

Fintin V1은 시각 장애인이 스마트폰에서 디지털 정보에 더 쉽게 접근할 수 있도록 설계된 미니 QWERTY 커뮤니케이터다. 독특한 디자인은 촉각적으로 인식할 수 있는 키 모듈 6개만으로 36개의 키 입력을 처리할 수 있는 세계 최초의 장치다. 이 기능을 활용하면 키보드를 보지 않고도 빠르고 정확하게 입력할 수 있어 어떤 환경에서도 효과적으로 사용할 수 있다.

카테고리 사진 & 디지털 이미징
기업명 헤스티아
제품명 VAONIS

헤스티아는 스마트폰 센서의 힘을 활용해 태양, 달, 우주를 촬영하는 휴대용 망원경의 차세대 진화형 제품이다. 이 제품은 스마트폰의 줌 기능을 최대 25배까지 향상시키는 망원 렌즈와 천체 사진 촬영을 위해 스마트폰 성능을 최적화하는 지능형 소프트웨어를 결합하고 있다.

카테고리 가전제품
기업명 WILLTEX.CO.,LTD.
제품명 윌쿡

윌쿡은 스마트폰 온도 조절이 가능한 세계 최초의 휴대용 패브릭 전자레인지 가방이다. 윌쿡의 무게는 160g, 블루투스 기능이 있는 특수 배터리의 무게는 120g으로 총 무게 300g 미만의 가전 업계에서 가장 가벼운 전자레인지다. 윌쿡은 전원을 켠 후 10분이면 90도, 20분이면 130도에 도달한다. 불을 사용하지 않고 이산화탄소를 배출하지 않는다.

카테고리 푸드 & 애그테크
기업명 Top Table Inc.
제품명 잉크

4D 푸드 프린팅 시스템을 기반으로 한 '잉크(IINK)'는 질감, 크기, 영양성분 등이 맞춤형으로 제작되는 개인 맞춤 영양 제공 시스템이다. 인체 내에서 녹는 지점을 지정하는 복합 물질의 비즈 출력물이 보를 내 액상과의 상호 작용 메커니즘을 통해 캡슐라이징되는 동적 구조를 형성하며 인체 내 녹는 지점까지 설정할 수 있는 기술이다.

카테고리 인간안보
기업명 미드바르
제품명 에어팜

에어팜은 언제 어디서나 식량 생산이 가능한 세계 최초의 공기주입식 농장으로, 강철 프레임을 사용하지 않는다. 이 농장은 공기 중의 수분을 실시간으로 물로 변환하며, 작물이 생성한 수분을 뿌리까지 재순환시켜 물 인프라 없이 운영한다. 이 혁신적인 농장은 기존 농업에 비해 물 요구량을 99% 감소시키고, 수직 농업 경쟁 업체에 비해 90% 감소시킨다.

카테고리 헤드폰&개인 음향기기
기업명 JBL
제품명 Authentics 500

JBL Authentics 500는 레트로 스타일의 스마트 홈 스피커로, WiFi, 블루투스, 업계 최초로 내장된 듀얼 음성 어시스턴트와 돌비 애트모스 기능을 갖추고 있다. 자동 셀프 튜닝 서비스와 2대 이상 멀티 컨트롤이 가능하며, 맞춤 사운드 JBL 전용 앱으로 구동할 수 있다.

카테고리 사이버보안&개인 정보보호
기업명 지크립토
제품명 zkVoting

zkVoting은 최초의 블록체인 기반 투표 시스템으로 유권자들이 투표소에서 실시간으로 자신의 투표용지가 정확한지 확인할 수 있도록 제공한다. 또한, 증명 프로토콜을 통해 유권자의 개인 정보를 보호하고 투표 유효성을 확인할 수 있 생성을 활용해 악성 코드를 방지한다.

카테고리 콘텐츠&엔터테인먼트
기업명 포바이포
제품명 픽셀

픽셀은 포바이포의 독점 AI 솔루션으로, 비디오 품질을 향상시키기 위해 노이즈 패턴, 색상, 선명도 및 해상도와 같은 다양한 속성을 최적화한다. 이 솔루션은 대규모 초고해상도 비디오 데이터에 대해 훈련된 딥러닝 모델을 기반으로 하며, 업계 전반의 시각적 경험을 향상시켜 실물과 같은 품질과 낮은 비트 전송률을 달성한다.

카테고리 임베디드 기술, 스마트 시티, 스마트 홈
기업명 Aira, Inc
제품명 FreePower

FreePower는 모든 조리대를 무선 충전기로 바꿀 수 있다. 레스토랑의 조리대부터 주방 아일랜드, 홈 오피스 책상까지 모든 종류의 표면에 매끄럽게 통합되는 임베디드 기술이다. FreePower는 사용자가 충전 구역 내 어느 곳에나 디바이스를 배치할 수 있는 완전한 공간적 자유를 제공하며 동시에 여러 대의 디바이스를 수용할 수 있다.

카테고리 접근성 및 에이징테크(Aging tech)
기업명 만드로
제품명 Mark 7D

만드로의 Mark 7D는 상지 장애를 가진 사람들의 요구를 충족시키기 위해 세심하게 설계된 적응력이 뛰어난 모듈형 로봇 핑거다. 견고한 브러시리스 DC 모터, 센서 장치, 임베디드 시스템과 통합된 2단계 감속기가 포함돼 있다. 이 솔루션은 부분적인 손 장애와 다양한 상지 절단을 모두 수용할 수 있도록 체계적으로 설계됐다.

카테고리 컴퓨터 하드웨어&구성요소
기업명 Frore Systems
제품명 AirJe-®

세계 최초의 솔리드 스테이트 능동 냉각 칩인 Frore Systems의 AirJet®은 컴퓨팅 및 전자 산업에 혁신을 일으키고 있다. 소비자 기기의 열을 제거하는 획기적인 기술인 AirJet®은 노트북과 스마트폰에서 미니 PC와 SSD 액세서리에 이르기까지 기기의 잠재력을 최대한 발휘할 수 있게 해 준다. 소비자 제품에 하나 이상의 에어젯 칩을 내장하면 열을 제거해 디바이스 성능 저하의 원인이 되는 열 문제를 해결할 수 있다.

SECTION 3 Best 7

더밀크 선정 CES 2024 베스트 이노베이션 어워드 7

로레알, 위딩스, 미드바르, 아마존 오토모티브, 파나소닉, 만드로, 어퍼런스 등 7개 기업은 더밀크가 선정한 최고의 혁신기업이다.

더밀크는 'CES 2024 베스트 이노베이션 어워드'를 신설하고 7개 수상 기업과 제품을 선정했다. 인류를 위한 목적과 기술 혁신성, 실현가능성 등을 선정 기준으로 삼았다. 더밀크의 CES 2024 베스트 이노베이션 어워드는 리빙(Living), 건강(Health), 푸드(Food), 모빌리티(Mobility), 소셜(Social), 환경(Environmental), 산업(Industrial) 등 총 7개 분야로 나눠 선정했다. 이는 기존 어워드가 대부분 TV, 스마트폰 등 특정 제품에 중점을 두는 경향과 차별화된 부분이다.

어워드의 선정 기준도 차별화 돼 있다. CES 2024에 출품한 제품(서비스)이 '인류를 위한 목적을 가지고 있는지'와 '기술의 혁신성이 있는지', 그리고 '실현 가능성이 있는지' 등의 기준이 고려됐다.

심사위원으로는 주영섭 서울대 특임교수(전 중소기업청장), 이용덕 드림앤퓨처랩스 대표(전 엔비디아코리아 대표), 최형욱 퓨쳐디자이너스 대표, 정구민 국민대 교수, 손재권 더밀크 대표 등 기술 분야 전문가들이 참여했다.

어워드를 신설한 더밀크의 손재권 대표는 "한국 기업들이 CES 혁신상에 도전하고, CNET, 더버지 등 미국 미디어들이 자체적으로 베스트 CES 상을 선정, 보도하지만 선정 기준에 대해 의문이 많았다"며 "CES도 성격이 TV나 가전 전시에서 융합 테크 엑스포로 성격이 바뀌었기 때문에 이같은 흐름을 반영해야 한다고 보고 상을 선정하게 됐다"고 취지를 밝혔다. 이어 "한국은 글로벌 혁신 커뮤니티에 중요한 플레이어로서 이젠 기술 리더십을 가져갈 필요가 있다"며 "CES와 같은 이벤트를 통한 모멘텀이 필요하다고 판단해 어워드를 신설하게 됐다"고 설명했다.

향후, 더밀크는 어워드 수상 기업들에게 상을 전달할 예정이다. 아울러 실리콘밸리의 테크 전문 미디어인 우버기스모의 보도를 통해 더밀크의

어워드 신설 여부와 수상작에 대한 소개가 이뤄진다. 이번에 처음으로 신설된 더밀크의 CES 베스트 이노베이션 어워드 수상 기업들은 한국, 프랑스, 미국에서 각각 2개 기업이 선정되었으며, 일본의 1개 기업도 포함됐다. 다양한 국가에서 선정된 분야별 어워드 수상작을 소개한다.

1. 로레알의 뷰티지니어스.
2. 위딩스의 비접촉식 건강측정 기기 '빔오(BeamO)'.
3. CES 2024 현장에 마련된 위딩스 전시 부스.

리빙 이노베이션 부문

1 로레알 뷰티 지니어스

더밀크의 CES 베스트 이노베이션 어워드 수상작 중 로레알의 '뷰티 지니어스'는 개인 맞춤형 AI 뷰티 컨설팅 앱으로, 사용자들에게 원할 때 뷰티 어드바이저 역할을 수행한다. 각 개인의 아름다움을 존중하는 '뷰티 솔루션'으로 CES 2024에서 주목받았다.

이 앱은 사용자가 언제든지 완벽한 뷰티 어드바이저를 경험할 수 있도록 고안됐다. 사용자의 피부톤과 상태에 따라 화장품 성분과 제품을 소개하는 기능은 물론, 사용자가 최적의 뷰티 제품을 찾을 수 있도록 돕는다.

"Beauty for each solution"이라는 슬로건을 통해 '뷰티 지니어스'는 기술의 목적, 혁신성, 그리고 상용화 가능성 등 모든 부문에서 심사위원단으로부터 높은 평가를 받았다. 다양한 인종과 미적 기준을 포용하고자 하는 인류를 위한 목적성 측면에서 호평을 받았다.

헬스 이노베이션 부문

2 위딩스 빔오

헬스 이노베이션 부문 수상작은 프랑스기업 위딩스의 비접촉식 건강측정 기기 '빔오(BeamO)'였다. 캔디바처럼 생긴 이 제품은 일체형 진단 도구로 체온, 혈액 산소포화도, 심전도, 심장, 폐 모니터링 청진기 등 다양한 진단이 가능한 의료 보조 기구다. 디스플레이와 진료 메뉴 선택을 위한 버튼으로 구성돼 있다.

올 온(All On)을 주제로 한 CES 2024의 주제와도 잘 들어맞는 이 기구는 의료 사각지대에 놓인 저소득층과 지속적인 진단 케어가 필요한 환자들을 위한 게임체인저가 될 수 있을 것으로 기대된다.

푸드 이노베이션 부문

3 미드바르 에어팜

푸드 부문 베스트 이노베이션은 한국 기업인 미드바르의 '에어팜'이 선정됐다. 이 기업의 제품은 CES 2024 인간 안보 분야 최고혁신상을 받기도 했다. 에어팜은 세계 최초의 공기주입식 스마트팜 시스템이다. 식물 재배시 흙에 뿌리를 내리는 대신 안개를 통해 물과 영양제, 산소를 빨아들이면서 자란다. 이렇게 뿌리로 흡수된 물은 공기 중으로 배출되고, 이 배출된 물이 영양액과 섞여 다시 안개로 분무되는 '에어로포닉스' 방식이 도입됐다. 흙과 수도 기반시설 없이 식물이 자랄 수 있는 시스템인 것이다. 전쟁이나 재난 지역은 물론 우주, 사막에도 적용할 수 있을 것으로 기대를 모으고 있다.

더밀크의 어워드 심사위원진은 "수상을 위한 모든 조건을 다 갖췄다. 생산성이 높고 자원도 절약할 수 있다"며 "시기에 관계없이 장소만 있으

SECTION 3 | Best 7

환경 이노베이션 부문

5 파나소닉 키나리 레진

환경, 지속가능성 부문에서는 파나소닉의 플라스틱 대체재인 키나리 레진(Kinari Resin)이 베스트 이노베이션으로 선정됐다. 이 제품은 식물 섬유 기반의 고성능(강도 등) 생분해성 소재로 플라스틱을 대체할 수 있다는 점이 특징이다.

다양한 "폐기물" 식물 자원에서 나온 섬유소로 만들어진 고밀도 소재로, 석유 기반 수지로 결합되어 있다. 기존 사출기로도 성형이 가능하다는 점도 장점으로 꼽는다.

심사위원단은 "플라스틱 문제를 친환경으로 해결할 수 있다는 측면에서 높은 점수를 줬다"며 "가격적인

면 식물을 경작할 수 있다. 도시, 사막 다 가능하기 때문에 인류의 가장 큰 걱정인 식량 문제해결에 도움을 줄 것으로 기대된다"고 밝혔다. 뿐만 아니라 "저렴하게 이용 가능하기 때문에 상용화도 유리할 것으로 보인다"며 "접이식이기 때문에 이동 비용이 저렴하고, 이동 방식도 용이하다. 빠르게 활용할 수 있는 것이 장점"이라고 덧붙였다.

모빌리티 이노베이션 부문

4 아마존 오토모티브

올해 CES 2024는 모빌리티 기업들이 소프트웨어기반자동차(SDV)를 대거 선보인 가운데, 그중에서도 토털솔루션을 제시하면서 단연 돋보였던 '아마존 오토모티브'를 모빌리티 분야 베스트 이노베이션 수상 기업으로 선정했다.

올해 아마존 오토모티브는 알렉사(Alexa) 기반의 UI에 자체 대규모언어모델(LLM) 기반의 생성AI를 결합한 차세대 플랫폼을 소개해 주목을 받았다. 차에 탑재된 알렉사는 운전자와 소통하면서 비서 역할을 한다. 이밖에도 자동차 개발 플랫폼부터 서비스 플랫폼까지 토털솔루션을 제시했다는 측면에서 더밀크의 모빌리티 분야 혁신상 수상자로 선정됐다. CES 2024에서 아마존 오토모티브가 LLM을 탑재한 BMW를 전시하고 있다.

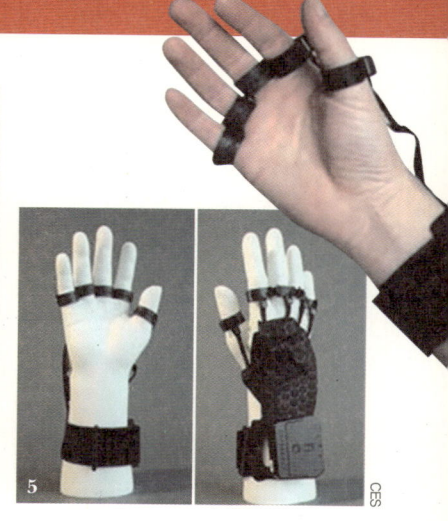

측면이나 부작용 없이 보완이 가능하다면 획기적인 혁신이 될 것"이라고 선정이유를 밝혔다.

소셜 이노베이션 부문

6 만드로 마크 7D

한국 기업인 만드로는 소셜 이노베이션 부문 베스트 이노베이션 수상 기업으로 선정됐다. 이 기업이 내놓은 혁신은 바로 '로봇 의수', 즉 로봇 손가락이다.

만드로는 부분 손 절단장애인을 위한 로봇 손가락 의수 '마크 7D'를 CES 2024 무대에 선보이면서 주목받았다.

CES 2024의 최고 혁신상 뿐 아니라 마이크로소프트의 사티아 나델라 CEO가 직접 전시 부스를 방문해 유명세를 타기도 했다.

손가락 절단 장애를 겪는 개인을 위해 섬세하게 설계됐다는 장점은 물론, 새로운 제작 방식으로 맞춤 제작이 가능하다는 것도 선정 요인으로 작용했다. 여기에 기존 1000만원에 달하는 가격을 50만원대로 낮췄다는 점이 높은 점수를 받은 요인으로 작용했다.

1. CES 2024에 출품한 미드바르의 에어팜.
2. LLM을 탑재한 BMW를 전시하고 있는 아마존 오토모티브.
3. 파나소닉이 개발한 플라스틱 대체 소재 키나리.
4. 만드로의 로봇의수.
5. 어퍼런스의 팬톰.

산업 이노베이션 부문

7 어퍼런스 팬톰

인더스트리얼 이노베이션 부문에서는 미국 기업인 어퍼런스의 웨어러블 디바이스 팬톰을 선정했다.

CES 2024에서도 최고 혁신상을 수상하면서 기술력을 주목받은 어퍼런스의 팬톰은 신경계를 자극해 XR 환경에서 촉감을 만들어내는 혁신을 선보였다.

뉴런 시스템을 직접 연결, 손가락에서 느낄 수 있는 실제 촉각 피드백을 제공한다.

이 회사는 뇌-기계 인터페이스 분야에서 수십 년간 연구를 진행해 온 엔지니어들이 의기투합했다.

더밀크 심사위원단은 이 기술에 대해 "메타버스와 같은 가상 환경에서 '오브젝트'를 실질적으로 만지거나 제어할 때 생기는 피드백을 시뮬레이션 할 수 있다"며 "원격 수술, 원격 제어 등 다양한 산업분야에 적용 가능할 것으로 보인다"고 평가했다.

SECTION 3 　Eureka Park

유레카 파크에서 확인한 글로벌 스타트업 트렌드 9

스타트업이 모인 유레크 파크에 소개되는 기술과 투자자들의 관심을 토대로 스타트업 트렌드를 모았다.
생성 AI를 중심으로 스타트업 투자 지도가 달라지는 추세다.

올해부터 스타트업 투자 환경이 점차 개선될 것이라는 예상이 나오고 있다. 벤처캐피털(VC)들의 투자 확대 계획도 속속 발표되는 중이다. 중심에는 역시 생성 AI가 있다. 전기차 인프라와 기후테크, 농업, 바이오, 메타버스, 우주 기술 관련 분야도 눈에 띄는 성장이 기대된다.

TREND ① 생성 AI가 투자 주도할 것

생성 AI를 빼놓고 기술의 미래를 이야기할 수 없을 정도다. 투자자금도 대거 몰리고 있다. 2020년 4분기의 총 거래 가치 7억7000만달러에서 2023년 2분기에는 81건의 거래에서 총 투자액 110억달러를 기록하며 역대 최고치를 달성했다. 특히 2023년 2분기 동안만 챗GPT의 물결을 일으킨 OpenAI에 100억달러의 자본이 투자됐다.

이 외에도 구글, 아마존, MS 등 빅테크 기업들도 자체적으로 막대한 금액을 생성 AI 분야에 투자하고 있다. 대표적으로 지난해 9월 아마존은 AI 시스템을 구축하는 AI 안전 및 연구 회사인 안트로픽(Anthropic)에 40억달러를 투자했다. 기업용 대규모언어(LLM) 기업인 코히어(Cohere)는 6월에 마감된 시리즈 C 펀딩 라운드에서 2억7000만달러 유치 성과를 거뒀다.

> **Note 속도 조절은 불가피**
> 최근 조사 기관 인사이더 인텔리전스(Insider Intelligence)에 따르면 전체 미국인의 21%만이 지난 6개월 동안 AI 프로그램을 사용한 것으로 나타났다. 영국의 이코노미스트도 2022년 한 해 동안 빅 5 기술 회사에서 AI 연구 및 개발에 2203억달러를 지출했지만 적극적인 사용자의 증가에는 의문을 제기하고 있다.

TREND ② 전기차, '인프라' 주목

국제에너지기구(IEA)에 따르면 2023년에 판매된 신차 5대 중 1대는 전기차로 추정된다. 그러나 전문가들 예측치보다 전기차 전환은 느리다. 글로벌 경기 침체와 정부 보조금 고갈 등이 주요 이유지만 여기에 더해 전기차 지원 인프라 부족도 문제다. 예를 들어 뉴욕시에만 4만 개의 전기차 충전소가 부족한 것으로 알려져 있는데 미국 전역으로 확대하면 전기차 충전소 부족은 전기차 보급에 가장 큰 장애물이다.

그러나 인프라 부족은 스타트업에게는 기회다. 미국 버지니아에 위치한 스타트업 일렉트로템포(ElectroTempo)는 충전소 수요를 예측하고 인프라를 구축하는 효율적인 방법을 제안하는 분석 솔루션을 제공, 2023년 8월 400만달러의 투자를 받았다. 잇츠일렉트릭(ItsElectric)은 전기차 소유주들을 위해 도심 차도 인근에 충전기를 설치하는 기술을 선보였다. 인근 건물 소유자와 파트너십을 맺어 전기를 공급하는 방식이다.

> **Note 배터리 재활용 분야도 눈길**
> 차량용 배터리 재생 스타트업이 뜨고 있다. 2030년까지 1200만 톤의 배터리가 폐기될 것이란 추정 가운데 보쉬 로보틱스(Posh Robotics)는 2022년에 시드 자금 380만달러를 유치했다.

1. 올해 유레카 파크에는 1000여 개의 국가별 스타트업이 새로운 혁신 기술을 선보였다.
2. 유레카 파크의 스위스 관.

TREND③ 기후테크 관심 고조

지난 18개월 동안 일부 기후테크 스타트업들이 급격한 성장과 투자 유치에 성공했다. 각국 정부 및 관계 기관에서 탄소 배출 감축과 관련한 규제 및 법규 준수 요구에 기인한다. 특히 탄소 배출 감축 기술을 전문으로 하는 스타트업에 대한 VC 투자는 2023년 3분기에 76억달러를 기록했다. 그러나 경기 침체 전망으로 관련 투자는 전반적으로 감소 추세다. PwC에 따르면 2023년 기후 기술 분야의 민간 자본 투자 및 보조금 지원은 연간 40% 이상 감소했다. 그럼에도 기후테크의 위상이 높아진 것은 전체 스타트업 투자 비중이 상승한 결과다. 스타트업 중 기후테크를 다룬 곳이 2020년 7.22%에서 2023년 10% 이상으로 늘었다. 빌 게이츠도 투자한 것으로 알려진 일렉트릭 하이드로젠(ElectricHydrogen)은 현재 평가액이 10억달러다.

TREND④ AI와 결합한 농업 기술

생산성 증대와 동시에 토지 보호가 요구되면서 AI와 결합한 애그테크가 관심이다. 농장 데이터와 정밀 농업에 초점을 맞춘 도구를 통해 AI를 활용한 애그테크 스타트업이 미국에만 약 300개나 된다. 글로벌 애그테크 이니셔티브에 따르면 전 세계적으로는 약 800개의 애그테크 스타트업이 운영 중이다. 대표적인 스타트업인 그로구루(GroGuru)는 물 사용을 최적화하기 위해 AI를 활용하는데 현재 미국 전역 20만 에이커(ac) 이상에 걸쳐 300명의 고객이 사용하고 있다. 에이젠(Aigen)은 총 자금 1600만달러로 농경지를 다니며 잡초를 제거, 매년 사용되는 수십억 파운드의 농약을 대체한다.

TREND⑤ 바이오텍도 AI

바이오텍 시장은 1조37억달러에 달한다. 2030년까지 연평균 성장률은 14%. 코로나 팬데믹 이후 진단, 치료 및 질병 예방 분야에서 큰 성장을 보이며 급증했다. 크런치베이스에 따르면 2023년에 1억달러 이상의 펀딩을 유치한 미국 기반 스타트업 130개 중 34개가 바이오텍 분야다. 약물 발견 분야도 최근 생성 AI로 많은 관심을 받고 있다. 현재 AI를 사용하지 않는 업계 응답자의 70%가 향후 5년 내에 AI가 약물 발견 분야에 핵심적인 역할을 할 것으로 기대한다고 밝혔다. 성공적인 스타트업 중 하나로 꼽히는 제네시스 테라퓨틱스(Genesis Therapeutics)는 2억달러 투자를 받았다.

TREND⑥ 메타버스는 아직 혹독

2021년 4분기에 메타버스 관련 기업 투자는 20억달러를 넘었지만 2023년 2분기 급격히 감소, 3억달러로 곤두박질쳤다. 피치북 데이터에 따르면 투자자들이 생성 AI 붐이 일면서 생

SECTION 3 — Eureka Park

1. 일본 국가관. 올해 일본 위상은 높았다. 일본 정부가 스타트업 육성에 적극 돌아선 이후 나온 결과라는 평가다.
2. 프랑스 국가관. 정부차원에서 지원했다.

성 AI 프로젝트 투자로 몰리는데 영향을 받았다는 평가다. 그럼에도 메타버스 시장은 2030년까지 연평균 성장률 48%를 기록하며 1조3000억달러에 이를 것이란 전망이다. 특히 메타버스와 AI가 결합한 분야가 주목받는다. 예를 들어 퓨처버스(Futureverse)는 AI를 사용해 메타버스 콘텐츠를 생성하는데 2023년 중반에 5400만달러의 시리즈 A 펀딩을 유치했다.

TREND ⑦ 스페이스 테크도 관심

일론 머스크의 스페이스X로 스페이스 테크가 수익이 되는 비즈니스로 인식되면서 스타트업 기업이 몰리기 시작했다. 2023년 2분기의 총 투자액은 1분기의 두배인 8억1800만달러를 기록했다. 그리고 최근 우르사 메이저(Ursa Major), 콘스테넬리스 에어로스페이스(Constanellis Aerospace), 애스트래니스

(Astranis) 등의 스타트업이 투자 유치에 성공하며 로켓과 위성 제조 등의 분야에서 앞서 나가는 중이다. 딜로이트는 2030년까지 지구로 전송되는 데이터 양이 2020년 대비 14배 증가한 총 500엑사바이트(EB)에 달할 것으로 전망했다.

TREND ⑧ 2024년은 드론의 해

크런치베이스에 따르면 드론 관련 스타트업에 대한 초기 자금 조달 및 벤처 투자가 2023년 상반기에 15억 1000만달러를 넘었다. 드론 스타트업은 특히 국방 무기 및 모니터링, 물품 배달에 이르기까지 사회 전분야에 적용 가능한 제품 및 서비스를 제공한다. 플랫폼 트랙슨(Tracxn)은 미국에 1300개 이상의 드론 스타트업이 있다고 밝혔다. 전 세계에서 가장 높은 평가액을 받은 드론 배달 회사다. 미국에서 가장 큰 드론 제조업체인 스키디오(Skydio)는 정부, 소비자 및 기업을 위한 다양한 기능을 갖춘 드론을 제조해 2020년부터 30배의 성장을 보였다고 발표했다.

TREND ⑨ 스타트업 투자도 다양성

맥킨지는 백인 남성이 이끄는 평균 스타트업은 투자액이 총 2억1000만달러 이상인 반면 유색인종, 여성 등이 이끄는 스타트업은 평균 9110만달러 투자를 받았다고 밝혔다. 이는 백인 남성이 이끄는 스타트업 투자금 대비 43%에 불과하다. 라틴계가 운영 하는 스타트업 총 가치가 2조6000억달러지만, 라틴계 기업가가 받은 투자금은 전체 투자의 1% 미만이다. 여성이 이끄는 스타트업도 비슷해 여성 스타트업은 벤처캐피털 지원 스타트업에 투자된 총 자본의 단 2.1%만을 투자받았다. 그나마도 백인이다. 하지만 향후 스타트업 투자 다양성은 확대될 전망이다. 2023년 캘리포니아는 VC 자금 지원 스타트업의 다양성에 대한 데이터 보고 법률을 통과시켰다.

INSIGHT

국가별 스타트업 동향

프랑스
국가 차원에서 스타트업을 육성 중이며 2만개 이상의 프랑스 스타트업 중 30여 개가 유니콘이다. 프랑스 상위 120개 스타트업은 2025년까지 프랑스 수출 성장의 14%를 차지할 것으로 예상되고 이들 스타트업들이 거둬들인 수익의 31%가 해외 시장에서 이뤄질 정도로 글로벌화 됐다.

스타트업 픽
아딜릭(Idyllic) 바코드와 RFID 태그를 대체할 수 있는 무선 주파수 태그 개발 부품. 차량 및 기타 자산의 재고 처리 속도를 높여야 하는 매장 및 대규모 산업 창고에서 유용하다.

스위스
올해 참가 스타트업은 34개로 규모가 크지 않지만 존재감은 대단했다. 스위스는 유럽 내에서 전통의 산업 강국, 과학 강국으로 통한다. 정부 공식 기관인 스위스 글로벌 기업(S-GE)이 국제 비즈니스에서 스위스 중소기업을 지원하고 정착하도록 돕는다. 올해 스위스는 재생에너지, 드론, AR 분야의 AI를 선보였다.

스타트업 픽
세이프 리빙(Safe-living) 일상 활동에서 건강을 위협하는 사건을 구별하는 비상 장치를 개발했다. 긴급 상황이 발생하면 장치가 자동으로 도움을 요청한다. 알람 버튼을 누르거나 웨어러블을 착용하지 않아도 된다.

일본

'J-Startup 스타트업 생태계가 이렇게나 발전했나?'라는 놀라움을 일으킬 정도로 올해 일본 위상은 높았다. 일본 정부가 스타트업 육성에 적극 들어선 이후 나온 결과라는 평가다. 일본 스타트업들은 유럽, 미국 스타트업과 달리 대부분 일본 내수 시장에 국한된 경우가 많은데 이를 극복하기 위해 일본 정부가 적극 나서는 중이다.

스타트업 픽
인Qs(inQs) 에너지 수확 투명 태양광 유리를 개발했다. 햇빛으로부터 전기를 생성할 뿐만 아니라 눈에 띄지 않는 광원으로부터 에너지를 활용해 조명이 어두운 실내나 흐린 조건에서도 작동한다.

네덜란드
네덜란드는 글로벌 혁신 지수에서 6위다. 암스테르담은 유럽에서 가장 빠르게 성장하는 도시이며 미국의 5대 외국 투자국 중 하나다. 또 유럽 최대 기술 허브가 바로 네덜란드다. 유럽 평균보다 주민 100만 명당 스타트업 수가 2.6배 더 많다.

스타트업 픽
데이라이즈(Dayrize) 소비재의 환경 영향을 평가하는 지속 가능성 평가 도구를 개발했다. 순환성, 기후 변화, 생태계 영향, 생계 및 웰빙, 목적 등 5가지 주요 지속 가능성 차원에 대한 심층 영향 보고서와 제품 카테고리 전반을 2초 이내에 비교할 수 있다.

홍콩
중국의 대미 수출이 막힌 틈을 타고 홍콩이 CES 2024에 전시관을 꾸려 나왔다. 홍콩 전시관은 흥미있는 AI 기술들로 마이크로소프트, 베스트바이(Best Buy) 관계자를 비롯한 글로벌 테크 기업의 많은 관심을 받았다.

타이완
타이완은 CES 2024에서 스타트업들의 글로벌 위상을 높이기 위해 국가적인 차원의 적극적인 지원을 아끼지 않았다. 타이완국가과학기술위원회(NSTC)는 국가발전위원회(NDC), 경제부(MOEA), 디지털부(MODA)와 협력해 수많은 스타트업들이 CES 2024에 참가하도록 지원했다. 타이완은 특히 반도체 제조, 가전제품, 정보통신기술(ICT) 분야에서 글로벌 기술 산업의 주요 플레이어로 자리매김하고 있다.

스타트업 픽
페이스허트(FaceHeart Corp.) 심박수, 혈압, 산소 포화도 및 스트레스 지수와 같은 활력 징후를 측정하기 위한 AI 기반 및 비디오 기반 비접촉식 프로세스를 개발해 혁신상을 받았다.

이스라엘
하마스와의 전쟁으로 힘든 시기임에도 어려움을 무릅쓰고 라스베이거스에 도착한 이스라엘 스타트업 CEO들은 '스타트업 국가 이스라엘'이라는 별칭이 아깝지 않을 정도로 경쟁력을 뽐냈다. 딥테크, 핀테크 분야 강자답게 아이디어보다 연구개발을 더 중시하는 것도 변함 없었다. 연구비 전액을 지원하는 와이즈만 연구소는 세계 5대 기초과학연구소로 꼽히며 전 세계에 기술을 수출. 2018년 기준으로 매출이 32조원에 달하는 것으로 알려졌다. 이스라엘이 배출한 기업가치가 10억달러를 넘는 유니콘 기업은 30개, 미국 나스닥에 상장된 업체는 98개다.

SECTION 3 Take Notice

CES 2024에서 포착한 일상을 변화시킬 제품

올해 전시회에는 관람객들의 눈길을 사로 잡은 일상에 편리함을 가져다 줄
신선한 아이디어 제품도 대거 선보였다.

인류의 삶을 좌지우지 하는 거대 기술만 등장한 것은 아니다. 코골이를 방지해주거나 위내시경 검사를 좀 더 수월하게 해주는 생활 속 아이디어가 돋보이는 제품도 많았다.

델루찌(DeRUCCI)의 스마트매트리스도 그 중 하나. DeRUCCI T11 Pro 및 MWI1 스마트 매트리스는 국제 대학 및 기관과의 광범위한 수면·건강 연구를 기반으로 한 인공 지능 스마트 수면 IoT 솔루션을 제공하는 제품이다. DeRUCCI 스마트 매트리스는 잠재적인 건강 문제를 사용자가 인지하기 전에 실제로 경고하고 최적의 수면을 위해 개인의 건강을 모니터링하고 즉시 조정해준다. 매트리스는 델루찌의 특허 AI 기술과 소프트웨어 알고리즘을 정교한 스타일링과 결합하고, 체형과 수면 자세, 체온, 심박수 및 건강의 변화를 자동으로 추적하는 AI 수면/건강 센서와 각 사람에게 즉각적으로 반응하는 공기 지원 장치를 사용한다.

델루찌의 코골이 방지 베개도 눈길을 끌었다. 사용자의 수면 상태를 모니터링해 코골이를 완화하고 종종 심각한 질병의 전조가 될 수 있는 수면 무호흡증의 위험을 줄이는 최초의 올인원 스마트 베개다. 효과도 뛰어나 코골이를 최대 89%까지 감소시킨다.

스마트 헬스케어 관심 고조

건강과 관련된 신기술이 많이 등장한 것은 올해 특징 중 하나이기도 하다. 특히 AI를 결합해 편리함을 강조했다. **웨이센(WAYMED)의 코프 프로(Cough Pro)**도 사용성이 돋보이는 제품으로 찾는 이들이 많았다. 기침 3~5회만으로 호흡기 건강을 확인할 수 있는 인공지능 자가검진 앱 서비스로 AI를 기반으로 사용자의 호흡기 건강을 분석하고, 손쉽게 호흡기 건강을 관리할 수 있도록 돕고, 입력된 호흡기 데이터를 의료기관과 연계해 원격의료 서비스로 확대할 수 있다. 웨이센은 음식 알러지를 예방 치료하는 **면역 디지털 치료제 푸드 알러지**도 선보였다. 식품 알레르기가 있는 아동·청소년을 위한 인공지능 기반 맞춤형 식품 알레르기 경구 면역 디지털 치료제로 소아환자의 혈액검사 정보로 알레르기 반응을 예측하고, 빅데이터 분석을 통한 디지털 기술과의 쌍방향 소통을 통

1.
국내 기업인 웨이센의 푸드 알러지. 식품 알레르기 경구 면역 디지털 치료제다.

2.
델루찌(DeRUCCI)의 스마트매트리스. 최적의 수면 환경과 잠재적인 건강 문제를 사전에 진단한다.

3.
라이징 스타로 부상한 스튜디오 랩. 셀러 캔버스라는 포토봇으로 온라인 패션 산업군 관계자들에게 주목을 받았다.

4.
콘티넨탈사의 레이다 비전 파킹.

5.
가민의 베뉴3. 피트니스를 도와주는 스마트 워치로 편리성을 더했다.

6.
모트렉스. 자율주행차의 미래를 만들어가기 위해 광학 제품과 콘텐츠에 대한 연구개발을 강화 중이다.

해 가정에서 안전하고 편리하게 경구면역치료를 진행할 수 있도록 도와준다. 이 제품은 혁신상 2개를 수상했다. **웨이센의 웨이메드 엔도(WAYMED Endo)**는 건강 검진 기관에서 탐낼 만한 제품이다. WAYMED Endo는 위장관 내시경을 위한 실시간 이미지 분석 의료 기기로, AI를 사용해 의사가 병변을 감지하고 분석하는 데 도움을 준다. 별도의 네트워크나 인터넷 연결 없이 사용할 수 있으며 기존 내시경 장비와 호환하며, 내시경 직원 간의 업무 숙련도 차이를 줄이고 검사의 정확도를 향상시킬 수 있다.

스마트 모빌리티 분야도 인기 만점

국내 기업 **가민(Garmin)의 베뉴3** 스마트 워치는 휠체어 사용자를 위한 맞춤형 피트니스 기능이 추가됐다. 아몰레드 터치스크린 디스플레이와 최대 14일의 배터리 수명도 사

용의 간편성을 높인 것이라는 평가가 많았다. 가민이 선보인 또다른 화제의 제품 중에는 **오토랜드(Autoland)**도 있다. 긴급 상황에서 활성화돼 사람의 개입 없이 항공기를 자동으로 제어하고 착륙시킬 수 있는 기능을 갖춘 세계 최초의 인증 시스템이다.

콘티넨탈(Continental)의 레이더비전 파킹(Radar Vision Parking) 은 올해 혁신상을 수상한 제품이다. 차량 기술 및 고급 이동성 제품 카테고리에서 특히 눈길을 끌었다.

생성 AI로 주춤했지만 메타버스 분야는 향후 기대되는 산업 중 하나다. 차량 내 인포테인먼트(IVI) 전문 **기업 모트렉스(MOTREX)는 InCabin XR Box**로 CES 2024 혁신상을 수상했다. 모트렉스는 자율주행차의 미래를 만들어가기 위해 광학 제품과 콘텐츠에 대한 연구개발을 강화 중이다. 가상 현실(VR), 증강 현실(AR)이 결합된 확장 현실(XR)을 활용하는 InCabin XR 박스를 통해 라이더는 자율 목적 차량(PBV) 셔틀에서 게임과 대화형 가이드 투어도 가능하다.

NEW WAVE OF CES 2024

이번 CES에서는 테크 기업이 아닌 화장품 기업 로레알이 기조연설을 담당해 화제가 됐다. 유통 업체인 월마트 또한 키노트 무대에 올랐다. 연설을 통해 전 산업군의 융합이 드러났다.

15분
월마트는 텍사스주 댈러스에 27개 허브를 짓고 주문 후 15분 내에 배송해주는 드론 배송을 테스트 중이다.

70%
니콜라스 이에로니무스 로레알 대표는 "70%의 소비자가 화장품 선택에 어려움을 겪어 친구의 추천, 온라인 검색 등에 의존한다"고 말했다.

37개국
로레알은 2018년부터 37개국의 데이터를 바탕으로 인공지능 기술을 개발해왔고 이제 생성형 인공지능 '뷰티 지니어스'를 완성했다고 밝혔다.

75%
키노트에서 월마트 더그 맥밀 란 CEO는 "드론 배송은 미래가 아닌 오늘 당장 가능한 서비스" 라며 내년 말까지 댈러스 가구 75%에 드론 배송 서비스를 제공한다는 야심찬 계획을 밝혔다.

글로벌 맞춤형 화장품 시장 규모 (단위 백만달러)
자료 식품의약품안전처

2019년	2020년	2021년	2022년	2023년	2024년
655	753	1144	1603	2218	2975

SECTION 4 　Expert

모빌리티 기업, 전기차·자율주행·SDV·인공지능 주요 화두로

모빌리티 분야는 어느덧 CES의 최고 관심 분야로 떠올랐다. 코로나19 이후 이동이 늘어나면서 관련 시장의 관심이 높아졌다. 올해에는 인공지능(AI)에 모든 관심이 쏠리기는 했지만, 개별 산업군에서는 여전히 모빌리티 분야가 큰 관심을 받았다.

정구민
국민대학교
전자공학부 교수

Profile
현재 휴맥스·현대오토에버·유비벨록스 사외이사, 현대케피코 자문교수, 한국모빌리티학회 수석부회장, 한국정보전자통신기술학회 부회장, 대한전기학회 정보 및 제어부문회 이사 등을 맡고 있다.

2024년 모빌리티 시장에는 어떤 변화가?

CES 2024에서는 다양한 분야의 모빌리티 기업들이 전기차-자율주행-소프트웨어 중심 자동차(SDV)-인공지능-모빌리티 확산을 주제로 관련 기술과 비전을 선보였다.

2024년은 모빌리티 시장 전환에 중요한 해이다. 차세대 전기차-자율주행-SDV 전환에 노력해 온 주요 자동차 사의 상용화가 처음으로 진행되는 해이기 때문이다.

CES 2024에 전시된 벤츠의 콘셉트 CLA 클래스는 2024년 상용화를 목표로 하고 있다. 자율주행에서는 벤츠 콘셉트 CLA 클래스 상용화와 함께 자율주행 트럭 상용화가 이슈가 된다. CES 2024에서도 코디악, 가틱, 오로라의 자율주행 트럭 관련 기술이 전시되면서 물류 시장의 큰 변화를 예고하고 있다.

차량용 소프트웨어에 대한 관심이 어느 때보다 높은 점도 특징이다. CES 2024에서도 SDV 전환을 위해서 포티투닷, 아마존, 벡터, 디스페이스(dSPACE), 안시스 등 관련 업체들의 전시가 크게 늘었다.

서비스 기반 차량과 전기차 공장에 대한 이슈도 중요하다. 기아 PBV는 서비스를 위한 차량이라는 특성과 함께 차량-생산 기술 융합 측면에서도 중요한 시사점을 준다. 최근 후발 국가들에서 보여지는 전기차 생산 노력과 전기차 공장 유치 노력도 시사점이 된다. 베트남 빈패스트, 터키 토그 등 후발 국가들의 전기차 생산 노력과 함께 인도, 사우디, UAE, 싱가포르 등 전기차 공장 확산 추세도 늘어나고 있다.

AI의 응용 분야 측면에서도 모빌리티 시장은 매우 중요하다. CES 2024

에서도 현대, 벤츠, BMW, 폭스바겐 등 주요 자동차사들이 일제히 거대언어모델(LLM)의 도입을 선언했다. 거대언어모델은 회사에 따라 2024년부터 상용화가 시작된다. LLM은 SDV 및 차량 서비스와 맞물리며 자동차사의 핵심 역할을 하게 될 것으로 보인다.

생활 공간으로 바뀌어 가는 차량 실내 공간에서 IT 및 가전기기의 역할도 중요해지고 있다. CES 2024에서는 차량용 디스플레이 관련 전시가 크게 늘어났다.

도심항공모빌리티(UAM) 시장도 큰 변화가 온다. 2024년에는 주요 UAM 업체들의 상용화가 가시화된다. 우리나라에서도 SKT가 조비 기체로 시범 비행을 하게 된다. 현대의 슈퍼널은 미국에서 올해부터 테스트 비행을 시작할 계획이다. 선박에서도 많은 변화가 예상된다. 친환경 전기추진선박의 상용화 추세와 함께 대형 친환경 선박을 위한 수소선박에 대한 연구개발이 계속된다. 또한, 자동차 기술의 확산으로 부품과 소프트웨어가 업그레이드 되는 추세도 나타나고 있다.

CES 2024서 확인한 모빌리티 시장 주요 이슈는?

CES 2024 전시에서 모빌리티 시장 주요 이슈는 친환경-자율주행-SDV-인공지능-모빌리티 확산의 5개 키워드를 핵심 키워드르 들 수 있다. 지난 9월 독일 모빌리티쇼 IAA 2023에서는 전기차-자율주행-SDV가 핵심 이슈였다. IAA 2023에서는 중국 전기차의 유럽 진출이 유럽 자동차사들에게 큰 충격을 준 바 있다. CES 2024에서는 기존 전기차 이슈에 수소 동력 이슈가 추가됐다. 다만, 몇 년 전에 있었던 전기차와 수소차의 경쟁과는 약간 다른 양상이다.

승객용 차량은 전기차가 주요 이슈가 되고 있고, 수소 동력은 대형 모빌리티 위주로 고려되는 상황이다. 전기차에서는 GM, 포드, 스텔란티스의 불참에도 불구하고, 벤츠, 기아, BMW, 혼다 등 관련 업체들의 전시가 이어졌다.

벤츠의 콘셉트 CLA 클래스는 1회 충전거리 750km의 고성능 전기차량이다. 벤츠의 차량을 비롯해서 최근에는 효율을 높이는 실리콘 배터리에 대한 관심이 높아지고 있다. 배터리 재활용 관련으로도 SK, 포엔, 토트를 비롯해서 많은 전시가 있었다.

전기선박-전기 UAM 등 전기차 기술의 확산도 주목해 볼 점이다. CES 2024에서는 보쉬, 현대, SK 등 여러 회사들이 수소 관련 기술을 새롭게 발표했다. 2023년 10월 미국 정부가

1. CES 2024 현장에 마련된 벤츠의 전시 부스.
2. 기아의 PV5 콘셉트카.

SECTION 4　Expert

클린 수소 허브 구축에 70억달러를 투자하기로 하면서, 주요 업체들의 기술 개발 속도도 빨라지고 있다.

자율주행 시장에서도 2024년은 큰 변화의 해가 될 것으로 기대된다. 올해 전기차-자율주행-SDV를 통합한 주요 자동차사의 본격적인 양산이 시작된다. 테슬라 차량처럼 고성능 자율주행 소프트웨어를 업데이트할 수 있게 되면서 향후 자율주행 시장 발전의 기반이 된다.

모빌아이-엔비디아-퀄컴의 프로세서 경쟁과 루미나-이노비즈-허사이 등의 라이다 센서 경쟁도 자율주행 시장의 본격적인 성장에 도움을 줄 수 있다. CES 2024에서는 모빌아이의 프로세서-라이다-레이더-카메라 통합 노력이 전시됐고, 루미나가 2024년 벤츠와 볼보 상용화를 발표하면서 폴스타, 코디악, 가틱, AMG 등과의 협력 확대도 선언했다. SDV 관련 전시도 크게 늘어났다. 현대차와 포티투닷은 SDV 플랫폼을 2026년까지 완료하겠다고 발표했다. 벤츠 2024년, 폭스바겐 2026년으로 예고된 상황에서 현대차의 로드맵도 가시화된 상황이다. 벤츠 플랫폼 개발에 협력하는 벡터를 비롯해서, 콘티넨탈 자회사인 EB, 독일의 SW 플랫폼 및 테스팅 전문업체 디베이스(dSPACE) 등의 전시도 눈에 들어왔다.

인공지능의 확산도 큰 이슈였다. 운전을 해야 하는 자동차에서 음성인식과 대화는 매우 중요하다. 이 때문

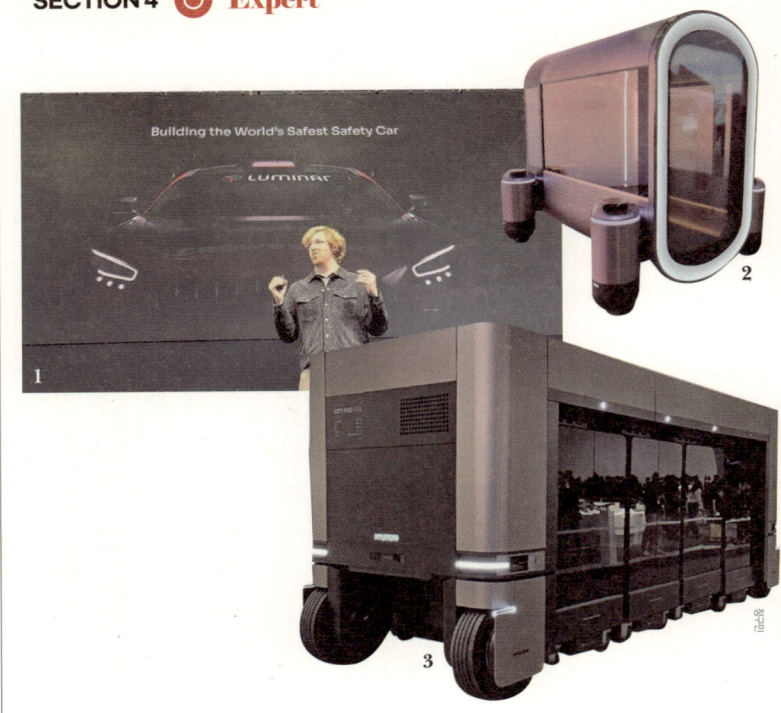

1.
루미나 라이다 벤츠 CLA 클래스 탑재 발표.
2. 3.
현대의 미래 모빌리티기기 시티팟과 다이스의 비전.
4.
벤츠 콘셉트 카 CLA 클래스.
5.
슈퍼널의 AAM S-A2.

에 LLM을 통한 음성인식비서의 고도화는 자동차사들에게 시급한 과제가 됐다.

CES 2024에서는 현대-포티투닷, 벤츠-구글, BMW-아마존, 폭스바겐-오픈 AI 등 LLM 적용 발표가 있었으며, 회사별로 협력과 개발 양상도 복잡해지고 있다. 아마존 관계자는 현장에서 "더 좋은 LLM이 미래 자동차의 경쟁력이 된다"고 언급하기도 했다. 현장의 목소리처럼 모빌리티 분야에 있어 LLM의 중요성은 더욱 커질 것으로 보인다.

모빌리티의 확산도 중요한 이슈다. 브런즈윅의 전기추진선박, 캐터필러-존디어-HD현대-두산 등 주요 중장비, 건설기계, 농기계 업체들은 일제히 전기동력전환을 선언했다. 실제로 많은 나라에서 친환경 이슈로 전기 동력 장비로의 전환을 요구하는 상황이다. 현대의 슈퍼널은 전기동력 UAM을 전시하기도 했다. 슈퍼널의 S-A2 기체는 2024년부터 테스트 비행을 시작해서 2028년 상용화 예정이다.

CES2024가 준 시사점은?

모빌리티 시장에서도 혁신과 현실에 대한 냉정한 분석이 필요하다. 전기

차-자율주행-SDV의 전환은 기존 자동차사에게는 큰 부담이다. CES 2024에는 GM, 포드, 스텔란티스가 불참했다. 예년 CES에서 발표했던 혁신의 비전과는 달리 실제 전기차 시장에서 고전하는 측면도 있다.

실제 픽업 전기차 트럭이 충전 시간 문제로 사용성에서 소비자들에게 부담을 주기 시작했다. 예를 들어, 포드의 F-150은 11시간 충전에 300마일을 달릴 수 있다. CES 2023에서 2024년 레벨 4 수준의 라이다 양산을 발표했던 보쉬는 2023년 8월 라이다 개발을 포기하겠다고 발표했다. 세계 1위의 부품업체도 따라가기 어려운 시장의 변화를 단적으로 보여주는 사례이다.

CES 2024에는 여러 기업들의 다양한 미래 비전이 발표됐다. 기술적으로는 친환경-자율주행-SDV-인공지능-모빌리티 확산 등이 핵심 이슈였다.

현대-기아 관련 전시의 전시장이 최대 규모를 차지할 정도로 우리나라에서도 관련 전시에 많은 노력을 쏟았다. 모트렉스, 에스오에스랩, 스마트레이더시스템, 대영채비, 엠씨넥스, 뷰런, 에티포스, 브이에스아이, 포엔, 모빈 등 우리나라의 스타트업과 중소, 중견기업들도 주목할만한 전시를 선보였다. 앞으로 많은 변화를 예고하고 있는 모빌리티 시장에서 우리나라 관련 기업들의 좋은 성과를 기대해 본다.

SECTION 4 Expert

'모두를 위한 인류 안보'가 미래 키워드인 이유

CES 2024의 슬로건은 'All Together, All On'이었다. CES 혁신상 선정이나 CTA가 제시하는 미래 트렌드의 기반이 되는 중요한 핵심 개념으로 세심히 연구할 필요가 있다.

주영섭
서울대학교
공학전문대학원 특임교수,
前 중소기업청장

Profile
대우전자 기획본부장을 거쳐 GE쎄모메트릭스코리아 대표이사, 본텍 대표이사, 현대오토넷 대표이사를 역임했고 정부의 R&D전략기획단 주력산업총괄 MD(Managing Director) 등을 맡으며 민간 부문과 행정, 학계를 두루 경험했다.

'All Together, All On'은 인류가 직면하고 있는 많은 난제를 모두 함께 기술 혁신으로 해결하자는 의미다. CES 2024의 슬로건을 제대로 이해하려면 작년 CES 2023에서 핵심 슬로건으로 제시된 '모두를 위한 휴먼 시큐리티(Human Security for All, HS4A)'를 이해해야 한다.

HS4A의 정확한 이해

'휴먼 시큐리티'란 1994년 UN이 최초로 도입한 개념으로 식량, 의료, 경제, 환경, 개인, 공동체, 정치적 자유 등 인류가 직면하고 있는 7가지 분야의 심각한 위협으로부터 인류를 안전하게 보호하는 것을 의미한다. HS4A는 일부의 기득권층이나 엘리트 계층만이 아니라 인류 모두를 위해 기술 혁신을 통해 '휴먼 시큐리티'를 이뤄내자고 강조하고 있다. 즉, 기술 혁신을 통해 인류 사회가 직면하고 있는 문제를 해결하고 인류가 지향하고 있는 비전을 실현하고자 한다는 뜻이다.

올해는 기술역량을 의미하는 '기술에의 접근'이 추가돼 8가지의 분야에서의 '휴먼 시큐리티'를 지키기 위해서 새로운 기술혁신이 필요함을 역설하고 있다. 이런 의미에서 굳이 번역한다면 '인류 안보'가 좀 더 본의에 가깝다고 하겠다.

HS4A의 8가지 분야 및 사례

세계인의 불안과 위협을 해소해 '인류 안보'를 지키자는 8가지 분야와 사례를 살펴 보자면, 첫째로 '식량 안보'다. 기후 위기로 농작물 생산이 세계 인구 증가를 따라가지 못하면 기아 증가는 필연적이다. 작년 세계적 농기계 회사 존 디어는 농업기술 혁신으로 세계인의 먹거리를 해결함으로써 식량 안보를 해결하겠다고 천명해 세계인의 찬사를 받으며 지난해와 올해 CES 최고 스타기업이 됐다.

둘째로, 의료 혜택을 의미하는 '헬스케어에의 접근'이다. CES 2024에서 디지털 헬스케어, 원격 건강관리 및 의료 등 헬스케어 분야가 최근 주요 분야로 급부상한 것도 같은 이유다. 올해는 미국의 건강보험 및 관리 기업인 엘레반스 헬스가 기조연설을 하고 미국의 애보트, 프랑스의 위딩스, 로레알 등 헬스 및 웰니스, 뷰티 기업이 주목을 받았다. 우리나라 스타트업인 텐마인즈가 코골이 완화 수면 솔루션을 출품해 최근 부상하고 있는 SleepTech(수면기술) 분야에서 두각을 나타냈다.

셋째로 '경제 안보'다. CES에서는 특히 기술 스타트업의 참여를 대폭 확대함으로써 기술 혁신을 통한 경제 활성화와 양질의 일자리 창출 확대에 기여하고 있다. 10여 년 전부터 스타트업 기업들의 전시를 한 데 모은 유레카관을 운영해 왔는데 해를 거

1.
게리 샤피로 CTA 회장이 CES 2024 기조연설에서 HS4A를 설명하고 있다.
2.
원콤의 시각 장애인용 커뮤니케이터인 핀틴 V1과 핀틴 익스팬더.
3.
텐마인즈의 코골이 완화 수면 솔루션 모션 필로우&모션 시스템.

듭하며 지속적으로 확대돼 올해도 전 세계 1200여 개 스타트업 기업들이 참신한 혁신 기술로 경쟁하는 글로벌 경연장이 됐다.

넷째로 '환경 보호'다. 2100년까지 지구 온도 상승을 1.5도 이내로 제한하자는 파리기후협약의 목표는 이미 달성이 어렵고 제한온도 돌파는 시간문제로 예상되고 있다. 해수면 상승, 이상기후, 해양 생태계 파괴 등 많은 위협이 인류를 불안하게 하고 있다.

올해 CES에서 삼성전자, LG전자, 현대기아차, SK 등 우리 기업은 물론 대부분의 글로벌 전시기업이 지속가능성을 핵심 키워드로 내세우며 탄소중립을 위한 다양한 혁신 기술을 전시했다.

다섯째로, '개인 안전 및 모빌리티'다. 최근 데이터, 정보, 프라이버시, 금융 등 많은 분야에서 개인 안전과 자유로운 이동에 대한 관심이 커지며, 많은 관련 혁신기술이 CES에 소개되고 있다. 특히, 모빌리티는 CES의 핵심 분야로서 글로벌 모터쇼에 필적하는 규모로 확대되고 있다. 올해 CES는 자동차는 물론 비행체, 선박 등 육해공 모빌리티를 망라하며 전동화 기술, 수소 기술, 소프트웨어 중심 기술(SDX) 등 혁신 기술이 모빌리티 혁신을 주도했다.

여섯째로 '공동체 안보'다. 물리적 공간은 물론 사이버 공간에서 많은 위험으로부터 공동체의 안전을 지키기 위한 기술 혁신에 관심이 커지고 있다. CES 2024에서 독일 보쉬가 학교 캠퍼스 내 총기 난사 사건을 예방하기 위해 내놓은 총기 감지 시스템이 좋은 예다.

일곱째로 '정치적 자유'다. 정부와 시민의 자유롭고 공정한 소통 및 정보 공유를 위한 디지털 기술의 혁신도 최근 CES에 소개되고 있다. 올해 우리나라 스타트업인 지크립토가 내놓은 블록체인 기반 온라인 투표 시스템이 2년 연속 최고혁신상을 받으며 주목을 끌었다.

마지막으로 '기술에의 접근'이다. 이 분야는 올해 새로 추가된 분야로 기술역량의 확보를 의미한다. 기술 혁신으로 혁신 기술이 일부가 아닌 모두에게 접근 가능하게 하자는 의미다.

올해 CES 최고혁신상을 받은 우리나라 스타트업 원콤의 시각장애인을 위한 쿼티 커뮤니케이터, 만드로의 로봇 손가락 의수가 좋은 사례다. CES 2024에서 초미의 관심을 받은 생성형 AI를 비롯한 AI 기술 등 많은 혁신 기술을 이해하는 것도 필요하나, 그 '흐름'과 '방향성'을 이해하는 것이 더욱 중요하다.

기술만 보는 것은 바다 표면의 파도를 보느라 심해의 도도한 저류를 놓칠 수 있어서다. 즉 '기술을 위한 기술 혁신'이 아니라 인류의 당면 난제를 해결하고 비전을 실현하는 '인류를 위한 기술 혁신'이어야 한다는 것이 CES 2024를 관통하는 핵심 메시지요, 시대정신이다. CES가 2년 연속 강조한 핵심 슬로건 '모두를 위한 인류 안보(Human Security)'와 올해 슬로건(All Together, All On)에도 이런 메시지와 시대정신이 녹아 들어 있다.

CES 2024 메타버스, 캐즘의 계곡을 넘어가고 있다

메타버스에 대한 관심은 그 열풍이 처음 불기 시작할 때 그랬던 것처럼 빠르게 식어버렸다. 메타버스 관련 산업이 쇠할 데로 쇠하고 그 자리를 챗GPT를 비롯한 생성형 AI가 대신한다고 느끼는 인식도 팽배하다. 하지만 CES 2024 현장에서 보인 시그널은 사뭇 다르다.

최형욱
퓨처디자이너스 대표

Profile
미래기술 싱크탱크 '퓨처디자이너스'와 innovation design 기업 라이프스퀘어의 innovation catalyst로서 기업들의 혁신과 신사업모델을 디자인하고 있다. 아시아발 혁신과 협력의 시대를 위해 'Pan Asia Network'을 공동 설립했고, 더밀크의 어드바이저이며 CES 2024 Innovation Awards의 Judge로 참가했다.

메타버스 참가 기업의 수는 관심이 한창 최고조에 있던 때와 비교해 크게 줄지 않았고 기업들이 가져 온 제품과 기술은 더욱 발전했으며, 전시장은 참관객들로 붐볐다. 사실 메타버스 시장은 아직 본격적으로 개화한 적이 없다. 코로나로 인한 비대면 원격 상호작용에 대한 급작스런 관심의 폭증이 덜 무르익은 디지털 가상세계에 쏠리면서 그것이 메타버스의 미래로 비춰진 적이 있었지만 팬데믹 종식 후 모든 것들이 정상화되면서 그 관심과 니즈가 사라졌을 뿐, 여전히 세상은 메타버스 시장의 개화를 기다리고 있다. 이번 CES 2024에서는 메타버스 시장이 언제, 어떻게, 어디에서 열리게 될 지 엿볼 수 있는 시그널이 곳곳에서 발견이 되었다.

목적성이 명확해지고 있다

어떤 목적으로 사용될 지, 어떠한 편의성이나 가치가 있는지 모를 가상세계 편향적인 애플리케이션이나 서비스는 거의 자취를 감췄다. 대신 명확한 용도가 있거나 구체적인 문제를 해결하기 위한 도구로써 메타버스 관련 기술들과 서비스가 전시되기 시작했다.
예전에는 단순히 귀여운 가상의 아바타가 있고, 그 아바타로 뛰어 노는 가상세계 공간이 있었다면, 이제는 나의 취향과 개성을 반영해, 현실세계와 동기화된 EDM공연에서 라이브 공연을 즐기며 다른 사람들과 함께 상호작용하는 아바타 기술로 진화를 했다.
피트니스나 명상, 트레이닝과 몰입감 있는 학습 도구로 활용하는 서비스와 애플리케이션들은 수십여 종이 출시되었고, 온라인에서 제약이 있고 한계가 분명한 밀도 있는 커뮤니케이션이나 협업업무, 그리고 개인의 생산성 향상을 위한 도구로도 다양한 방식으로 활용하려는 시도들이 많이 보였으며 그 중 일부는 디바이스 발전이 따라와 준다면 의미 있는 수준의 확산과 대중화가 기대되기도 했다.

생성형 AI와의 융합이 확산되다

CES 2024에 핵심 키워드로 등장한 생성형 AI는 정체돼 있던 메타버스 시장에 활력을 불어 넣어 줄 중요한 원동력이 될 것이라는 예상이 많았다. 실제로 전시장에서도 생성형 AI가 메타버스가 가지고 있는 한계나 문제를 해결해 줄 중요한 도구로 활용이 되고 있었는데 메타버스 내 유저들이 상호작용하게 될 NPC(Non Player Character)에 LLM기반의 챗GPT가 적용돼 사람처럼 자연스럽게 대화하고 상호작용하는 것은 물론 필요로 하는 다양한 개인화된 서비스를 제공하려는 움직임이 보였다.

실제 유저의 얼굴과 신체를 촬영해 실사에 가까운 아바타를 만들어내고 또 실시간으로 부드러움 동작을 만들어 낸다거나 메타버스 내 필요한 3D 에셋이나 오브젝트들을 쉽게 생성해내는데 그 속도와 퀄리티 또한 매우 빠르게 발전하는 모습을 보여주고 있다. 이는 향후 메타버스 산업이 본격적으로 확장되고 다양한 비즈니스 모델과 연계되는데 있어 매우 중요한 티핑포인트를 만들어내는 역할을 하게 될 것이다.

타 산업과의 결합이 가속화되다

메타버스 자체가 하나의 사업 영역으로 소구되던 이전과 다르게 디지털 트윈, 증강현실, 가상현실, 디지털 휴먼, 볼류메트릭(Volumetric) 디스플레이 등 메타버스의 여러 요소 기술들이 다양한 산업에 활용되거나 결합되는 트렌드가 부상하고 있다.

건설이나 제조업에서 디지털트윈 기술을 적극적으로 도입하고 있는데 이제는 여기에 더해 가상현실을 실제 현장과 연계된 운영이나 트레이닝에 활용하려 하고 있고, 모빌리티와 결합해 이동하는 환경에서 새로운 비즈니스 모델이나 서비스 모델을 만들려는 시도들도 보였다.

헬스케어 분야에서는 원격 진료나 디지털치료제, 멘탈상담 등을 위한 플랫폼으로 활용하려 하고 있고, 리

1. SenseGlove의 햅틱글러브.
2. 2월 출시 예정인 애플의 혼합현실 헤드셋 '비전 프로'.

테일에서는 버추얼 매장이나 가상쇼룸 등을 구현하는 도구로 활용하려 하고 있다.

새로운 기회의 창이 열린다

마이크로소프트의 홀로렌즈, 그리고 메타의 퀘스트3가 열기 위해 노력하고 있는 혼합현실 시장에 애플이 비전프로라는 새로운 디바이스를 출시하며 참전하고 있다. CES가 열리는 동안 예약판매 오픈과 함께 2월부터 배송이 시작됨을 발표했는데 이는 CES에서 메타버스와 공간 컴퓨팅이라는 키워드가 앞으로 급부상하게 될 것이라는 시그널이기도 하다.

캐논은 작년 발표한 MREAL X1보다 발전된 MR 소형 헤드셋의 콘셉트 모델을 발표했고 소니는 혼합현실 내에서 크리에이터들의 창작과 생산성을 극대화할 수 있는 새로운 XR 헤드셋과 컨트롤러를 선보였다. 지멘스는 소니의 XR디바이스를 산업 메타버스에 도입해 산업용 콘텐츠를 제작하거나 제품 디자인과 최적화에 활용하는 협업모델을 발표했다. 이렇게 다양한 시도들이 이어지는 과정에서 애플의 비전프로와 메타의 새로운 디바이스들, 그리고 다양한 기업들의 도전이 이어지는 올해는 가히 혼합현실 기반의 공간 컴퓨팅이 본격적으로 열리는 원년이 될 것이다. 이러한 트렌드에 발맞춰 퀄컴은 메타버스향 디바이스의 생태계 확장을 위해 XR2 칩셋을 지속적으로 개선해 출시하고 있고 삼성과 LG등 많은 기업들이 물밑에서 다가 올 미래의 기회를 놓치지 않기 위해 다양한 시도와 투자를 이어나가고 있다.

CES 2024는 메타버스의 캐즘(Chasm)이 거의 끝나가고 있으며, 또한 새로운 가능성이 열릴 수 있다는 메시지를 주며 막을 내렸다. 백색가전과 디지털 가전이 주류였던 CES에 자동차와 음식이 등장하며 새로운 스펙트럼으로 확장되고 있는 지금, 수십 여년간 발전해 온 컴퓨터가 또 한번 다른 형태로, 그리고 완전히 다른 UX로 진화하면서 메타버스가 CES의 새로운 주인공으로 등장하게 될 날도 멀지 않았다. All on, All together를 만들어 낼 가장 중요한 기술이자 패러다임의 주역은 다양한 기술과 융합된 메타버스가 될 것이다.

SECTION 4 Keynote

건설업계 흔들 key로 AI 낙점

정기선 HD현대 CEO

정기선 HD현대 CEO겸 부회장은 2009년 1월 현대중공업(현 HD현대) 재무팀 대리로 입사했다. 그해 8월 미국으로 유학하며 회사를 떠난 뒤 크레디트스위스 인턴, 보스턴컨설팅그룹 한국지사 컨설턴트로 일하기도 했다. 2013년 현대중공업 경영기획팀 선박영업부 수석부장으로 회사에 복귀했다. HD현대그룹은 최대주주인 정몽준 아산재단 이사장이 1988년 현대중공업 회장에서 물러나 정치활동을 본격화한 뒤로 30년 넘게 전문경영인체제로 유지됐다. 정기선 부회장은 2021년 사장으로 승진한 뒤 2023년 부회장으로 승진하며 그룹 경영에 참여하고 있다.

> ❝ HD현대의 '업(業)의 본질'이 제조업에서 소프트웨어 제공 업체로 바뀌고 있습니다. ❞

01 사이트트랜스포메이션
CES 참가 3년 만에 기조연설 무대에 오른 HD현대. 육상에서 기술로 혁신한다는 '사이트트랜스포메이션'을 비전으로 내세웠다. 'Xite'는 물리적 건설 현장을 뜻하는 'Site'를 확장한 개념이다. 건설 현장도 첨단 기술을 접목하면 개선할 수 있다는 설명이다

02 'X-Wise' 솔루션 첫 선
무인 자율 작업을 지원하는 AI 플랫폼. 숙련공의 작업 패턴을 학습해 기계가 알아서 작업하는 방식으로, 초보자도 5년 걸리는 일을 단번에 할 수 있을 것으로 기대되고 있다.

03 구글클라우드 등과 협업
사우디아라비아를 비롯해 구글클라우드, 그라비스로보틱스 등 파트너 국가 및 기업이 키노트 무대에 함께 올라 HD현대의 비전을 구체화했다.

HD현대그룹(현대중공업)이 바다에서 육지로 시선을 돌렸다. 지난해 바다를 강조했다면, 올해는 인공지능(AI) 소프트웨어로 육상의 건설업계 판을 흔들겠다는 비전을 제시한 것. 정기선 HD현대 부회장은 CES 2024 기조연설에서 자사 AI 기반 혁신 기술인 'X-와이즈(Wise)'를 전면에 내세웠다.

건설기계 장비를 생산, 판매하는 것뿐만 아니라 AI 데이터 기반 솔루션을 제공하는 소프트웨어 기업으로 도약한다는 포부다.

AI로 스마트건설 현장 만들겠다
올해 비전은 이른바 육상에서 기술로 혁신한다는 '사이트트랜스포메이션(Xite Transformation)'이다.
이번 기조연설에서 정기선 부회장은 HD현대 건설기계 사업의 미래 전략을 구체화했다. 사이트트랜스포메이션의 'Xite'는 물리적 건설 현장을 뜻하는 'Site'를 확장한 개념이다. 3D 업종의 대표 사례이자 환경오염의 주범으로 지목되기도 하는 건설 현장도 첨단 기술을 접목하면 개선할 수 있다는 설명이다.

이날 정 회장은 현실화할 혁신 기술로 'X-와이즈'와 'X-와이즈 사이트'를 처음으로 공개했다. X-와이즈는 무인 자율 작업을 지원하는 AI 플랫폼이다. 머신가이던스(MG), 머신컨트롤(MC) 기능을 통해 숙련공의 작업 패턴을 학습해 기계가 알아서 작업하는 방식이다. 통상 중장비 기술자는 면허를 따도 5년 이상 조수로 일하며 일을 배워야 하는데, 이 기술을 적용하면 단숨에 '10년 숙련공'처럼 일할 수 있을 것으로 기대하고 있다. X-와이즈는 향후 HD현대의 모든 산업 솔루션에 기반 기술로 적용될 예정이다.

'X-와이즈사이트'는 이 X-와이즈 기술이 적용된 건설 장비들을 실시간으로 연결하는 지능형 현장 관리 솔루션이다. 최근 HD현대가 개발한 건설기계용 인공지능(AI) 기반 머신 어시스턴트 'X-에이전트'는 건설 현장에서 장비 정보와 작업 환경, 작업 계획을 AI가 인지해 운전자에게 최적화된 장비 운영 가이드를 제공하는 것으로, CES 2024 혁신상을 받

성장 예상되는 전세계 콘테크 시장

2019	98억달러	약 12조8000억원
2027 (전망치)	291억달러	약 38조원

자료 일리드마켓리서치 ※콘테크(Construction&Technology)

았다.

향후 HD현대는 업계 선두 기업들과의 파트너십을 추진한다는 방침이다. 정 부회장은 "AI와 디지털, 로봇 등의 첨단 기술이 더해진 HD현대의 Xite 혁신은 건설 현장과 장비의 개선을 넘어 인류가 미래를 건설하는 근원적 방식을 변화시킬 것"이라고 강조했다.

그라비스 로보틱스 등 파트너사 포진

정 부회장의 기조연설 이후 사우디아라비아 정부 관계자도 무대에 올라

1.
주변 장애물을 스스로 인지하는 높이 4.5m의 무인 굴착기.
2.
CES 현장에 마련된 HD현대의 전시 부스.
3.
HD현대 전시 부스의 가상현실(VR) 트윈 체험기구.

협력을 확대할 것을 예고했다. 계열사인 HD현대건설기계는 최근 사우디로부터 굴착기 100대를 수주했다. 이날 무대에 오른 그라비스로보틱스(Gravis Robotics)의 마르코 후터 창업자는 자율형 4족 보행 로봇에서 출발한 자율 굴착기의 개발 목적과 건설 장비 로봇의 가능성을 발표했다. 최근 HD현대와 파트너십을 체결한 구글 클라우드의 필립 모이어 부사장은 HD현대의 이정민 책임매니저와 함께 생성형 AI를 활용한 양사의 협업 로드맵을 공개했다.

HD현대사이트솔루션 이동욱 사장 겸 최고기술책임자(CTO)는 지능형 건설 장비와 'X-와이즈 사이트'의 결합을 통한 완전 자율 현장 솔루션 구현의 청사진과 함께 친환경 생태계 조성을 향한 HD현대의 진정성과 기술력에 관해 설명했다.

HD현대 관계자는 "우리의 육·해상 비전은 지난 CES 2022에서 밝힌 퓨처빌더(Future Builder)로서의 역할을 실현하는 데 중점을 두고 있다"며, "세계 최고의 파트너들과 함께 인류에게 새로운 미래를 선사하기 위해 끝까지 노력해 나갈 것"이라고 전했다.

정기선 부회장은 "현재 건설 산업 분야는 기술·혁신 면에서 가장 느리다"면서 "인류의 안전과 관련된 모든 측면이 건설 방식과 연관되기 때문에 이를 혁신하지 않고는 미래를 바꿀 수 없다"고 강조했다.

SECTION 4 Keynote

몰입형 엔지니어링·AI로 산업형 메타버스 혁신

롤랜드 부시 지멘스그룹 회장 겸 CEO

롤랜드 부시는 1994년 지멘스에 글로벌 연구 부문의 프로젝트 매니저로 처음 입사했다. 2005년 상하이 지멘스 VDO 오토모티브 아시아 태평양 지역 사장 겸 CEO를 역임했다. 2011년에는 인프라 및 도시 부문 CEO로, 2016년 12월부터 2020년 9월까지는 CTO, 2018년 10월부터 2019년 9월까지는 COO, 그리고 2019년 10월부터 2021년 1월까지는 부대표로 재직했다. 2021년 2월부터 지멘스 AG의 사장 겸 CEO로 재직 중이다. 그는 2011년에 회사의 경영 이사회에 합류했으며, 지멘스 모빌리티의 감독 이사회 의장을 겸임하고 있다.

01 소니와 협력
고품질 4K OLED 마이크로 디스플레이와 컨트롤러를 갖춘 XR 헤드 마운트 디스플레이와 지멘스의 NX 소프트웨어와 소니 기술이 만난 통합 솔루션 'NX™ 몰입형 디자이너'를 선보였다.

02 지멘스 액셀러레이터 오픈
고객이 지멘스 액셀러레이터 오픈 비즈니스 플랫폼을 사용해 비즈니스 플랫폼을 강화하도록 했다. 일과 생산 방식 뿐만 아니라 생활과 놀이의 영역까지 어떻게 혁신할 수 있는지 선보였다.

03 개발자 생성형 AI 벽 낮춰
단일 API를 통해 주요 AI 기업들이 고성능 모델을 선택할 수 있도록 서비스하는 아마존 베드락을 지멘스 로우코드 플랫폼인 멘딕스와 통합해 생성형 AI를 보다 접근하기 쉽게 만들었다.

우리는 산업형 메타버스를 현실과 거의 구분할 수 없는 가상 세계로 상상한다. 여기에서 사람들은 AI와 함께 실시간으로 협업하여 현실의 문제를 해결할 수 있다.

롤랜드 부시 지멘스그룹 회장 겸 CEO는 '산업 기술에 대한 미래와 지멘스의 비전, 그리고 향후 산업형 메타버스(Industrial Metaverse)와 인공지능의 개척 및 확산'에 대해 발표했다.

부시 CEO는 "지멘스가 고객 및 파트너와 함께 산업 메타버스를 우리 모두에게 한 걸음 더 가까이 가져다 줄 신제품을 발표하게 되어 자랑스럽게 생각한다"고 말했다.

주요 내용은 소니와의 협력을 통한 헤드 마운트 디스플레이와 지멘스 액셀러레이터(Xcelerator) 소프트웨어의 결합, AWS와의 협력으로 생성적 AI를 보다 접근하기 쉽게 만드는 것, 그리고 실제 세계와 디지털 세계를 결합하는 지멘스 액셀러레이터의 발전에 관한 것이 주요 골자다.

소니와 몰입형 엔지니어링 구현
지멘스와 소니는 파트너십을 통해 지멘스의 산업용 소프트웨어 포트폴리오인 액셀러레이터(Xcelerator)와 소니의 새로운 공간 콘텐츠 제작 시스템을 결합한 새로운 솔루션을 선보였다.

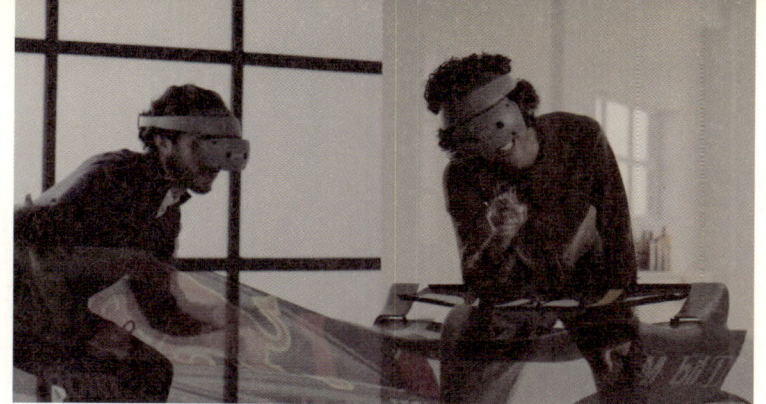

고품질 4K OLED 마이크로 디스플레이와 컨트롤러를 갖춘 XR 헤드 마운트 디스플레이.

고품질 4K OLED 마이크로 디스플레이와 컨트롤러를 갖춘 XR 헤드 마운트 디스플레이는 3D 물체와 직관적으로 상호 작용할 수 있다.

디자이너와 엔지니어가 경계가 없는 몰입형 작업 공간에서 디자인 콘셉트를 만들고 탐색할 수 있는 이 새로운 솔루션은 산업 메타버스를 위한 콘텐츠 제작을 시작할 예정이다.

2024년 하반기 출시 예정인 지멘스의 'NX™ 몰입형 디자이너'는 지멘스의 NX 소프트웨어와 소니 기술이 만난 통합 솔루션이다. 이는 지멘스의 대표 제품 엔지니어링 솔루션에 몰입형 설계와 협업 제품 엔지니어링 역량을 제공한다.

생성형 AI를 보다 접근하기 쉽게

지멘스와 아마존 웹 서비스(AWS)는 파트너십을 강화해 모든 규모와 업종의 기업이 생성형 인공지능(AI) 애플리케이션을 더 쉽게 구축하고 확장할 수 있도록 지원한다.

지멘스는 단일 API를 통해 주요 AI 기업들이 고성능 모델을 선택할 수 있도록 서비스하는 아마존 베드락을 지멘스 로우코드 플랫폼인 멘딕스와 통합했다.

지멘스 액셀러레이터 개발자 포털을 출시하여 지멘스의 모든 API와 개발자 리소스를 통합한 최초의 플랫폼을 제공한다. 이 포털은 개방성과 협업의 원칙에 따라 운영되며, 개발자가 지멘스 및 파트너 API를 탐색하고 액세스할 수 있는 통합된 공간을 제공한다.

마이크로소프트와 협력해 개발자 포털에 챗봇을 도입하여 개발 경험을 향상시키는 혁신적인 AI 동반자도 제공한다.

포스트맨(Postman)과 같은 업계 최고의 API 플랫폼과 통합된 지멘스 액셀러레이터 개발자 포털은 검색에서 배포까지가 간소화되고 개발자

친화적인 여정을 보장할 것이다.

생활과 놀이의 혁신도 이끌어

지멘스는 고객이 지멘스 액셀러레이터 오픈 비즈니스 플랫폼을 사용하여 일과 생산 방식 뿐만 아니라 생활과 놀이의 영역까지 어떻게 혁신할 수 있는지 선보였다.

지멘스는 이번 CES에서 스마트 홈 에너지 관리 포트폴리오인 '인햅(Inhab™)'을 공개했다. 인텔리전트 해비타트 솔루션 제품군을 통해 사용자는 특정 시간에 에너지를 공급하는 소스와 해당 에너지가 집 전체에 분배되는 방식을 완벽하게 파악하고 제어할 수 있다.

실시간 알림, 연중무휴 모니터링, 에너지 목표 설정과 같은 기능은 입주자가 정보에 입각한 결정을 내리는 데 필요한 투명성을 제공한다. 더 많은 가전제품이 전기로 전환되고 가정에 EV 충전 및 태양열 어레이가 도입됨에 따라 매우 정확한 모니터링 및 관리 솔루션은 에너지 소비와 공공 요금을 낮추는 동시에 안전과 용량을 늘리는 데 도움이 될 것으로 보인다.

부시 CEO는 "고객이 산업 메타버스를 사용하여 현실의 문제를 더 빠르고 지속 가능하며 효율적으로 해결할 수 있도록 접근성을 높이고" 있다. 모든 기업이 산업형 메타버스와 인공지능을 쉽게 사용할 수 있게 된다면 세상을 바꾸는 혁신은 더 빨라질 것으로 기대했다.

SECTION 4 | Keynote

뷰티 산업의 경계 넘어선 로레알

니콜라 이에로니무스 로레알 CEO

1987년 가르니에(Garnier) 브랜드 매니저로 로레알에 입사한 뒤 글로벌 시장에서 다양한 업무를 담당하며 경력을 쌓았다. 2005년 로레알 멕시코의 대표가 된 이에로니무스는 2008년 프로페셔널 제품 사업부 총괄 매니저가 됐다.
2011년 1월에는 로레알 럭스의 사장으로 임명돼 주요 브랜드를 업그레이드 및 현대화하고 소비자 경험, 서비스 및 소매업에 집중함으로써 변화를 이끌었다. 또한 어반 디케이(Urban Decay), IT 코스메틱스, 아틀리에 코롱의 인수와 발렌티노(Valentino) 및 아르마니(Armani) 라이선스 연장을 주도했다.
2017년 5월 1일에 사업부 담당 부대표로 임명됐고, 2021년 5월 로레알그룹 CEO로 임명됐다.

01 115년 된 화장품 기업의 CES 키노트

비테크 기업인 로레알이 키노트 무대에 올라 화제를 모았다. 거의 매년 혁신상을 받았을 정도로 기술과 혁신에 진심인 로레알의 기조연설 키워드는 AI와 혁신, 지속가능성이었다.

02 과학기술의 결정체 = 뷰티 산업

로레알 이에로니무스 CEO는 개인 맞춤형 뷰티 제품 개발의 중심에는 과학 기술이 있다고 설명하며 미래 세대와 모두를 위한 제품을 소개했다.

03 AI 뷰티 어드바이저 등 신기술

생성 AI 열풍에 발맞춰 AI가 접목된 솔루션인 개인 뷰티 어드바이저 '뷰티 지니어스 솔루션'을 비롯, 적외선 활용 헤어 드라이기, 가정용 자동염색기 등을 선보였다.

> "로레알이 처음 탄생한 이후 뷰티 산업 발전을 위해 정진해오고 있으며, 개인에게 가장 잘 맞는 제품을 개발하기 위한 노력의 중심에는 과학 기술이 있다."

1. 로레알 샤워헤드 'WaterSaver'.

2. 로레알 메이크업 애플리케이터 '햅타(HAPTA)'.

3. 로레알의 AI 뷰티 비서 '뷰티 지니어스(Beauty Genius)'.

CES 2024가 다른 해보다 특별한 점을 뽑는다면 단연 로레알의 키노트 발표이다. 115년 역사를 자랑하는 화장품 회사가 세계 최대 기술 행사에서 키노트 발표를 진행한다는 것만으로도 헤드라인을 장식할 만 했다. 로레알은 화장품은 과학과 기술의 결정체라고 말한다.

로레알의 니콜라 이에로니무스 CEO는 지난 1월 9일 CES 2024 키노트 행사 무대에 올라 "1909년 로레알이 처음 탄생한 이후 뷰티 산업 발전을 위해 정진해오고 있으며, 개인에게 가장 잘 맞는 제품을 개발하고, 개인의 필요와 요구를 충족하기 위해 노력해오고 있다"고 말하며, "그 중심에는 과학 기술이 있다"고 전했다.

실제로 로레알은 올해를 포함해 CES에만 총 10회 참석했으며, 그동안 혁신상을 거의 매년 받기도 했다. 올해는 총 7개의 혁신상을 CES에서 수상했다. 그만큼 기술과 혁신에 진심이다.

이날 로레알의 기조연설 키워드는 AI, 혁신, 지속가능성이었다. 생성 AI 열풍에 발맞춰 AI가 접목된 솔루션을 선보였고, 기존의 제품과는 다른 기술로 혁신을 보여줬으며, 미래세대와 모두를 위한 제품을 소개했다.

뷰티 산업도 AI열풍

로레알의 키노트를 통해 오픈AI발 인공지능 열풍이 뷰티 산업계에서도 일어나고 있는 것을 알 수 있었다. 로레알은 음성 AI기술을 이용해 개발한 개인 뷰티 어드바이저 뷰티 지니어스(BeautyGenius)솔루션을 소개했다.

스마트폰을 이용해 사용자의 스킨, 헤어를 실시간으로 인식 및 분석을 하고, 사용자의 질문에 뷰티 어드바이저가 답변하는 형식이다. 예를 들어, 사용자가 '오늘 너무 오랜 시간 비행기를 타서 피곤해 보여'라는 말과 함께 얼굴을 스캔하면, 뷰티 어드바이저가 분석을 통해 건조하고 피곤해 보이는 피부에 도움이 되는 팁과 제품에 대한 정보를 전달해 주는 것이다. 뷰티 지니어스를 이용해 여드름, 탈모 등 스킨, 헤어케어 상담도 진행가능하다. 뷰티 지니어스에 대한 소개를 맡은 바바라 라버노스(Barbara Lavernos) 부대표는 뷰티 지니어스를 이용하면 "다른 사람들에게 말하기 꺼려하는 개인적인 피부상담도 가능하다는 장점이 있다"라고 전했다.

지속가능성과 포용적 기술

로레알은 2030년까지 약 60%의 인구가 물 부족을 겪을 수도 있다는 자료를 인용하며 물 사용을 절감할 수 있는 샤워헤드를 선보이기도 했다. 이미 프랑스, 이탈리아 등 유럽지역의 헤어숍에 보급이 되고 있다고 밝힌 워터 세이버(Water Saver)라고 명명된 이 샤워헤드는 기존의 제품보다 69% 물 사용 절감 효과가 있다고 밝혔다. 스위스 스타트업 지오사(giosa)라는 곳과 협업으로 제품을 개발했다고 한다. 발표 중간 바카라 라버노스 부대표는 로레알이 지오사를 합병하기로 결정했다는 소식을 알리기도 했다. 기술력을 높이기 위해서 우수한 기업 인수에 적극적인 로레알의 모습을 볼 수 있었다.

기존 열팬으로 따뜻한 바람을 생성하는 드라이기에서 벗어나 적외선을 이용해 따뜻한 바람을 만드는 새로운 헤어드라이기 에어라이트 프로(AirLite Pro)를 선보이기도 했다. 로레알에 따르면 기존 헤어드라이기 대비 28% 에너지 절감 효과와 30% 더 빨리 건조되는 효과가 있다고 한다. 기존 제품들에 비해 헤어 대미지가 획기적으로 줄어드는 제품이라고 한다. 이 제품은 주비(Zuvi)라는 스타트업과의 협업으로 나온 제품이다.

이에 더해 장애로 몸이 불편해 화장을 하기 힘들어하는 사람들을 위해 개발한 메이크업 애플리케이터 HAPTA도 공개했다. 메이크업 스테이블라이제이션 기술을 사용해 화장품을 바를 때 흔들림을 최소화하는 기술을 탑재하고 있다. 스틱형으로 디자인된 이 제품에 립스틱을 고정시켜 팔의 움직임이 자유롭지 못한 사람들도 비교적 쉽게 화장을 할 수 있도록 도와주는 제품이다.

5분 만에 헤어디자이너처럼 염색을 할 수 있는 가정용 자동염색기도 등장했다. 컬러소닉(Color Sonic)이라고 불리는 이 브러시형 제품은 손잡이 부분에 카트리지만 끼우고, 머리를 빗질하면 원하는 색깔로 염색을 할 수 있다.

니콜라 이에로니무스 CEO는 "로레알은 뷰티가 모든 사람에게 필요한 것이라 믿고, 개인, 커뮤니티, 그리고 지구를 좋은 방향으로 변화시킬 수 있는 힘이 있다고 생각한다"라고 밝히며, 뷰티기술로 미래를 변화시켜 나가겠다는 약속을 하며 키노트 발표를 마무리했다.

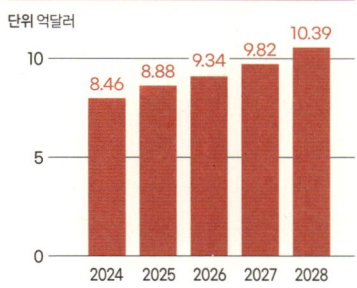

글로벌 뷰티 테크 시장 매출 규모 (단위 억달러)

2024	2025	2026	2027	2028
8.46	8.88	9.34	9.82	10.39

자료 Statista Market Insights

SECTION 4 Keynote

AI로 간편해진 월마트의 쇼핑 서비스

더그 맥밀런 월마트 CEO

더그 맥밀런은 월마트 트레일러에서 짐을 내리는 시간제 직원으로 경력을 시작했다.
그는 30년 이상 월마트의 모든 사업 부문에서 고위 경영진 역할을 수행했다. 2009년부터 2014년까지 월마트 인터내셔널의 사장 겸 CEO, 2005년부터 2009년까지 샘스클럽의 사장 겸 CEO를 지냈다. 2014년에 월마트의 사장 겸 CEO로 임명됐다. 중국 베이징에 있는 칭화대학교 경제경영대학의 자문위원으로도 활동하고 있다. 맥밀런의 리더십 아래 월마트는 '부채 없는 대학 프로그램'과 확대된 육아휴직 정책을 비롯해 임금, 복리후생, 교육에 막대한 투자를 하고 있다.

01 AI 기술로 카트 스캔
샘스클럽에서의 논스톱 쇼핑이 가능해질 전망이다. AI와 컴퓨터 비전 기술을 활용해 고객들이 카트에 담은 모든 상품에 대한 결제 여부를 감지할 계획이다.

02 드론으로 30분 이내 배송 가능
애리조나, 아칸소, 플로리다, 유타, 버지니아에서 드론 배송 서비스를 제공하고 있는 월마트는 텍사스 180만 가구에 드론 배송 서비스를 확대할 예정이다.

03 생성 AI 기반 검색 도구
생성 AI 기술을 통해 특정 사례별로 고객이 필요한 품목을 카트에 바로 채울 수 있다. 축구 시청 파티를 검색하면 닭 날개, 탄산음료와 같은 관련 항목이 검색되는 식이다.

> 드론 배송은 단순한 미래의 개념이 아니라 지금 일어나고 있으며 곧 수백만 명의 추가 텍사스 주민에게 현실이 될 것.

월마트와 샘스클럽에서 쇼핑 경험이 더욱 간편해질 예정이다. 월마트는 생성 AI 기반 검색 도구부터 샘스클럽의 영수증 확인 줄을 제거하는 기술까지, 다양한 새로운 제품을 공개했다. 이러한 제품들은 주로 고객 경험을 개선하고 향상시키는 데 중점을 두고 있다.

월마트 CEO 더그 맥밀런은 "우리는 사람들에게 서비스를 제공하기 위한 기술을 구축하는 것이지 그 반대가 아니다. 월마트의 목적은 사람들이 더 나은 삶을 살 수 있도록 돕는 것이다. 오늘날 그 어느 때보다 기술 발전으로 인해 모든 것이 가능하다는 느낌이 든다"고 전했다. 월마트는 최신 기술을 도입, 고객들에게 편의와 향상된 서비스를 제공하고자 하는 의지를 강조했다.

AI로 영수증 확인 가능해진다
혁신적인 AI 기반 기술 도입으로 인해 샘스클럽 출구 근처에서 긴 영수증 확인 줄이 사라질 전망이다. 최신 AI와 컴퓨터 비전 기술을 활용해 고객들이 카트에 담은 모든 상품에 대한 결제 여부를 감지할 계획이다. 샘

샘클럽은 기술 테스트를 위해 현재까지 10개 지역에 이 기술을 도입했으며, 연말까지 약 600개 지역의 샘스클럽으로 확장할 계획이다.

텍사스의 월마트 배달 드론

지난 2년 동안 2만회 이상의 드론 배송을 성공적으로 시행한 월마트는 현재 댈러스 포트워스 메트로플렉스 지역의 180만 가구에 대한 드론 배송 서비스를 확대 중이다. 이로써 월마트는 미국 소매업체 중에서 처음으로 이렇게 많은 가구에 대한 드론 배송 서비스를 제공한 기업이 됐다.

월마트의 혁신 및 자동화 담당 수석 부사장 프라티바 라자셰카르는 "드론 배송은 단순한 미래의 개념이 아니라 지금 일어나고 있으며 곧 수백만 명의 추가 텍사스 주민에게 현실이 될 것"이라고 말했다. 새로운 드론 허브는 몇 달 안에 공개될 예정이며, 연말까지 서비스 확장이 완료될 예정이다.

월마트 슈퍼센터에 있는 품목 중 약 4분의 3은 드론 배송에 필요한 크기와 무게 요구 사항을 충족하며, 이러한 품목은 주문 후 30분 이내에 고객에게 배송된다. 텍사스 지역에서의 드론 배송은 주문형 드론 배송 업체인 윙(Wing) 및 집라인(Zipline)과의 협력을 통해 이루어진다. 또한, 월마트는 현재 애리조나, 아칸소, 플로리다, 유타, 버지니아에서도 드론 배송 서비스를 제공하고 있다.

전 세계 드론 배송 시장 규모

5조 5500억원
2019년

79조 7000억원
2025년 예상치

자료 Markets and Markets

생성 AI 기반 검색 경험 제공

월마트는 새로운 생성 AI 기반 검색 경험을 iOS에서 사용 가능하게 했으며, 올 1분기 말에는 모든 플랫폼에서 활용 가능할 예정이라고 발표했다.

특히 마이크로소프트의 AI 모델과 월마트의 쇼핑객 데이터를 결합해 개발된 새로운 생성 AI 검색 도구는 사용자들이 브랜드 이름이나 품목 대신 특정 사용 사례를 사용해 제품을 검색할 수 있도록 지원한다.

새로운 검색 도구를 통해 고객들은 특정 사용 사례별로 검색할 수 있다. 예를 들어, 고객이 슈퍼볼 파티를 개최하는 경우 '축구 시청 파티'를 검색해 칩, 닭 날개, 탄산음료 등과 관련된 항목을 찾을 수 있다.

월마트는 검색 도구가 더 나은 결과를 얻기 위해 위치

AI와 컴퓨터 비전을 통한 카드 상품 인식.

및 검색 기록과 같은 다양한 요소를 고려할 것이라고 설명했다. 또한, 월마트는 AI를 활용해 고객이 필요할 때 바로 필요한 품목으로 카트를 채우는 데 도움이 되는 새로운 가정 내 보충(InHome Replenishment) 도구에 대한 세부 정보를 공유했다.

이 새로운 서비스는 2019년에 출시된 InHome 식료품 배달 서비스를 확장해 고객의 문 앞, 차고 또는 주방 냉장고로 주문을 직접 전달한다. 이 서비스는 개인화된 알고리즘을 활용해 고객의 요구를 예측하고, 필요한 주문을 주방으로 직접 배달한다. 고객은 필요하지 않은 품목을 건너뛰고, 주문에 품목을 추가하며, 배송 날짜를 조정할 수 있는 옵션을 제공받게 된다.

가상 의류 착용 서비스 출시

월마트의 '친구와 함께 쇼핑(Shop with Friends)' 기능은 고객들이 선택한 패션 아이템을 친구들과 공유하고 피드백을 요청할 수 있는 편리한 기능이다. 이 소셜 커머스 플랫폼은 고객들이 친구들과 함께 공유하기 위해 가상의 의상을 생성하도록 지원하며, 이 의상은 고객과 유사한 크기와 모양의 가상 모델에 표시된다. 이를 통해 고객들은 보다 참신하고 상호작용이 가능한 쇼핑 경험을 누릴 수 있다.

SECTION 4 Keynote

자동차, 새로운 컴퓨팅 플랫폼된다

크리스티아누 아몬 퀄컴 CEO

아몬은 1995년 퀄컴에 엔지니어로 취직했다. CEO가 되기 전에는 퀄컴의 사장으로 재직했다. 이 직책에서 그는 선도적이고 차별화된 제품 로드맵 개발을 주도하고, 퀄컴의 5G 전략과 가속화 및 글로벌 출시를 이끌었다. 자동차, 컴퓨팅, 가상현실(VR), 증강현실(AR) 등 여러 산업에 서비스를 제공하기 위한 비즈니스 확장 및 다각화를 추진했다. 첨단 운전자 지원(ADAS), 공간 컴퓨팅, 첨단 CPU, RF 프론트 엔드 등의 분야에서 퀄컴의 역량을 강화하기 위한 인수합병을 성공적으로 이끌었다. 2021년 6월 30일에 CEO로 취임했다.

01 자동차의 컴퓨팅 플랫폼화
스마트 차량 기능을 한데 모은 '스냅드래곤 디지털 섀시'와 효율적인 자율주행(AD) 솔루션을 구축 돕는 '스냅드래곤 라이드 플랫폼' 등을 공개했다.

02 온디바이스 AI, 이제 시작
퀄컴은 인터넷 연결 없이 AI가 기기 내에서 자체 구동하는 것을 의미하는 온디바이스 AI에 주목했다. 온디바이스 AI가 적용된 스마트폰은 응답이 즉각적이며 데이터가 장치에 유지돼 개인의 비서 역할을 할 수 있을 것으로 기대된다.

03 공간컴퓨팅 시장 전망 긍정적
퀄컴은 공간컴퓨팅이 여러 응용 분야로 확대될 것이라고 예측했다. 기업에서 교육이나 훈련, 커뮤니케이션을 위한 도구로 채택되고 있어 잠재력이 크다고 전했다.

생성 AI가 적용된 자동차는 새로운 컴퓨팅 플랫폼으로 거듭나고 있다.

크리스티아누 아몬 CEO는 퀄컴의 '스냅드래곤 디지털 콕핏' 등을 언급하면서 "자동차는 생산성을 발휘하고, 사람들과 소통하는 등 새로운 컴퓨팅 공간이 됐다"고 강조했다. 이날 기조연설은 리즈 클라만 폭스 비즈니스 앵커와의 대담 형식으로 진행됐다.

아몬 CEO는 세일즈포스와의 파트너십을 예로 들었다. 그는 "자동차에서 세일즈포스의 고객관계관리(CRM)를 수행할 수 있다"며 "보험회사가 자동차에 서비스를 내장하기를 원하고, 영상 콘텐츠를 배포할 수 있기 때문에 자동차를 새로운 컴퓨팅 공간으로 만드는 모든 수단을 동원할 수 있다"고 설명했다.

전방위 모빌리티 포트폴리오 공개
퀄컴은 자동차 산업 부문에서 혁신을 가속화하고 있다.
CES 2024에서 업그레이드 된 '스냅드래곤 디지털 섀시' 포트폴리오를 공개했다. 스냅드래곤은 퀄컴이 개발한 모바일 시스템온칩(SoC)으로, 스냅드래곤 디지털 섀시는 생성 AI를 탑재해 스마트 차량 기능을 한데 모은 AI 하드웨어와 소프트웨어 솔루션을 통합한 플랫폼이다.

이 뿐만이 아니다. 퀄컴은 LTE, 5G, 연결성, 차량 간 통신(V2X), 와이파이, 블루투스, 위성 통신, 정밀 위치 측정 등 안전성과 연결성을 높이기 위한 스냅드래곤 오토 커넥티비티 플랫폼을 비롯해, 향상된 그래픽과 멀티미디어, AI 기능을 탑재한 스냅드래곤 콕핏 플랫폼, 자율주행 운전 시스템 온 칩(SoC) 중 하나로 완성차 업체가 효율적인 자율주행(AD) 솔루션을 구축할 수 있도록 돕는 스냅드래곤 라이드 플랫폼 등을 CES를 통해 선보였다.

이번 전시회에서 퀄컴은 HL그룹의 자율주행 솔루션 전문기업 HL클레무브와 파트너십을 통해 자율주행 고성능 컴퓨터(HPC)를 개발하기로 하는 등 다양한 파트너십을 구축하면서 자동차 부문 입지를 강화하고 있다.

온디바이스 AI 모바일 대체 수단 아냐

질의응답 방식으로 이뤄진 이날 기조연설에서 아몬 CEO는 클라우드와 다르게 구동하는 '온디바이스 AI'에 주목했다. '온디바이스 AI'는 인터넷 연결 없이 AI가 자체 구동하는 것을 의미한다.

아몬 CEO는 "(야구로 치면) 생성 AI는 9회 중 2회에 진입했다"고 비유했다. 이 단계에서 대규모언어모델(LLM)은 스마트폰과 같은 장치에서 실행되는 것이 특징이다.

그는 "AI는 클라우드나 기기와는 다르게 발전할 것"이라고 말했다. 현재 클라우드에서 챗GPT나 기타 생성 AI 모델의 액세스가 이뤄지고 있지만, 스마트폰에서 실행되는 AI 모델은 장치의 모든 데이터를 사용해 지속적으로 학습하고 다음에 무엇을 할지 예측한다는 것이다.

가령 친구에게 문자로 만나자고 하면 AI가 참석 가능 여부를 확인하고, 과거에 방문한 장소를 기반으로 갈 만한 장소를 제안할 수 있다. 또 친구에게 방문한 장소를 언급하면, AI가 사진을 불러오고 이를 공유할지 여부를 물어볼 수도 있다.

아몬 CEO는 "휴대폰에 입력하는 모든 내용이 AI에 대한 쿼리가 될 수 있다"고 설명했다. 이어 "개인의 비서가 될 것"이라며 "응답이 즉각적이며 데이터가 장치에 유지되기 때문에 비공개로 유지된다는 것을 의미한다. 매우 흥미롭고 변혁적인 일"이라고 덧붙였다.

온디바이스 AI가 스마트폰을 대체하는 것은 아니냐는 질문에 그는 "스마트폰이 완전히 사라지는 것은 아닐 것"이라며 "인공지능이 스마트폰을 클라우드와 융합시키고 있다. 그리고 이런 변화가 컴퓨팅 플랫폼에 대해 생각하는 방식을 바꾸고 있다"라고 말했다.

공간컴퓨팅 시장 밝아…
더 큰 기회 올 것

혼합현실(MR) 헤드셋과 같은 공간컴퓨팅에 대해서도 아몬 CEO는 긍정적인 전망을 내놨습니다.

그는 "공간 컴퓨팅은 결국 큰 규모로 성장할 것이며 또 다른 컴퓨팅 플랫폼이 될 것"이라고 강조했다.

공간컴퓨팅은 여러 응용 분야로 확대될 것이라고 예측하기도 오큘러스 퀘스트와 같은 기기를 시작으로 기업에서 교육이나 훈련, 커뮤니케이션을 위한 도구로 채택되고 있기 때문에 잠재력이 크다는 설명이다.

아몬 CEO는 "현재 메타를 비롯한 모든 기업과 파트너십을 맺고 있다"며 "메타를 기점으로 구글, 삼성이 (공간컴퓨팅 분야에) 뛰어들 것이다. 소니도 장치를 발표했고, 레노보는 기업 장치를 구축 중이다. 이는 일부 사용 사례에 불과하다. 더 큰 기회가 있을 것"이라고 덧붙였다.

아몬 CEO(왼쪽)가 리즈 클라만 폭스 비즈니스 앵커와 대담을 하고 있다.

CES 2024 혁신상 바로가기

SUPPLEMENT

CES 2024 INNOVATION AWARD PRODUCT
FULL WINNERS LIST 471

SUPPLEMENT Awards

CES 2024 INNOVATION AWARDS
BEST OF INNOVATION

올해 CES에서 우리나라는 전체 전시 분야별 가장 혁신적인 기술과 제품을 보유한 기업에 수여하는 '최고혁신상'(Best of Innovation) 28개 부문 중 8개 분야를 휩쓸었다.

최고혁신상 부문

🏢 기업명　🏆 수상 기술 및 서비스　🎯 수상 부문

- Samsung Electronics America 삼성전자
- Samsung 2D/3D Gaming Monitor
- Gaming & eSports 게임 & e스포츠

- Samsung Electronics America 삼성전자
- The Link
- Computer Peripherals & Accessories 컴퓨터 주변기기 & 액세서리

- LG Electronics Inc. 엘지전자
- 83-inch 4K OLED Zero Connect TV(Model: OLED83M4)
- Digital Imaging & Photography 디지털 이미징 & 사진

- LG Electronics Inc. 엘지전자
- LG 4K Transparent OLED TV
- Cybersecurity & Personal Privacy 사이버 보안 & 개인 정보 보호

- Afference 어퍼런스
- Phantom
- XR Technologies & Accessories XR Technologies & 액세서리

- FLOW STUDIO CO.,LTD 플로우 스튜디오
- Graph+Fitting, Grafting
- Web3 and Metaverse Technologies 웹3 및 메타버스 기술

- Harman International Corp 하만 인터내셔널
- JBL Authentics 500
- Headphones & Personal Audio 헤드폰 & 개인 오디오

- AUO Corporation 우달광전
- Interactive Transparent Window
- In-Vehicle Entertainment 차내 엔터테인먼트

- Bose 보스
- Bose QuietComfort Ultra Headphones
- Headphones & Personal Audio 헤드폰 & 개인 오디오

- HP Inc. 휴렛 팩커드
- HP Spectre Fold
- Computer Hardware & Components 컴퓨터 하드웨어 및 구성요소

- Bosch 보쉬
- Gun Detection System
- Artificial Intelligence 인공지능

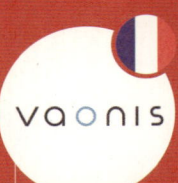
- VAONIS 바오니스
- Hestia
- Digital Imaging & Photography 디지털 이미징 & 사진

- Abbott 애보트
- AVEIR™ Dual chamber (DR) Leadless Pacemaker System
- Digital Health 디지털 헬스

- 10minds co. ltd. 텐마인즈
- motionsleep
- Smart Home 스마트홈

- inQs Co., Ltd. 잉크스
- SQPV Glass
- Smart Cities 스마트 시티즈

- NAD Electronics NAD 일렉트로닉스
- NAD M66
- Audio Video Components & Accessories
오디오 비디오 구성 요소 및 액세서리

- ONECOM.CO.,LTD. 원콤
- FINTIN V1 : The Most Accessible Qwerty-Communicator
- Computer Peripherals & Accessories
컴퓨터 주변기기 & 액세서리

- Zkrypto Inc. 지크립토
- ZkVoting: Blockchain-based voting at the Poll Station
- Cybersecurity & Personal Privacy
사이버 보안 & 개인 정보 보호

- Lordsystem 로드시스템
- Trip.PASS-Mobile passport platform
- Cybersecurity & Personal Privacy
사이버 보안 & 개인 정보 보호

- Frore Systems 프로레 시스템스
- AirJetF8Mini – Solid-State Active Cooling Chip for Electronic Devices
- Computer Hardware & Components
컴퓨터 하드웨어 및 구성요소

- I-TEN SA 아이텐
- ITX18225
- Sustainability
지속가능성

- Sevvy B.V. 세비
- Sevvy Smart Cooker
- Home Appliances
가전제품

- Mand.ro 만드로
- Mando.p Mark 7D
- Accessibility & Aging Tech
접근성 & 노후화된 기술

- Midbar Co., Ltd. 미드바르
- AirFarm
- Human Security for All
모두를 위한 휴먼 시큐리티

- HL Mando HL만도
- Parkie (Parking Robot)
- Drones & Unmanned Systems
드론과 무인 시스템

- SJW Robotics SJW로보틱스
- RoWok™
- by SJW Robotics Robotics 로봇공학

- STUDIO LAB 스튜디오랩
- Seller Canvas
- Artificial Intelligence
인공지능

- Top Table Inc. 탑테이블
- IINK – 4D food printing system for future food
- Food & AgTech
푸드앤애그테크

- SILMACH 실마하
- MEMS hybrid micromotor for electronics
- Embedded Technologies
내장된 기술

- L'Oréal 로레알
- Skin Screen
- Digital Imaging & Photography
디지털 이미징 & 사진

- WILLTEX.CO.,LTD. 윌텍스
- WILLCOOK
- Home Appliances
가전제품

- WS Audiology WS오디올로지
- Silk Charge&Go IX
- Wearable Technologies
웨어러블 테크놀로지

- Honda 혼다
- Honda Motocompacto
- Vehicle Tech & Advanced Mobility
차량 테크 & 고급 모빌리티

- ASUS 에이수스
- ZenScreen Fold OLED MQ17QH
- In-Vehicle Entertainment
차내 엔터테인먼트

- Garmin 가민
- Venu® 3
- Accessibility & Aging Tech
접근성 및 노후화된 기술

SUPPLEMENT Awards

CES 2024 INNOVATION AWARDS
HONOREES

올해 혁신상 471개 중 한국은 134개로 역대 최다 수상을 기록했다.

혁신상 부문

기업명		국가	수상 기술 및 서비스	수상 부문	
4BY4 INC.	포바이포	한국	PIXELL (Deep Learning based Video Quality Enhancer)	Content & Entertainment	콘텐츠 & 엔터테인먼트
ADDPLUS Co., Ltd	㈜에드플러스	한국	HitCHECK	Digital Health	디지털 헬스
Advanced Micro Devices, Inc. (AMD)	어드밴스드 마이크로 디바이시스	미국	AMD Ryzen 7040U Series Mobile processors	Computer Hardware & Components	컴퓨터 하드웨어 및 구성요소
AEOL Korea	에이올코리아	한국	MOForest	Sustainability	지속가능성
AI Guided Limited	가이디	홍콩	GUIDi – AI smart belt to guide the visually impaired	Accessibility & Aging Tech	접근성 및 노후화된 기술
Aiper Intelligent, LLC	아이퍼 인텔리전트	미국	Aiper Scuba S1	Smart Home	스마트홈
Aira, Inc.	아이라	미국	FreePower for Countertop	Embedded Technologies	내장된 기술
Akidaia	아키다이아	프랑스	Offline Identification	Cybersecurity & Personal Privacy	사이버 보안 & 개인 정보 보호
Alertify LLC	알러티파이 주식회사	미국	Alertify	Smart Home	스마트홈
Algocare	알고케어	한국	NutriStation	Food & AgTech	푸드앤애그테크
Alienware / Dell Technologies	에일리언웨어 / 델 테크놀로지스	미국	Alienware 27 360Hz QD–OLED Gaming Monitor	Gaming & eSports	게임 & e스포츠
			Alienware 32 4K QD–OLED Gaming Monitor	Gaming & eSports	게임 & e스포츠
ALUX	에이럭스	한국	Wearable stand_alone coding education robot "VINU"	Robotics	로봇공학
Ambarella	암바렐라	미국	Centrally Processed 4D Imaging Radar Architecture	Embedded Technologies	내장된 기술
AMOREPACIFIC	아모레퍼시픽	한국	LIPCURE BEAM	Digital Health	디지털 헬스
Ampere	암페어	미국	Dusk Rx: Electronic Tint–adjustable Rx Glasses	Wearable Technologies	웨어러블 테크놀로지
anfire korea	앤파이어 코리아	한국	Noline	Smart Home	스마트홈
Anker Innovations	앤커	중국	Anker SOLIX F3800 Portable Power Station	Sustainability	지속가능성
			Anker SOLIX Solarbank E1600	Sustainability	지속가능성
			Anker Prime 6–in–1 Charging Station (140W)	Mobile Devices	모바일 장치
			soundcore AeroFit	Headphones & Personal Audio	헤드폰 & 개인 오디오
ANPOLY	에이엔폴리	한국	Re:ance™ T–CNPF	Sustainability	지속가능성
ANSSiL Co., Ltd	앤씰	한국	SleepInBody–Incline Smart Mattress	Digital Health	디지털 헬스
ASUS	에이수스	대만	ROG Ally	Mobile Devices	모바일 장치
			ROG Flow Z13–ACRNM RMT02	Gaming & eSports	게임 & e스포츠
			ROG Matrix Platinum GeForce RTX™ 4090	Gaming & eSports	게임 & e스포츠
			ROG XG Mobile	Computer Peripherals & Accessories	컴퓨터 주변기기 & 액세서리

기업명		국가	수상 기술 및 서비스	수상 부문	
ATRI(Advanced Technology Research Institution), CHUL GYU SONG	전북대학교 송철규 교수 (연구부총장, LINC 3.0 사업단장) 연구팀	한국	Bioimaging device for real-time vascular wellness	Digital Health	디지털 헬스
Attoplex Inc.	아토플렉스(주)	한국	GenHome	Digital Health	디지털 헬스
AUO Corporation	우달광전	대만	Rollable RSE	In-Vehicle Entertainment	차내 엔터테인먼트
Aurora Labs	오로라랩스	이스라엘	Auto Update	Artificial Intelligence	인공지능
Avikus Co., Ltd.	아비커스	한국	NeuBoat NAVI	Vehicle Tech & Advanced Mobility	차량 테크 & 고급 모빌리티
Axelera AI	악세레라 AI	네덜란드	Metis AI Platform	Artificial Intelligence	인공지능
BANF	반프	한국	BANF iSensor: Real-time tire profile for fleets and AVs	Vehicle Tech & Advanced Mobility	차량 테크 & 고급 모빌리티
Baracoda Daily Healthtech	바라코다 데일리 헬스텍	프랑스	BMind – The smart mirror for everyday mindfulness	Smart Home	스마트홈
Barunbio Inc.	바른바이오	한국	WE-STIM (Wearable Electric Stimulation) leggings	Wearable Technologies	웨어러블 테크놀로지
Beijing KEYi Technology Co., Ltd.	커이테크	중국	Loona companion robot	Robotics	로봇공학
BHTC and Corning	코닝	미국	Integrated Dashboard Solution	Vehicle Tech & Advanced Mobility	차량 테크 & 고급 모빌리티
Bird Buddy Inc	버드 버디	미국	Bird Buddy Smart Perch	Artificial Intelligence	인공지능
BluOS	블루OS	캐나다	BluOS 4.0	Content & Entertainment	콘텐츠 & 엔터테인먼트
BODYFRIEND	바디프랜드	한국	Phantom Neo	Sports & Fitness	스포츠 & 피트니스
Boreas Technologies	보레아스 테크놀로지	캐나다	Boréas Solid-State Piezo Haptic Buttons	Embedded Technologies	내장된 기술
Bosch	보쉬	독일	Bosch 800 Series Fully Automatic Smart Espresso Machine	Smart Home	스마트홈
Bosch Global Software Technologies – AIShield	보쉬 글로벌 소프트웨어 테크놀로지스	독일	AIShield.GuArdIan	Cybersecurity & Personal Privacy	사이버 보안 & 개인 정보 보호
Bosch Sensortec	보쉬 센서텍	독일	BMA580	Embedded Technologies	내장된 기술
Brunswick Corporation	브런스윅	미국	Mercury Avator™ 20e and 35e electric outboards	Sustainability	지속가능성
B-square Lab	비스퀘어랩	한국	NFTCamera	Web3 and Metaverse Technologies	웹3 및 메타버스 기술
Bullitt Satellite	블리트	영국	motorola defy satellite link	Mobile Devices	모바일 장치
Canon U.S.A., Inc.	캐논 U.S.A	미국	MS-500 LLC	Digital Imaging & Photography	디지털 이미징 & 사진
CEA	프랑스 원자력 및 대체에너지위원회	프랑스	WIMAGINE: Brain-Computer Interface technology	Accessibility & Aging Tech	접근성 및 노후화된 기술
CEH Technologies Ltd t/a Mymanu	CEH 테크놀로지스(주) t/a 마이마누	영국	Mymanu CLIK Pro – Immersive translation earbuds	Headphones & Personal Audio	헤드폰 & 개인 오디오
CELLICO	셀리코	한국	EyeCane	Accessibility & Aging Tech	접근성 및 노후화된 기술
CERAGEM Co., Ltd.	세라젬	한국	CERAGEM Home MediCare Platform	Digital Health	디지털 헬스
			CERAGEM MASTER Medical Bed	Digital Health	디지털 헬스
Clicks London	클릭 런던	영국	Creator Keyboard (for iPhone)	Mobile Devices, Accessories & Apps	모바일 장치, 액세서리 & 앱
CMI Health, Inc.	CMI 헬스	미국	AsthmaGo	Digital Health	디지털 헬스
CONPORTLAB	컨포트랩	한국	Porta Solution	Embedded Technologies	내장된 기술
Continental	콘티넨탈	독일	Radar Vision Parking	Vehicle Tech & Advanced Mobility	차량 테크 & 고급 모빌리티
			Crystal Center Display	Vehicle Tech & Advanced Mobility	차량 테크 & 고급 모빌리티
Coplanar Technologies Inc.	코플래너	미국	Coplanar Stand-alone Hydrogen Fuel Cell Power Station	Smart Home	스마트홈
Corsair Gaming, Inc.	커세어	미국	iCUE LINK Smart Component Ecosystem	Computer Hardware & Components	컴퓨터 하드웨어 및 구성요소
Coway Co., Ltd	코웨이	한국	Coway BEREX massage bed with multiple massage options	Digital Health	디지털 헬스
CP6 Ltd	CP6	한국	ACAT (Automated-driving Car Accident-analysis Tool)	Vehicle Tech & Advanced Mobility	차량 테크 & 고급 모빌리티

SUPPLEMENT Awards

기업명		국가	수상 기술 및 서비스	수상 부문	
Cream	크림	한국	AiD	Artificial Intelligence	인공지능
CREAMO Inc./HANSEO UNIVERSITY	한서대학교	한국	CREAMO BraillePlus: Digital Education Kit for VIP	Accessibility & Aging Tech	접근성 및 노후화된 기술
Current Backyard, LLC	커렌트	미국	Current Model G Electric Grill & Griddle	Smart Home	스마트홈
Custo	쿠스토	한국	Custo 1	Smart Home	스마트홈
D&C Biotechnology Inc.	디앤씨 바이오테크놀로지	한국	Flexible Optical Biosensor Based Next-Gen Urine Analyzer	Digital Health	디지털 헬스
DABIDA Corp.	다비다	한국	GENICLASS and GENIPEN	Smart Cities	스마트 시티즈
Daeyoung Chaevi	대영채비	한국	CHAEVI EV Charger – Pleasant Charging Environment for All	Smart Cities	스마트 시티즈
DARAM INC.	다람	필리핀	KAISAR	Accessibility & Aging Tech	접근성 및 노후화된 기술
DeCloak Intelligences Co.	디콜로크	대만	DeCloakVision	Artificial Intelligence	인공지능
Deep Bio Inc.	딥바이오	한국	DeepDx Prostate	Digital Health	디지털 헬스
DEEPVISIONS Co.,Ltd	딥비전스	한국	Vision Plus	Sustainability	지속가능성
DEEPX	딥엑스	한국	All-in-AI Total Solution	Embedded Technologies	내장된 기술
			DX-H1: A Data Center AI Inference Card	Computer Hardware & Components	컴퓨터 하드웨어 및 구성요소
			DX-M1: An AI Booster for Robotic Applications	Robotics	로봇공학
Dell Technologies	델 테크놀로지스	미국	Dell UltraSharp 40 Curved Thunderbolt Hub Monitor	Computer Peripherals & Accessories	컴퓨터 주변기기 & 액세서리
DeRUCCI	델루찌	중국	DeRUCCI T11 Pro Smart Mattress	Digital Health	디지털 헬스
D-ID	디아이디	미국	D-ID Creative Reality Studio and Mobile App	Artificial Intelligence	인공지능
DNA Corporation	디엔에이코퍼레이션	한국	OBST BANK (Obesity Genetic Testing Kit)	Artificial Intelligence	인공지능
Domethics srl	도메틱스	이탈리아	CarOpet	Smart Home	스마트홈
Doosan Bobcat (part of Doosan)	두산밥캣	한국	Bobcat S7X All-Electric Skid-Steer Loader	Smart Cities	스마트 시티즈
Doosan Robotics / TDK Quexeo	두산로보틱스	한국	Oscar the sorter: AI Recycling & Order-picking Robot	Artificial Intelligence	인공지능
Doser	도저	네덜란드	DoseRx1 Medicine 3D Printer	Digital Health	디지털 헬스
Dot Incorporation	도트	한국	Dot Canvas	Accessibility & Aging Tech	접근성 및 노후화된 기술
Dragon Tree Partners LLC	드래곤 트리 파트너스	바레인	WeHead	Artificial Intelligence	인공지능
Earable Neuroscience	이어러블 뉴로사이언스	미국	FRENZ BRAINBAND – SLEEP SCIENCE	Accessibility & Aging Tech	접근성 및 노후화된 기술
ECLYPIA	에글리피아	프랑스	NEOGLY	Human Security for All	모두를 위한 휴먼 시큐리티
ECM PCB Stator Tech	이씨엠	미국	PrintStator Motor CAD	Sustainability	지속가능성
EcoFlow Technology Inc.	에코플로우 테크놀로지	미국	DELTA Pro Ultra Whole House Battery Generator	Smart Home	스마트홈
ECOPEACE	에코피스	한국	AI ECO-ROBOT	Drones & Unmanned Systems	드론과 무인 시스템
Elidah	엘리다	미국	ELITONE URGE	Accessibility & Aging Tech	접근성 및 노후화된 기술
Embodied, Inc.	엠보디드	미국	Moxie AI	Artificial Intelligence	인공지능
Emma Healthcare Co.,Ltd.	엠마헬스케어	한국	Multi Modal AI based Digital Healthcare System	Digital Health	디지털 헬스
ENERCAMP INC	에너캠프	한국	ENERCAMP EV M2	Accessibility & Aging Tech	접근성 및 노후화된 기술
ENERGYLIFE Inc.	에너지라이프	한국	ChatAquaESG	Food & AgTech	푸드앤애그테크
Enovix Corporation	에노빅스	미국	Enovix BrakeFlow Technology	Embedded Technologies	내장된 기술
EntreReality Co., Ltd	앙트러리얼리티	한국	TwinIt	Web3 and Metaverse Technologies	웹3 및 메타버스 기술
Esper Bionics	에스퍼바이오닉스	미국	Esper Hand	Wearable Technologies	웨어러블 테크놀로지
espresso Displays	에스프레소 디스플레이	호주	espresso 17 Pro	Computer Peripherals & Accessories	컴퓨터 주변기기 & 액세서리
Etc at BT Group	비티그룹	영국	EV Charge	Vehicle Tech & Advanced Mobility	차량 테크 & 고급 모빌리티

기업명		국가	수상 기술 및 서비스	수상 부문	
EverEx	에버엑스	한국	MORA	Digital Health	디지털 헬스
ExoRenal	엑소레날	한국	xKidney	Digital Health	디지털 헬스
EXOSYSTEMS Inc.	엑소시스템즈	한국	Next-Gen Digital Health: AI-Powered Digital Biomarker	Digital Health	디지털 헬스
Eyesafe	아이세이프	미국	Eyesafe CFX	Computer Hardware & Components	컴퓨터 하드웨어 및 구성요소
FaceHeart Corporation	페이스하트	대만	FaceHeart Vitals™	Digital Health	디지털 헬스
Fasetto, Inc.	파세토	미국	AUDIO Cu	Audio Video Components & Accessories	오디오 비디오 구성 요소 및 액세서리
Focus AI	포커스 AI	네덜란드	Focus AI	Artificial Intelligence	인공지능
FORVIA	포르비아	프랑스	eMirror Safe UX	Vehicle Tech & Advanced Mobility	차량 테크 & 고급 모빌리티
			Light Tile for Transparent Door	Vehicle Tech & Advanced Mobility	차량 테크 & 고급 모빌리티
			Skyline Immersive Display	Vehicle Tech & Advanced Mobility	차량 테크 & 고급 모빌리티
FORVIA (FORVIA Hella)	포르비아	프랑스	FlatLight μMX	Vehicle Tech & Advanced Mobility	차량 테크 & 고급 모빌리티
Foshan SUNHOHI Smart Home Technology Co., Ltd.	포산 순호히 스마트 홈 테크놀로지	중국	IDEA 65 Smart Casement Window	Smart Home	스마트홈
			IDEA 75 Side-tilt Sealed Sliding Window	Smart Home	스마트홈
Galeon	갈레온	프랑스	Galeon Hacker Defense Protection (HDP)	Cybersecurity & Personal Privacy	사이버 보안 & 개인 정보 보호
			Galeon Organ Donor NFT Card	Web3 and Metaverse Technologies	웹3 및 메타버스 기술
Garmin	가민	미국	Autoland Autonomous Aircraft Landing System Retrofit	Vehicle Tech & Advanced Mobility	차량 테크 & 고급 모빌리티
			epix™ Pro	Wearable Technologies	웨어러블 테크놀로지
			MARQ® Golfer – Carbon Edition	Wearable Technologies	웨어러블 테크놀로지
Gaudio Lab, Inc.	가우디오랩	한국	GAUDIO Just Voice	Web3 and Metaverse Technologies	웹3 및 메타버스 기술
GE Profile™	GE 프로파일	미국	GE Profile™ UltraFast Combo with Ventless Heat Pump Tech	Home Appliances	가전제품
Genesis Systems	제네시스 시스템	미국	WaterCube® — Air to Water Generator for Home and Office	Smart Home	스마트홈
GHOSTPASS Inc.	고스트패스	한국	Decentralized Remote biometric authentication solution	Smart Cities	스마트 시티즈
Gloxkind Technologies Inc.	글룩스킨드	캐나다	Gloxkind – Rosa	Robotics	로봇공학
GOLE-Robotics	고레로보틱스	한국	AIR-AMR	Robotics	로봇공학
Gonggong	공공	한국	Swasher S	Smart Cities	스마트 시티즈
Graphene Square	그래핀스퀘어	한국	Cordless Transparent Graphene Cooker	Home Appliances	가전제품
Green Whale Global	그린웨일글로벌	한국	Ecoist	Sustainability	지속가능성
GSF system	지에스에프시스템	한국	MineFarm Showcase	Food & AgTech	푸드앤애그테크
GyroGear	자이로기어	영국	GyroGlove	Accessibility & Aging Tech	접근성 및 노후화된 기술
HARMAN International	하만 인터내셔널	미국	ARCAM Radia A25 Integrated Amplifier	Audio Video Components & Accessories	오디오 비디오 구성 요소 및 액세서리
			Harman Kardon Allure Essential	Headphones & Personal Audio	헤드폰 & 개인 오디오
			Harman Kardon Aura Studio 4 Lighting Experience	Home Appliances	가전제품
			JBL Authentics 200	Headphones & Personal Audio	헤드폰 & 개인 오디오
			JBL Authentics 300	Headphones & Personal Audio	헤드폰 & 개인 오디오
			JBL New Club Series Speakers	In-Vehicle Entertainment	차내 엔터테인먼트
			JBL Soundgear Frames	Headphones & Personal Audio	헤드폰 & 개인 오디오
HD Hyundai xAiteSolution Co., Ltd.	현대중공업	한국	Smart Collision Mitigation with Sensor Fusion	Vehicle Tech & Advanced Mobility	차량 테크 & 고급 모빌리티

SUPPLEMENT Awards

기업명		국가	수상 기술 및 서비스	수상 부문	
HD Hyundai xAiteSolution Co., Ltd.	현대중공업	한국	X-Agent	Mobile Devices	모바일 장치
Healthplus.ai	헬스플러스	네덜란드	PERISCOPE	Digital Health	디지털 헬스
Heatbit	히트빗	미국	Heatbit Mini	Home Appliances	가전제품
HechicerIA	헤치세라A	스페인	Current Anima	Artificial Intelligence	인공지능
HED Unity	HED 유니티	스위스	Unity	Headphones & Personal Audio	헤드폰 & 개인 오디오
Hesai Technology	허사이	중국	ET25	Vehicle Tech & Advanced Mobility	차량 테크 & 고급 모빌리티
Hexagon	헥사곤	스웨덴	Leica BLK2GO Pulse	Digital Imaging & Photography	디지털 이미징 & 사진
HHS. Co., Ltd	에이치에이치에스	한국	Complex sensor-based AIoT safety management system	Wearable Technologies	웨어러블 테크놀로지
Hisense	하이센스	중국	Smart Built-in Dishwasher With Autodose & AutoDry	Home Appliances	가전제품
			110 UX	Audio Video Components & Accessories	오디오 비디오 구성 요소 및 액세서리
			Vehicle Using Laser Projection Display	In-Vehicle Entertainment	차내 엔터테인먼트
HL Klemove	HL클레무브	한국	Beetle: Portable Radar for Daily Life Safety	Mobile Devices, Accessories & Apps	모바일 장치, 액세서리 & 앱
			Tire-Sync	Computer Hardware & Components	컴퓨터 하드웨어 및 구성요소
HP Inc.	휴렛 팩커드	미국	HP 27 inch All in One	Computer Hardware & Components	컴퓨터 하드웨어 및 구성요소
HUCASYSTEM Inc.	휴카시스템	한국	HUCA-Go	Robotics	로봇공학
HUROTiCS Inc.	휴로틱스	한국	H-Flex: Tailored to users, Customizable wearable robots	Robotics	로봇공학
HYDROLUX Inc.	하이드로럭스	한국	Hydrolux2.0 (metallic alloy for hydrogen storage)	Sustainability	지속가능성
IAI Smart Inc.	IAI 스마트	이스라엘	Emerson All-in-One Portable Video Conferencing System	Content & Entertainment	콘텐츠 & 엔터테인먼트
IDeA Ocean Inc.	아이디에이오션	한국	METHEUS	Artificial Intelligence	인공지능
Idyllic Technology	아이딜릭 테크놀로지	미국	IDYLLIC Chipless RFID	Embedded Technologies	내장된 기술
Imki	임키	프랑스	AI Xperience by Imki	Content & Entertainment	콘텐츠 & 엔터테인먼트
InBody	인바디	한국	LB Trainer	Sports & Fitness	스포츠 & 피트니스
InceptionLAB	인셉션랩	한국	Inception ONE	Digital Health	디지털 헬스
inDJ	인디제이	한국	inDJ for App	Mobile Devices	모바일 장치
			inDJ for Connected Car	Content & Entertainment	콘텐츠 & 엔터테인먼트
Infinitum	인피니텀	한국	Aircore EC (latest generation)	Human Security for All	모두를 위한 휴먼 시큐리티
Ink Invent BV	인크인벤트	네덜란드	RheoLight	Smart Cities	스마트 시티즈
Innoviz Technologies Ltd.	이노비즈 테크놀로지	이스라엘	InnovizCore	Vehicle Tech & Advanced Mobility	차량 테크 & 고급 모빌리티
Intflow Inc.	인트플로우	한국	Edgefarm	Human Security for All	모두를 위한 휴먼 시큐리티
INTIN INC	인트인	한국	Sperm Analyzer for Male Fertility Preservation	Human Security for All	모두를 위한 휴먼 시큐리티
INTOSEE CO., LTD.	인투시	한국	Secret kitchen-hood: miniaturized downdraft hood & air purifier	Home Appliances	가전제품
Invoxia	인복시아	프랑스	Minitail	Artificial Intelligence	인공지능
INVZI	인비지	미국	INVZI MagHub 3: 8-in-1 USB-C Docking Station Stand for Tablet	Web3 and Metaverse Technologies	웹3 및 메타버스 기술
IRUDA PLANET Inc.	이루다플래닛	한국	IRUDA PLANET (Digital Twin Mirror World)	Web3 and Metaverse Technologies	웹3 및 메타버스 기술
Ivēs	아이브스	프랑스	IRIS	Artificial Intelligence	인공지능
ixana	익사나	미국	Ixana's Wi-R: 100x lower power 4Mbps Body Area Network chip	Computer Hardware & Components	컴퓨터 하드웨어 및 구성요소
			Ixana's Wi-R: 100x lower power 4Mbps chip for wearables	Embedded Technologies	내장된 기술

기업명		국가	수상 기술 및 서비스	수상 부문	
Jabra	자브라	덴마크	Elite 8 Active	Headphones & Personal Audio	헤드폰 & 개인 오디오
jackery inc	잭커리	미국	Jackery Solar Mars Bot	Sustainability	지속가능성
Jiaxing Zhelun Tech Co., Ltd.	자싱	중국	Fusion	Sports & Fitness	스포츠 & 피트니스
JJNET Co., Ltd.	제이제이넷	대만	WaterAI	Artificial Intelligence	인공지능
John Deere	존디어	미국	John Deere Operations Center Sustainability Tools	Sustainability	지속가능성
Kangsters Inc	캥스터즈	한국	Wheely-X	Accessibility & Aging Tech	접근성 및 노후화된 기술
Khanfilter Inc.	칸필터	한국	Khanpure - Sustainable Industrial Air Pollution Solution	Human Security for All	모두를 위한 휴먼 시큐리티
Kinara, Inc.	키나라	미국	Kinara Ara-2 Processor	Artificial Intelligence	인공지능
Kizik	키직	미국	Juno Snow Boot	Wearable Technologies	웨어러블 테크놀로지
Knopka LLC	크놉카	러시아	Knopka	Digital Health	디지털 헬스
KOAI CO., LTD	코아이	한국	KOBOT S	Drones & Unmanned Systems	드론과 무인 시스템
Korea Mobility. Co.,Ltd.	코리아 모빌리티	한국	KOMO HUBLESS E-BIKE	Vehicle Tech & Advanced Mobility	차량 테크 & 고급 모빌리티
K-Rangers Inc.	케이레인저스	한국	ohmyapp	Mobile Devices	모바일 장치
Kueendom Co., LTD /Hanseo University	퀸덤 / 한서대학교	한국	doctorign S1	Home Appliances	가전제품
Kura Technologies	쿠라테크놀로지	미국	Kura Gallium Headset	XR Technologies & Accessories	XR Technologies & 액세서리
Kurimoto, Ltd.	쿠리모토철공소	일본	SAWARERU	Gaming & eSports	게임 & e스포츠
Lenovo	레노버	중국	Lenovo Legion Go	Gaming & eSports	게임 & e스포츠
			Lenovo ThinkPad Professional 16" Topload Gen 2	Sustainability	지속가능성
LG Display	LG 디스플레이	한국	57W" Oxide Pillar to Pillar LCD	Vehicle Tech & Advanced Mobility	차량 테크 & 고급 모빌리티
LG Electronics Inc.	엘지전자	한국	LG StanbyME Go LX5	Content & Entertainment	콘텐츠 & 엔터테인먼트
			LG CLOi ServeBot	Robotics	로봇공학
			Content recommendations based upon Voice ID	Content & Entertainment	콘텐츠 & 엔터테인먼트
			DUOBO	Home Appliances	가전제품
			LG 118-inch Micro-LED 4K TV	Digital Imaging & Photography	디지털 이미징 & 사진
			LG 65-inch 4K OLED Zero Connect TV (Model: OLED65M4)	Embedded Technologies	내장된 기술
			LG 88-inch OLED 8K TV (Model OLED88Z3)	Audio Video Components & Accessories	오디오 비디오 구성 요소 및 액세서리
			LG 88-inch OLED 8K TV (Model OLED88Z3)	Video Displays	영상 디스플레이
			LG 97-inch 4K OLED Zero Connect TV (Model : OLED97M4)	Audio Video Components & Accessories	오디오 비디오 구성 요소 및 액세서리
			LG gram Pro 2-in-1	Home Appliances	가전제품
			LG Imagine Live	Artificial Intelligence	인공지능
			LG Intelli-FiT	Digital Health	디지털 헬스
			LG OLED evo C4 83-inch 4K Smart TV (Model OLED83C4)	Audio Video Components & Accessories	오디오 비디오 구성 요소 및 액세서리
			LG One Wall Design SG10TY Sound Bar	Audio Video Components & Accessories	오디오 비디오 구성 요소 및 액세서리
			LG SIGNATURE 27" Washer & Dryer Combo	Home Appliances	가전제품
			LG SIGNATURE 29" Washer	Home Appliances	가전제품
			LG SMART Monitor	Computer Peripherals & Accessories	컴퓨터 주변기기 & 액세서리
			LG StanbyME Go LX5	Content & Entertainment	콘텐츠 & 엔터테인먼트
			LG Transparent Screen UX	Content & Entertainment	콘텐츠 & 엔터테인먼트
			LG UltraGear™ OLED Gaming Monitor	Computer Peripherals & Accessories	컴퓨터 주변기기 & 액세서리

SUPPLEMENT Awards

기업명		국가	수상 기술 및 서비스	수상 부문	
LG Electronics Inc.	엘지전자	한국	LG UltraGear™ OLED Gaming Monitor	Gaming & eSports	게임 & e스포츠
			LG X02T Wireless Portable Speaker	Audio Video Components & Accessories	오디오 비디오 구성 요소 및 액세서리
			Universal Accessory for ALL (Universal UP Kit)	Home Appliances	가전제품
Life on Korea	라이프온코리아	한국	Room by Room	Artificial Intelligence	인공지능
Linkface Co., Ltd.	링크페이스	한국	MoistPod for Eyes	Mobile Devices	모바일 장치
Linkplay Technology Inc.	링크플레이	미국	WiMi Pro Plus	Audio Video Components & Accessories	오디오 비디오 구성 요소 및 액세서리
L'Oréal	로레알	프랑스	Jet Fusion Toning System	Sustainability, Eco–Design & Smart Energy	지속가능성, 친환경 디자인 & 스마트 에너지
			L'Oréal Face Facts	Digital Health	디지털 헬스
			Maybelline Virtual Looks	Web3 and Metaverse Technologies	웹3 및 메타버스 기술
			META PROFILER	Digital Health	디지털 헬스
			Scent–Sation	Wearable Technologies	웨어러블 테크놀로지
L'Oréal and Zuvi	로레알 & 주비	프랑스	AirLight Pro	Digital Health	디지털 헬스
Lumotive	루모티브	미국	Lumotive LM10 Chip	Embedded Technologies	내장된 기술
Luxnine Corp.	럭스나인	한국	Bodylog Chest Patch	Wearable Technologies	웨어러블 테크놀로지
LV Energy	LV에너지	캐나다	Sound2Energy	Sustainability	지속가능성
Lynk Solutecc Inc.	링크솔루텍	한국	Clear Endo Vision (C.E.V)	Digital Health	디지털 헬스
Magna	마그나	캐나다	ClearView™ Vision System	Vehicle Tech & Advanced Mobility	차량 테크 & 고급 모빌리티
Major League Baseball	메이저 리그 베이스볼 (MLB)	미국	MLB Go–Ahead Entry	Sports & Fitness	스포츠 & 피트니스
MantiSpectra B.V.	맨티스펙트라	네덜란드	Nibble™	Embedded Technologies	내장된 기술
Marelli	마렐리	이탈리아	Red LASER & Optical Fiber Rear Lamp	Vehicle Tech & Advanced Mobility	차량 테크 & 고급 모빌리티
Master & Dynamic, Neurable	마스터 앤 다이나믹, 뉴러블	미국	MW75 Neuro	Headphones & Personal Audio	헤드폰 & 개인 오디오
mAy–I Inc.	메이아이	한국	mAsh	Artificial Intelligence	인공지능
McIntosh Laboratory Inc.	매킨토시 랩	미국	PS2K Powered Subwoofer	Audio Video Components & Accessories	오디오 비디오 구성 요소 및 액세서리
MediaTek	미디어텍	대만	MT6825	Embedded Technologies	내장된 기술
MEMS Corp	멤스	한국	MEMS Gas Sensor	Sustainability	지속가능성
MetalmnuneTech Inc	메타이뮨텍	한국	CellyticsTM NK – Rapid Immunity Check for All	Digital Health	디지털 헬스
Microsystems, Inc.	마이크로시스템즈	미국	DFS–aided Cyber Security Camera	Cybersecurity & Personal Privacy	사이버 보안 & 개인 정보 보호
Midea Group	메이디 그룹	중국	Midea Barista Brew₩² Coffee brewer / grinder system	Artificial Intelligence	인공지능
MindMics, Inc.	마인드마이크	미국	MindMics Heart Health System	Digital Health	디지털 헬스
Mirrorroid Inc.	밀러로이드	한국	Mirrart AI Mirror	Smart Cities	스마트 시티즈
Mitsubishi Electric Corporation	미쓰비시전기	일본	"Rulerless" 3D measurement application	Mobile Devices	모바일 장치
Moadata	모아데이타	한국	HEALTHKTECH, AI based digital healthcare system	Digital Health	디지털 헬스
MOBINN	모빈	한국	A delivery robot that climbs stairs with only wheels	Robotics	로봇공학
Mocuratec	모큐라텍	한국	Li–juvenator	Sustainability	지속가능성
mophie	모피	미국	snap+ powerstation mini with stand	Mobile Devices, Accessories & Apps	모바일 장치, 액세서리 & 앱
MOTREX	모트렉스	한국	InCabin XR BOX	In–Vehicle Entertainment	차내 엔터테인먼트
Movano Health	모바노헬스	미국	Evie Ring	Wearable Technologies	웨어러블 테크놀로지

기업명		국가	수상 기술 및 서비스	수상 부문	
mpWAV Inc.	엠피웨이브	한국	ClearSense Audio – Hearing Assistant App for Everyone	Mobile Devices	모바일 장치
			ClearSense Audio – Hearing Assistant Solution	Digital Health	디지털 헬스
MSI Computer Corp.	마이크로-스타 인터내셔널	대만	MAG CORELIQUID E Series	Computer Hardware & Components	컴퓨터 하드웨어 및 구성요소
			MEG Z790 ACE MAX	Computer Hardware & Components	컴퓨터 하드웨어 및 구성요소
			MPG 491CQP QD-OLED	Computer Peripherals & Accessories	컴퓨터 주변기기 & 액세서리
			Titan 18 HX	Artificial Intelligence	인공지능
			Titan 18 HX	Gaming & eSports	게임 & e스포츠
mui Lab, Inc.	무이랩	일본	mui Board Gen 2	Smart Home	스마트홈
Mune Co., Ltd	뮨	한국	Magmo Pro: Automatic Call Recorder for iPhone	Mobile Devices	모바일 장치
Muzlive Inc.	뮤즈라이브	한국	KiTbetter: On Demand Platform for Customized Music Albums	Mobile Devices	모바일 장치
Nano and Advanced Materials Institute; Arovia Hong Kong Limited	나미, 나노첨단소재연구소 아로비아 홍콩유한공사	홍콩	Wrinkleless TriClarity nScreen	Mobile Devices	모바일 장치
NANOBRICK Co., Ltd	나노브릭	한국	E-Skin Anycolor	Sustainability	지속가능성
Nanoelectronics	나노일렉트로닉스	한국	3D Nano Heater utilizing high-conductivity nanowires	Sustainability	지속가능성
Naqi Logix Inc.	나키로직스	네덜란드	Naqi Neural Earbuds	Accessibility & Aging Tech	접근성 및 노후화된 기술
NationA INC.	네이션에이	한국	NeuroidR™	Web2 and Metaverse Technologies	웹2 및 메타버스 기술
			Neuroid™	Artificial Intelligence	인공지능
Nature Gluetech	네이처글루텍	한국	Fixlight	Human Security for All	모두를 위한 휴먼 시큐리티
Naya	나야	한국	Naya Tune & Float	Computer Peripherals & Accessories	컴퓨터 주변기기 & 액세서리
NEC Corporation	니혼전기	일본	Face & Facial Parts Monitoring System	Artificial Intelligence	인공지능
Nexight INC	넥시트	미국	NexiGo TriVision Ultra	Computer Peripherals & Accessories	컴퓨터 주변기기 & 액세서리
Nice	나이스	한국	Nice HR40 Multifunction Smart Home Remote	Smart Home	스마트홈
Nimble Beauty	님블뷰티	미국	Nimble Beauty, the AI-powered manicure device for home use	Home Appliances	가전제품
NIRA	니라	영국	NIRA Pro Laser – Advanced Wrinkle Reduction & Skin Renewal	Digital Health	디지털 헬스
NuraLogix Corporation	누라로직스 주식회사		ORO: Your Dog's Pawfect Companion	Digital Health	디지털 헬스
Ogmen Robotics Inc.	오그멘 로보틱스	미국	ORO: Your Dog's Pawfect Companion	Robotics	로봇공학
Onoma AI	오노마아	한국	TooToon	Artificial Intelligence	인공지능
Oorion	우리온	프랑스	OOrion App	Accessibility & Aging Tech	접근성 및 노후화된 기술
OptySun	옵타썬	우크라이나	OptySun Bottle	Food & AgTech	푸드앤애그테크
Ossia	오시아	미국	Cota Forever Magnetic Charger	Mobile Devices, Accessories & Apps	모바일 장치, 액세서리 & 앱
Otter Products	오터박스	미국	OtterBox Hardline Series	Mobile Devices	모바일 장치
PABLO AIR	파블로에어	한국	UrbanLinkX – Urban Air Traffic Management Platform	Smart Cities	스마트 시티즈
Panmnesia, Inc.	파네시아	한국	CXL-Enabled AI Accelerator	Computer Hardware & Components	컴퓨터 하드웨어 및 구성요소
Phantomics	팬톰믹스	한국	Myomics-VB	Digital Health	디지털 헬스

SUPPLEMENT Awards

기업명		국가	수상 기술 및 서비스	수상 부문	
Pimax Technology (Shanghai) Co., Ltd.	피맥스 테크놀로지	중국	Pimax Crystal – VR headset with glass aspheric lenses	XR Technologies & Accessories	XR Technologies & 액세서리
Pion Corporation	파이온코퍼레이션	한국	VCAT AI	Artificial Intelligence	인공지능
Pixie Dust Technologies, Inc	픽시 더스트 테크놀로지스	미국	iwasemi RC-α	Home Appliances	가전제품
PLASBIO Inc.	플라스바이오	한국	Smart Inject	Digital Health	디지털 헬스
Plastic Omnium	플라스틱 옴니엄	한국	DYNAMIC INTERIOR DASHBOARD PROJECTION	In-Vehicle Entertainment	차내 엔터테인먼트
PLCOSKIN,Co.,Ltd.	플코스킨	한국	TissueDerm (Pink Reborn)	Accessibility & Aging Tech	접근성 및 노후화된 기술
POEN Co., Ltd.	포엔	한국	Remanufacturing EV Battery: Sustainable Smart Energy	Sustainability	지속가능성
Pontosense Inc	폰토센스	캐나다	Pontosense In-Cabin Wireless Sensing	Vehicle Tech & Advanced Mobility	차량 테크 & 고급 모빌리티
Proclaim Health	프로클레임	미국	Proclaim Custom-Jet Oral Health System	Accessibility & Aging Tech	접근성 및 노후화된 기술
Prophesee	프로페시	프랑스	Prophesee Genx320 MetaVision Sensor	Embedded Technologies	내장된 기술
Proxgy®	프록스기	인도	SmartHat®	Wearable Technologies	웨어러블 테크놀로지
QsimPlus	(주)큐심플러스	한국	QSIMpro-LAN (Software for Quantum LANs)	Cybersecurity & Personal Privacy	사이버 보안 & 개인 정보 보호
Qualcomm Technologies, Inc.	퀄컴	미국	Snapdragon 8 Gen 3 Mobile Platform - Qualcomm AI Engine	Artificial Intelligence	인공지능
			Snapdragon X75 5G Modem-RF system	Embedded Technologies	내장된 기술
Readlesigntech Co., Ltd	리얼디자인테크	한국	ULTRACER NEO Cycling Simulator for a Lifetime of Exercise	Digital Health	디지털 헬스
Realtek Semiconductor Corporation	리얼텍 세미컨덕터	대만	Edge AI Human Sensing USB Camera Controller (RTS5866)	Computer Hardware & Components	컴퓨터 하드웨어 및 구성요소
RebuilderAI	리빌드AI	한국	3D Reconstruction & Generative AI, VIRIN 3D	Mobile Devices	모바일 장치
Reelcause R&D	릴크즈알앤디	한국	HHO Brown Gas Burner	Sustainability	지속가능성
Repla Inc.	리플라	한국	plaSCAN	Human Security for All	모두를 위한 휴먼 시큐리티
Rezet Technologies Inc	레젯 테크놀로지스	미국	rezet The first intelligent recovery mattress topper	Sports & Fitness	스포츠 & 피트니스
Rise Gardens	라이즈가든	미국	The Rise Roma	Food & AgTech	푸드앤애그테크
Robert Bosch GmbH	로버트 보쉬	독일	Automated valet charging	Smart Cities	스마트 시티즈
Roborock	로보락	중국	Zeo One	Smart Home	스마트홈
Ruahlab Inc.	루아랩	한국	RUAH : Wearable Respiration Analysis System	Mobile Devices	모바일 장치
Safeware Inc.	세이프웨어	한국	Personal Mobility Airbag Vest	Human Security for All	모두를 위한 휴먼 시큐리티
Samsung Electronics America	삼성전자	한국	Galaxy Buds FE	Headphones & Personal Audio	헤드폰 & 개인 오디오
			Galaxy Watch6 Series	Sports & Fitness	스포츠 & 피트니스
			Galaxy Z Fold5	Digital Imaging & Photography	디지털 이미징 & 사진
			Samsung 36" Anyplace Induction Cooktop	Home Appliances	가전제품
			Samsung Bespoke All-In-One Washer and Dryer Combo	Home Appliances	가전제품
			Samsung Family Hub+™ w/AI Food Manager and Auto Open Door	Smart Home	스마트홈
			Samsung Food	Artificial Intelligence	인공지능
			Samsung Health	Mobile Devices	모바일 장치
			Samsung Jet Bot Combo	Home Appliances	가전제품
			Samsung Less Microfiber™ Filter	Sustainability, Eco-Design & Smart Energy	지속가능성, 친환경 디자인 & 스마트 에너지
			Samsung Live Cooking TV Picture-in-Picture	Smart Home	스마트홈
			SAMSUNG ODYSSEY G9 (G95SD)	Computer Peripherals & Accessories	컴퓨터 주변기기 & 액세서리

기업명		국가	수상 기술 및 서비스	수상 부문	
Samsung Electronics America	삼성전자	한국	Samsung Smart Monitor M80D	Computer Peripherals & Accessories	컴퓨터 주변기기 & 액세서리
			Samsung SmartThings Energy	Smart Home	스마트홈
			The Premiere 5	Audio Video Components & Accessories	오디오 비디오 구성 요소 및 액세서리
			55" OLED TV (55S95D)	Gaming & eSports	게임 & e스포츠
			85" Neo QLED 8K (85QN900D)	Video Displays	영상 디스플레이
			98W" QN90D	Video Displays	영상 디스플레이
			Ambient Assistant	Smart Home	스마트홈
			Ballie	Robotics	로봇공학
			Enhanced TV Sound – 360 Audio	Embedded Technologies	내장된 기술
			Samsung Daily+	Smart Home	스마트홈
			The Premiere 8K (Wireless)	Video Displays	영상 디스플레이
Samsung Semiconductor	삼성전자 반도체	한국	Exynos Connect U100	Embedded Technologies	내장된 기술
Seadronix	씨드로닉스	한국	Rec-SEA Plugin	Drones & Unmanned Systems	드론과 무인 시스템
SEERGRILLS LTD	씨그릴스	영국	Perfecta™	Home Appliances	가전제품
Segway Inc.	세그웨이	중국	Segway Gokart Pro2	Computer Peripherals & Accessories	컴퓨터 주변기기 & 액세서리
Senbiosys	센비오시스	스위스	VELIA	Digital Health	디지털 헬스
Sens,ai	센스AI	캐나다	Sens,ai Headset	Digital Health	디지털 헬스
Sheco	쉐코	한국	Sheco Ark-M	Drones & Unmanned Systems	드론과 무인 시스템
Shenzhen Lingke Technology Co., Ltd	심천링크	중국	Lumary Imvisual HDMI Sync Box with Lights	Smart Home	스마트홈
Signature Kitchen Suite	시그니처 키친 스위트	한국	Signature Kitchen Suite 30-inch Induction Cooktop	Home Appliances	가전제품
			Signature Kitchen Suite Built-in 30-inch Combi Oven	Home Appliances	가전제품
Silicon Labs	실리콘랩스	한국	SIWx917	Embedded Technologies	내장된 기술
Sitan Semiconductor International Co, Limited	시탄 반도체 인터내셔널 유한 공사	홍콩	0.13" Micro LED Display Module	XR Technologies & Accessories	XR Technologies & 액세서리
SK ecoplant	SK에코플랜트	한국	ANSIM, Sincerely for Safety	Digital Health	디지털 헬스
			In-building Waste Management Solution PICKLE	Sustainability	지속가능성
SK IE Technology	SK아이이테크놀로지	한국	FCWT™ All-in-one	Embedded Technologies	내장된 기술
SK Magic	SK매직	한국	Eco Clean Food Waste Disposer	Home Appliances	가전제품
			One-Cork Ice Water Purifier	Home Appliances	가전제품
			Ultra-compact water purifier	Home Appliances	가전제품
SKIA	스키아	한국	SKIA_OPD	XR Technologies & Accessories	XR Technologies & 액세서리
Skyworks Solutions, Inc.	스카이웍스 솔루션	미국	Skyworks AI Noise Suppression System for Speech	Artificial Intelligence	인공지능
SLIMDESIGN	슬림디자인	네덜란드	PhoneCam	Audio Video Components & Accessories	오디오 비디오 구성 요소 및 액세서리
SLZ Inc.	에스엘즈	한국	ROUTI-AR	XR Technologies & Accessories	XR Technologies & 액세서리
SOCIALDREAM	소셜드림	프랑스	DREAMSENS	Digital Health	디지털 헬스
SOL Inc.	솔	한국	SOLIVE	Digital Health	디지털 헬스
Solarinno	솔라리노	한국	Sosalinno	Sustainability	지속가능성
SOLIVE VENTURES	솔리브벤처스	한국	Peel&Play	Accessibility & Aging Tech	접근성 및 노후화된 기술
sPods Inc.	스팟	미국	COLDRAW – THE NEW BOTANICAL BREWING TECH	Food & AgTech	푸드앤애그테크
SQK Inc.	에스큐케이	한국	Super Quantum Station	Computer Hardware & Components	컴퓨터 하드웨어 및 구성요소
Starkey	스타키	미국	Starkey Genesis AI	Accessibility & Aging Tech	접근성 및 노후화된 기술
StormAudio	스톰오디오	프랑스	ISP Evo	Audio Video Components & Accessories	오디오 비디오 구성 요소 및 액세서리

SUPPLEMENT Awards

기업명		국가	수상 기술 및 서비스	수상 부문	
SusPhos BV	서스포즈	네덜란드	SusPhos One	Sustainability	지속가능성
Swann Communications	스완 커뮤니케이션즈	호주	Swann ActiveResponse™ Personal Safety Alarm	Smart Home	스마트홈
Swann Communications	스완 커뮤니케이션즈	호주	Swann HomeShield™ AI Security Concierge with Doorbell	Smart Home	스마트홈
SynergyAI	시너지에이아이	한국	Mac'AI	Digital Health	디지털 헬스
Taiga Inc.	타이가	미국	Moss Air	Sustainability	지속가능성
Tandem Diabetes Care	탠덤 다이베츠 케어	미국	Tanden Mobi	Digital Health	디지털 헬스
Targus	타거스	미국	ErgoFlip™ EcoSmart™ Mouse	Sustainability	지속가능성
			MiraLogic® Workspace Intelligence System	Sustainability	지속가능성
TCL Corporation	티씨엘	중국	TCL 40 NXTAPER	Mobile Devices	모바일 장치
TechMagic Inc	테크매직	일본	I-Robo(Stir-fry cooking robot)	Robotics	로봇공학
TelePIX Co., Ltd.	텔레픽스	한국	BLUEBON	Human Security for All	모두를 위한 휴먼 시큐리티
The Hong Kong Polytechnic University	홍콩이공대학	홍콩	Music-with-Movement System for Older Adults	Accessibility & Aging Tech	접근성 및 노후화된 기술
The Little Cat Co., Ltd.	리틀캣	한국	INPET	Digital Health	디지털 헬스
The2H Inc.	더투에이치	한국	PersonalSpace	XR Technologies & Accessories	XR Technologies & 액세서리
TheDay1Lab	데이원랩	한국	Retarch: Renewable Starch Alternative Plastic	Sustainability	지속가능성
Thermador	테르마도르	프랑스	Thermador Pro Harmony® Liberty® Induction Range	Home Appliances	가전제품
THOTH Inc.	토트	한국	Eco DisMantler: EV Battery Autonomous Dismanting Robot	Human Security for All	모두를 위한 휴먼 시큐리티
TI inc.	티아이	한국	Eye cataract surgery device 'imass'	Accessibility & Aging Tech	접근성 및 노후화된 기술
			Ophthalmic cataract surgery device 'imass'	Digital Health	디지털 헬스
Timekettle	타임케틀	중국	Timekettle X1 Interpreter Hub	Headphones & Personal Audio	헤드폰 & 개인 오디오
TomatoCrew Co., Ltd./HANSEO UNIVERSITY	한서대학교	한국	Noninvasive Glucose & Vital Sign Monitor	Digital Health	디지털 헬스
TSGC Technologies Inc.	티에스지씨	중국	PV Circulator: Comprehensive PV Panel Recycling Solution	Sustainability	지속가능성
Ultraleap	울트라립	미국	Leap Motion Controller 2	Computer Peripherals & Accessories	컴퓨터 주변기기 & 액세서리
Uniplatek	유니플라텍	한국	Filter-free air sterilizer/deodorizer w/ photocatalyst	Home Appliances	가전제품
United Airlines	유나이티드항공	미국	Live Activities	Mobile Devices	모바일 장치
Urtopia	우르토피아	독일	Fusion	Sports & Fitness	스포츠 & 피트니스
Uzabase USA, Inc.	유자베이스	일본	SPEEDA Edge	Artificial Intelligence	인공지능
Valens Semiconductor Ltd.	발렌스	이스라엘	VS6320 Chipset	Embedded Technologies	내장된 기술
Valeo	발레오	프랑스	LiDAR - SCALA Gen.3	Vehicle Tech & Advanced Mobility	차량 테크 & 고급 모빌리티
VaultCreation Co., Ltd	볼트크리에이션	한국	V-glass	Vehicle Tech & Advanced Mobility	차량 테크 & 고급 모빌리티
Veeps	삐삐	미국	All Access	Content & Entertainment	콘텐츠 & 엔터테인먼트
Verses' Inc.	버시스	한국	Beat based Artificial Intelligence Music Video Generator	Artificial Intelligence	인공지능
VinFast	유토피아	미국	VINFAST MIRRORSENSE	Vehicle Tech & Advanced Mobility	차량 테크 & 고급 모빌리티
Vinpower Digital Inc.	빈파워디지털	미국	iXCharger	Computer Peripherals & Accessories	컴퓨터 주변기기 & 액세서리
Visteon Corporation	비스테온	미국	Deco Trim Command and Control Display	Vehicle Tech & Advanced Mobility	차량 테크 & 고급 모빌리티
Visualsyn	비주얼신	한국	Glinda AI MI	Web3 and Metaverse Technologies	웹3 및 메타버스 기술
Vivoo	비부	미국	Vivoo at-home smart UTI test	Digital Health	디지털 헬스

기업명		국가	수상 기술 및 서비스	수상 부문	
Voxx Accessories Corporation, a division of VOXX International Corporation	복스 인터내셔널	미국	RCA OTC Hearing Aids with Dual Solar-USB Rechargeable Case	Digital Health	디지털 헬스
Vtouch, Inc.	브이터치	한국	Holo Button™	Computer Peripherals & Accessories	컴퓨터 주변기기 & 액세서리
			WHSP RING™, voice chat with AI	Mobile Devices	모바일 장치
Vueron Technology Co., Ltd	뷰런테크놀로지	한국	Smart Crowd Analytics based on LiDAR	Smart Cities	스마트 시티즈
Vuzix Corporation	부직스	미국	Vuzix Ultralite S	Sports & Fitness	스포츠 & 피트니스
Waiker, Inc	웨이커	한국	AI-powered Market Data Intelligence Platform	Artificial Intelligence	인공지능
WATA Inc	와따	한국	WATA AI Warehouse Management Platform with AI Vision Kit	Artificial Intelligence	인공지능
WATERLABEL Pte. Ltd.	워터라벨 PTE	싱가포르	VUE EVERYTHING with NEW VIEW	Web3 and Metaverse Technologies	웹3 및 메타버스 기술
Wave Company	웨이브컴퍼니	한국	TracMe	Digital Health	디지털 헬스
WAYCEN	웨이센	한국	WAYMED Cough PRO	Artificial Intelligence	인공지능
			WAYMED Food Allergy	Artificial Intelligence	인공지능
Whispp	휘스프	네덜란드	Whispp	Accessibility & Aging Tech	접근성 및 노후화된 기술
WIRobotics	위로보틱스	한국	WIM	Accessibility & Aging Tech	접근성 및 노후화된 기술
Withings	위딩스	프랑스	BeamO	Digital Health	디지털 헬스
Woongjin Thinkbig	웅진씽크빅	한국	ARpedia	Mobile Devices	모바일 장치
WOTA Corporation	워타	일본	WOTA BOX	Sustainability	지속가능성
Xandar Kardian	카르디안 방송사	캐나다	XK300-H	Digital Health	디지털 헬스
			XK-FD (Fall Detection Sensor)	Digital Health	디지털 헬스
			XK-Slim	Digital Health	디지털 헬스
Xander	젠더글라스	미국	XanderGlasses	Accessibility & Aging Tech	접근성 및 노후화된 기술
Xebec	제벡	일본	Xebec Snap	Computer Peripherals & Accessories	컴퓨터 주변기기 & 액세서리
XGIMI	엑스지미	중국	XGIMI Aladdin	Smart Home	스마트홈
XPERI	엑스페리	미국	DTS Play-Fi Immersive Home Theater for TV	Content & Entertainment	콘텐츠 & 엔터테인먼트
			TiVo OS	Content & Entertainment	콘텐츠 & 엔터테인먼트
Yaber Technologies Co., Limited	야베르	중국	Ultra Short Throw Laser Projector K300	Content & Entertainment	콘텐츠 & 엔터테인먼트
Yellosis	옐로시스	한국	Cym702 Circle	Smart Cities	스마트 시티즈
			Cym702 Seat	Human Security for All	모두를 위한 휴먼 시큐리티
Zeos Global LLC	제로스 글로벌	싱가포르	Zeos MagTouch – Magnetic Functional Attachment for Smartphones	Mobile Devices, Accessories & Apps	모바일 장치, 액세서리 & 앱
ZF Group / Goodyear Tire & Rubber Company	ZF 그룹 / 굿이어 타이어 & 러버 컴퍼니	미국·독일	cubiX SightLine	Vehicle Tech & Advanced Mobility	차량 테크 & 고급 모빌리티
Zhuhai Ltech Technology Co., Ltd.	주하이	중국	LTECH Smart Central Control Panel	Smart Home	스마트홈
Xande	젠더글라스	미국	XanderGlasses	Accessibility & Aging Tech	접근성 및 노후화된 기술
Xebec	제벡	일본	Xebec Snap	Computer Peripherals & Accessories	컴퓨터 주변기기 & 액세서리
XPERI	엑스페리	미국	DTS Play-Fi Immersive Home Theater for TV	Content & Entertainment	콘텐츠 & 엔터테인먼트
			TiVo OS	Content & Entertainment	콘텐츠 & 엔터테인먼트
Yaber Technologies Co., Limited	야베르	중국	Ultra Short Throw Laser Projector K300	Content & Entertainment	콘텐츠 & 엔터테인먼트
Yellosis	옐로시스	한국	Cym702 Circle	Smart Cities	스마트 시티즈
			Cym702 Seat	Human Security for All	모두를 위한 휴먼 시큐리티
Zhuhai Ltech Technology Co., Ltd.	주하이	중국	LTECH Smart Central Control Panel	Smart Home	스마트홈

〈CES 2024〉를 만든 스페셜리스트

Specialist...

손재권 CEO
크로스보더 미디어 더밀크를 창업한 한국의 대표 미디어 앙트러프러너입니다. 매경 실리콘밸리 특파원을 역임하고 스탠퍼드대학 방문 연구원으로 재직하는 등 실리콘밸리에 머물며 혁신 기업과 최신 테크 트렌드를 취재했습니다. CES를 12년째 취재한 CES 전문가로 꼽힙니다.

김홍석 COO
시러큐스 대학에서 데이터 사이언스 석사학위를 취득한 데이터 과학자입니다. SK홀딩스, SK텔레콤에서 일했고, 미국 실리콘밸리에서 교육 스타트업을 창업한 경력도 있습니다. 현재 더밀크 운영을 총괄하고 있습니다.

박원익 콘텐츠그룹장 겸 뉴욕플래닛장
이데일리와 조선비즈에서 글로벌 테크 기업과 국내외 스타트업을 취재했습니다. 조선비즈 실리콘밸리 특파원, 정보과학부 차장(에디터)을 역임했으며 '중국 주식 1억이 10년 만에 175억(제2의 텐센트를 찾아라)', '웹3 웨이브'를 집필했습니다.

권순우 서던플래닛장
한국 경제방송국에서 기자로 근무하면서 금융감독원과 한국은행을 출입했고, 중앙일보 애틀랜타 지사 편집국 부장(에디터)을 지냈습니다. 전기차와 EV 배터리 등 신재생 에너지 생산 거점이 확대되고 있는 미국 조지아주 애틀랜타에서 생생한 현장 소식을 전하고 있습니다. 조지아주립대(GSU)에서 MBA를 취득했으며, 현재 조지아텍 생명공학부 방문연구원으로 디지털 헬스케어 분야를 연구하고 있습니다.

김세진 기자
매경 디스트리트와 코인데스크코리아 등에서 블록체인 기술·암호화폐 금융·웹3인프라를 전문으로 취재했습니다. 정치학을 전공하고, 로이터 레피니티브 게재 보고서 '중앙은행디지털화폐(CBDC)에 대한 개괄 및 고찰'과 도서 '웹3웨이브' 등을 집필했습니다. 현재 더밀크 뉴욕플래닛에서 AI, 크립토, SDV 등 신기술 산업을 커버하고 있습니다.

김영원 기자
코리아헤럴드에서 IT, 스타트업, 투자 부문을 취재했고, 소셜미디어 성장 기반을 마련했습니다. 대학에서 영어 통번역을 전공했고, 부동산 대학원을 졸업했습니다. 현재는 더밀크에서 영문서비스 팀을 담당하고 있고, 한국의 스타트업과 기업들을 주로 취재하고 있습니다.

한국경제신문은 'CES 2024'의 깊이 있고 생생한 기술 동향을 전달하기 위해
미국 실리콘밸리에 본사를 둔 CES 2024 공식 미디어 파트너 '더밀크'와 함께 〈한경무크 CES 2024〉 책을 발간했습니다.

한연선 리서치센터장

딜로이트와 IBM GBS 코리아에서 마켓 리서치, 조직문화, 변화관리 및 기업교육 컨설팅 경력을 쌓았습니다. 코넬대학교에서 비즈니스 전문가 과정(AEM)을 수료했으며, 캘리포니아 대학교 리버사이드(UCR)에서 교육정책 박사과정을 수료했습니다. 더밀크에서 리서치센터를 총괄하고 있습니다.

황재진 노던일리노이대 교수

노던일리노이대학 산업공학과에서 교수로 재직 중이며 더밀크의 리서처로도 활동 중입니다. 기술의 발전으로 인한 일과 삶의 변화에 대해 관심이 많으며 주요 저서로는 '내 삶 속의 인간공학', '웹3.0과 메타버스가 만드는 디지털 혁명', '사례 분석으로 배우는 데이터 시각화' 등이 있습니다.

윤영진 디렉터

모건 스탠리 뉴욕오피스 디렉터로 재직 중이며, 딜로이트 서울, 시카고 오피스에서 컨설턴트로 근무했습니다. 미국 워싱턴대(Washu)에서 MBA를 수료했고 더밀크의 리서처로도 활동하고 있습니다. 저서로는 '웹 3.0과 메타버스가 만드는 디지털 혁명', '쉽게 배우는 4차 산업 혁명 기술과 비즈니스 트렌드' 등이 있고 '데이터 스토리(원제:Data Story)'를 감수했습니다.

김현지 디자이너 & 리서처

노스캐롤라이나 주립대학교 산업디자인학과에서 디자인 박사학위를 취득한 UX 디자이너 & 리서처입니다. 아카데믹 분야에서 약 7년간 사용자 중심(UX) 디자인 프로젝트들을 진행하였습니다. 정량적 & 정성적 연구 방법을 기반으로 데이터를 분석하여 디자인 가이드라인을 개발했습니다.

김기림 리서처

미네소타 주립대학교에서 저널리즘을 전공했고, 홍익대학교 국제디자인전문대학원 IDAS에서 UX를 공부했습니다. 경제 주간지에서 IT분야 기자로, 스타트업에서 마켓 리서처로 경력을 쌓았습니다. 매일 더 나은 사람이 되어야 좋은 글도 쓸 수 있다고 믿습니다:-.

윤서연 플로어 리서처

통계학을 전공한 IT분야의 채용 전문가로 현재는 더밀크의 HR과 코리아법인의 운영, 해외 교육 프로그램 기획 및 운영을 담당하고 있습니다. CES 6년차 참관경험을 바탕으로 각 전시장의 전시 기업들을 파악하고 유익한 플로어투어를 리서치, 기획하고 운영하고 있습니다.

CES 2024

펴낸 날	초판 1쇄 발행 2024년 1월 26일
	4쇄 발행 2024년 3월 7일
발행인	김정호
편집인	하영춘
펴낸 곳	한국경제신문
편집 및 총괄	이선정
편집	강은영·김은란·장유정·오민영
글	더밀크
디자인	박명규·송영·표자영·김민준·정다운·천지영
판매·유통	정갑철·선상헌·조종현
인쇄	제이엠프린팅
등록	제 2006-000008호
주소	서울시 중구 청파로 463 한국경제신문
구입 문의	02-360-4859
홈페이지	www.hankyung.com

값 25,000원
ISBN | 978-89-475-0056-2(93320)

한경무크 〈CES 2024〉는 **한국경제신문** 과 실리콘밸리 혁신 미디어 TheMiilk가 CES의 인사이트를 분석한 책입니다. 생생한 라스베이거스 현장 이야기와 전세계 최신 IT 기술 및 혁신상 수상 기업을 소개하는 것은 물론, CES 2024의 주요 시사점을 담았습니다.

- 잘못 인쇄된 책은 구입하신 곳에서 교환해드립니다.
- 이 책은 저작권법에 따라 보호받는 저작물이므로 무단 전재와 복제를 금합니다.